All Scott

Os Sonhos e seus significados

Agora é possível decifrá-los

All Scott

Os Sonhos e seus significados

Agora é possível decifrá-los

2ª Edição

Editora EKO

Editoração e Diagramação: SK Plus Produções e Propaganda
Capa: Nativa Design
Revisão: Cidália Maria Menon

FICHA CATALOGRÁFICA ELABORADA PELA
BIBLIOTECA CENTRAL DA FURB

Scott, All
S431s Sonhos e seus significados: agora é possível decifrá-los / All Scott
2 ed. - Blumenau : EKO, 2001.
274p.
ISBN: 85-7324-491-7
1. Sonhos. I. Título.
CDD 154.634

Editora EKO

Rua 7 de Setembro, 1760
89010-202 - Blumenau - SC
CGC: 03.163.884/0001-93

ISBN: 85-7324-491-7

Impresso no Brasil

Apresentação

O poeta Olavo Bilac, do Parnasianismo Brasileiro, diz num soneto notável: "Ora, direis ouvir estrelas...". Plagio o grande vate e direi: "Ora, direis interpretar sonhos!" O que são os nossos sonhos? Talvez, sejam eles apenas a descarga das milhares de informações que o nosso cérebro vai captando e armazenando. Através deles vêm à mente e arejam a sobrecarga do consciente. Os psicólogos hão de rir de minha simplificação, que riam, far-lhes-à bem. Traduzem os sonhos, impressões, desejos, anseios e muitas coisas mais que estão na alma, como em uma tela de supercomputador. Através do sono eles sobem à tona e nos dão mensagens, aliás, mais para a felicidade do que para o ruim, para a maldade. A nossa busca, o nosso desejo é para uma total e eterna felicidade, como está desenhado o céu para os espíritos. Então, não há porque ver somente desgraças, ruindades, maldades nos mansos e solenes sonhos nossos de cada noite. São premonições, muitas vezes, faltando-nos dados seguros para interpretá-los, como o são as profecias. Nos sonhos falamos e entendemos muitas línguas, pois o espírito não conhece barreiras materiais, nem obstáculos, nem as pedras dos caminhos. Há muitas expressões que nos são triviais na vida, mas há coisas, animais, objetos que carregamos, atavicamente, vida afora e, de repente, desembocam em um sonho, em um pesadelo. Carregamos um passo de milhares de anos, cheio de fatos e pessoas e a marca, gravada na mente, reproduzirá as imagens e os sons que povoam os nossos sonhos. São avisos, conselhos, direções, advertências, se os compreendermos e os seguirmos, evitaremos males para nós e para o nosso próximo. Estejamos alerta e chegaremos a colher dias bem mais felizes, como colheríamos, felizes, frutas maduras.

Blumenau, dia dos pais de 1999.

A

A

sonhar com esta letra bem impressa é o presságio de sucesso, mas também de lutas e contratempos.

Abacate

são várias as possibilidades, ver abacate maduro significa notícia de sucesso com dinheiro; se tiver a posse de abacates, há de receber uma proposta de casamento; se tiver a posse de maduros, terá alegrias; mas verdes, reveses.

Abacaxi

terá muita sorte; se estiver verde, desilusões; se estiver no pé, notícias boas; comer abacaxi, novidades muito boas; presentear abacaxi a alguém, notícias agradáveis.

Abafamento

sentir-se sem ar, maus momentos, azar, doenças, tristezas.

Abaixar

abaixar-se, reflete uma humilhação, desespero, dificuldades, problemas muito sérios consigo mesmo e com as pessoas de sua convivência.

Abandono

sonhar que sofre abandono pode denunciar notícias desagradáveis, fuga de amigos, insegurança.

Abajur

o objeto indica pouca luz, o sonho mostra dificuldades em ver a situação; pode mostrar a traição de amigos, das pessoas em quem se confia; também podem ser novos amores, muita paixão e desejos de amar.

Abastança

desejo de fartura, muita sorte, possibilidade de ganhar uma grande loteria, muito dinheiro.

Abdome

sendo o próprio abdómen, é certo que ficará mais gordo; esperança de riqueza, de muito bem-estar, de muitas festas e muita comida e bebida.

Abecê

sinal de muitos acontecimentos variados; possibilidade de imprevistos e confusões, muita sorte e felicidade à vista no amor e no relacionamento com as pessoas.

Abelha

símbolo do trabalho, promessa de muito êxito no trabalho e na vida; ver abelhas voando nas flores é um sinal evidente de muita felicidade; ser picado por abelhas diz que será traído por amigos e pessoas de confiança; as abelhas produzindo mel, isso indica muita felicidade e satisfação em tudo; ser perseguido por abelhas traduz medo e sinal de maus momentos futuros, com muito perigo.

Abençoar

o sonhador está abençoando indica muito amor e felicidade próxima, ser abençoado mostra que obterá muita felicidade e terá horas felizes com as pessoas que ama.

Abismo

se estiver caindo em abismo é muito perigo próximo; caso esteja vendo, cuidado com as pessoas, até amigos, que estão tramando sua derrota; ver alguém caindo em abismo é muito perigo para si e para amigos; voar sobre abismo: incertezas, contratempos próximos.

Ablução

é o ato de lavar, é um anseio por purificação, por transparência; se estiver lavando outros é porque busca a pureza de uma pessoa amada; se estiver recebendo uma ablução estará para ser purificado, amado.

Abóbada

se for de uma igreja, estará buscando paz espiritual; indica necessidade de oração e ajuda a pessoas necessitadas; sendo grande e de cor azul propicia um desejo de felicidade muito grande.

Abóbora

enxergar indica que haverá abundância, muita riqueza e bem-estar; se plantar espere doenças, desastres e tristezas; se comer com apetite, terá muita sorte e muita fortuna com dinheiro, jogue na loto.

Abobrinha

colher abobrinhas é sinal de notícias muito boas; comê-las ensopadas terá boa saúde e muitas amizades; prepará-las para a refeição traz visitas agradáveis e momentos de felicidade intensa.

Abono

grande êxito nos negócios, oferta de vantagens e lucros.

Aborrecimento

no dia-a-dia é sinal de morte entre parentes, ou amigos; no serviço será falta de incentivo e atritos com o chefe; doenças, sobretudo, estomacais.

Aborto

em si mesma, ou presenciar, haverá desgraças próximas, desastres e muitos problemas.

Abotoar

se estiver se abotoando, terá problemas no trabalho e na família; se estiver abotoando a outro, pretende enganar a alguém, ou poderá ser enganado por um amigo; algum amigo pode ser preso.

Abraço

deve confiar em algum amigo; se for mulher será enganada por alguém que muito estima; se for homem namorando, será traído pela namorada, indica sempre perigo de traição e abandono, desejo intenso de tranqüilidade e sossego.

Abrasar

sentir-se abrasado por paixão, terá surpresas com os amigos, ou pessoas apaixonadas, desejo intenso de afeto, que poderá ocorrer com brevidade.

Abre-latas

indica medo de fome, descoberta de grandes segredos, fofocas muito fundas sobre sua honra, ofensas dos amigos e parentes.

Abreviatura

quando se tratar da própria é sinal de que terá surpresas imediatas; quando for de outra pessoa é porque lhe vêm logo surpresas graves e imprevistos.

Abrigo

se a pessoa estiver sendo levada para um abrigo, isso trará notícias tristes para a família, se estiver levando alguém para o abrigo, haverá momentos de muita tristeza e gravidade.

Abril

sonhar com esse mês, mês outonal, é sorte no amor, novos amores, reconquista de velhos amores.

Abscesso

quando for no próprio corpo é a saúde que está indo mal, se em pessoas amigas, doença grave em algum ente muito querido, há necessidade de cuidados redobrados com a própria saúde.

Absolvição

ser absolvido de culpas, pecados, será um momento muito bom, muito feliz;

será a volta a ter muita paz e tranqüilidade, se for de uma pessoa amiga, haverá muita felicidade para todos.

Abstenção

sendo de bebida alcoólica, indica necessidade de mudanças em sua vida, se a abstenção se referir a amigo, este deixará algum mau costume e melhorará de saúde.

Abuso

feito contra o sonhador indica que terá problemas sérios com autoridades; se com amigos haverá problemas com autoridades e no emprego.

Abutre

com sua cor preta e sua mania de devorar carniça, só pode trazer desgraças, infelicidades, pode também indicar morte na família, grandes desgraças ao seu derredor.

Academia

quando se tratar de militar é guerra, momentos de tensão, paradas pomposas, muita festa.

Açafrão

traição de amigos, deslealdade; quando usado na cozinha é um mau presságio; comprá-lo é desejo de novidades, ânsia de coisas novas e exóticas.

Açaí

muita sorte com a família e muito amor, novos amores e esperanças de reatar velhas amizades.

Acampamento

muitas amizades com ótima companhia, festas, dificuldades com pessoas estranhas.

Acanhamento

sentir-se com acanhamento ante pessoas traduz medo e humilhação por parte de amigos.

Acarajé

situação nova e muito diferente, momentos de grande tensão emocional e imprevistos.

Acariciar

caso acaricie animais domésticos, sentirá a inveja de amigos e colegas; ser acariciado pelos pais, ou acariciar os mesmos, é sinal de culpa, desejo de segurança e poderá ter problemas pessoais; sentir-se acariciado por pessoa estranha, sinal de aventuras, troca de amores.

Ácaro

comer ácaros na comida e sentir nojo, terá problemas de saúde, sobretudo com o estômago; ver ácaros em comida, indica maus presságios e dificuldades imediatas.

Acasalamento

quando é de animais, novidades de nascimento entre os parentes; quando de pessoas é sua vez, se solteiro, senão algum parente, ou amigo muito próximo.

Aceite

dar aceite em título indica problemas com bancos e impostos; caso assista ao ato, algum amigo seu está em dificuldades financeiras, e você será obrigado a dar-lhe uma ajuda.

Acelga

traz notícias alegres e boa saúde; estando a comer muita acelga, você tem problema de anemia, ou medo de passar fome; no geral, é sempre alegria e satisfação.

Acender

o fogo em casa, está por vir uma desgraça; se notar fogo no céu, será uma grande desgraça; queimar-se é prenúncio de uma doença séria; acender o cigarro para alguém é início de uma grande amizade, ou um grande amor; ver o fogo a apagar-se com o tempo, é sinal de infelicidade e queda de um amor.

Aceno

cumprimento a alguém é sinal de amizade e gratidão; alguém que lhe acena é despedida, ou morte repentina e imprevista.

Acentuação

ver muitos acentos, ou falta deles, terá de enfrentar adversidades, precisa pedir proteção a algum amigo poderoso, forte; sobrevirão intempéries e adversidades climáticas.

Acesso

ter um acesso de raiva, cuidado com traições; ter acesso de tosse, imprevisto infeliz, acidente; um acesso a um emprego melhor, traição de colegas de serviço.

Achar

dinheiro, sorte em loteria; achar um amigo, felicidade muito grande; objetos estranhos, doença leve; achar um trevo de quatro pontas, muita sorte na vida e em rifas; achar ouro e prata, infidelidade.

Acidente

batida de carro, melhoria nos negócios e na família; cuidado com a premonição sobre o futuro; ser parte de um acidente, cuidado com perigos próximos; vítima de um acidente, humilhação, desprezo de amigos; auxiliar em um acidente, chegada de dinheiro inesperado.

Acidez

comida ácida, dificuldades à vista com amigos e no emprego; comprar ácido, doença.

Aclamação

de conhecidos e amigos, bajulação interesseira; de uma multidão, problemas de relacionamento com os colegas; aclamação longa, conseqüências desastrosas em negócios.

Aço

aço incandescente, decisão nociva para os amigos; aço brilhante, notícias muito boas.

Açoitar

ser açoitado, cuidado com perigos e traições; açoitar alguém, divergências com a pessoa amada; ver alguém sendo açoitado, dificuldades de relacionamento.

Açoite

usar um açoite, ataque iminente de conhecidos; receber um açoite, desgraça e saúde perigosa; comprar açoites, espere um grande problema para logo.

Acolchoado

estar debaixo de um acolchoado, ajuda de amigos; comprar acolchoado, ser promovido.

Acolhimento

ser bem acolhido, infidelidade de amigos; receber um acolhimento ruim, perigo de demissão.

Acompanhar

acompanhar amigos, destruição de adversários; acompanhar familiares, morte na família; acompanhar programas televisivos, falta de sorte em rifas e compras.

Aconselhar

ser aconselhado, receber uma ajuda inesperada; aconselhar a alguém, ter bons contactos; ser aconselhado por um religioso, muita tranqüilidade espiritual; aconselhar uma criança, felicidade.

Acordar

muito cedo, receberá notícias inesperadas e boas; acordar bem-humorado, mudanças de emprego, de casa e de amigos; acordar de madrugada, chegada de amigos inesperadamente.

Acordeão

tocar, um futuro muito bom; ouvir alguém tocando, receberá uma ajuda; comprar um, receberá presentes inesperados, ou ganhará uma rifa grande.

Acorrentar

ser acorrentado, perigo de perder o emprego; acorrentar alguém, notícias tristes e azaradas; ver pessoas acorrentadas, perigo com a família.

Açougue

ir a um açougue, enfrentará desavenças e dificuldades; estar num açougue cheio de carne, desgraças muito grandes, calamidades e intempéries.

Açougueiro

sonhar com um açougueiro, será traído pelos amigos; perderá uma promoção no emprego; sonhar que é açougueiro, mudanças, traições e derrota em luta com colegas.

Acrobacia

fazer acrobacias, sucesso no amor e na política; apreciar acrobacias, recebimento de notícias boas.

Acrobata

ser um acrobata, muito sucesso nos negócios; saltar como acrobata no circo, promoção no emprego e muita sorte no amor.

Açúcar

ver açúcar, possíveis enganos, logros; comer açúcar, obtenção de prazeres rápidos; receber de presente, será enganado pelos colegas; derramar açúcar, desgraças próximas; comprar açúcar, amores próximos e duradouros.

Açude

pescar em açude, uma sorte grande chegando; cavar um açude, boa oportunidade de promoção no emprego; açude seco, muita tristeza e desgraça.

Acusar

ser acusado, perda de oportunidades; acusar alguém, disputa de cargo com colega; ver alguém sendo acusado, amigo decaindo em sua honra.

Acusador

assistir a um acusador agindo, desgraça próxima; cumprimentar um acusador, muito perigo.

Adaga

ter uma, sofrimento inesperado, perigo de saúde; comprar uma, traição de amigos; portar uma adaga brilhante, glória passageira, acompanhada de sofrimento; cravar uma adaga, muita desgraça.

Adega

ter uma, conflitos interiores e depressão; entrar em uma adega, perder o rumo das coisas; beber em uma adega, saúde precária e doença forte; construir uma adega, isolamento dos amigos e familiares.

Adeus

dar adeus aos familiares, morte e desgraça de amigos; receber adeus de alguém, perdas de pessoas e dinheiro; dar adeus a alguém doente, melhoria de saúde.

Adiamento

de uma viagem, perda de oportunidades; de um recebimento, perda de crédito; de um pagamento importante, queda no rendimento profissional.

Adivinhar

receber alguém que quer lhe adivinhar o futuro, mudanças e desgraças próximas.

Adivinho

ver um, mudanças radicais em sua vida profissional; ser um adivinho, intranqüilidade pessoal e desastre na vida profissional.

Administrar

ter de administrar uma situação, problemas difíceis; ver alguém a administrar, necessidade de cursos; ser advertido por não administrar, desavenças com pessoas da família.

Admirar

alguém desconhecido, novos amores, novas amizades; ver uma pessoa a admirar outra, mudança de vida; ser admirado por outra pessoa, falta de amigos, ansiedade.

Admissão

ganhar uma admissão em um emprego, mudanças profundas na vida; participar da admissão de alguém, mudança de amigos; um amigo que perde uma admissão, desgraça próxima para si e família.

Adoçante

usar adoçante, doenças, medo e infelicidade; comprar adoçante, necessidade de novos rumos, novos amores e amizades; derramar adoçante, doenças fortes.

Adoção

fazer uma, busca de firmeza, medo de errar, ansiedade emocional; ter uma adoção, muita sorte na família e no dinheiro; apreciar a uma adoção de criança, poderá ter filho logo, ou ganhar muito dinheiro.

Adolescência

estar na adolescência, desventuras e incompreensões da família; passar da adolescência, glória, crescimento e promoção no emprego; aprovação na escola com boas notas.

Adoração

sentir adoração por uma pessoa, novas paixões chegando; ter adoração por uma pessoa, muita sorte e mudanças de vida; adoração por uma divindade, sentimentos religiosos novos, muita fé; perceber a adoração de outrem, muitas alegrias, muito dinheiro e saúde.

Adorar

adorar uma pessoa, mudança de vida e sorte; adorar um ente desconhecido, necessidade de se firmar na fé; adorar uma pessoa do outro sexo, insegurança e indecisão.

Adormecer

se está adormecendo, muita paz e sossego na vida familiar e no serviço; ver alguém adormecer, morte de alguém muito próximo; muitas pessoas adormecendo, grandes desastres.

Adubo

usar adubo, partida breve e muita alegria; colocar adubo em plantas, muita alegria e paz.

Adultério

cometê-lo, perda de prestígio, desgraça na família; ser vítima de adultério, infidelidade de amigos e desgraças próximas; se de amigos, desavenças e intrigas em seu círculo familiar.

Adversário

ser adversário de colegas de serviço, brigas e traições; descobrir um adversário, problemas próximos e desgraças; ver adversários lutarem entre si, muita sorte e uma grande promoção.

Adversidade

quando dos outros, sorte e elogios de todos; se aluno, conseguirá nota boa em prova; se própria, incertezas e dificuldades no serviço.

Advogado

consultar um, problemas sérios com dinheiro e disputas na família; ser um, problemas com amigos e pagamentos; ver advogados trabalhando, traições e trapaças nos melhores amigos.

Aeromoça

alegrias, satisfação, ajuda de amigos, sorte, felicidade com as pessoas vizinhas; viagens próximas, visitas inesperadas e muito agradáveis.

Aeroporto

chegada de amigos, visitas inesperadas; muitas alegrias, muita sorte, presentes valiosos; chegar a um, viagem próxima; visitar um, viagem próxima e muito alegre; notar avião descendo em aeroporto, ou subindo, notícias inesperadas; acidente em aeroporto, dificuldades e até brigas na família.

Afeição

demonstrada por pessoa de outro sexo, novo amor muito intenso; por crianças, felicidade na família e muitas amizades novas; afeição demonstrada por animal, possível traição de amigos.

Afeminado

encontrar-se com tipo afeminado, mudanças muito bruscas em sua vida; manter amizade com um, sofrimento próximo, sentir efeitos negativos de racismo, segregação.

Afilhado

receber um, sucesso inesperado; notícias muito boas; tornar-se afilhado de alguém, encontrar muitas pessoas amigas; receber um afilhado em casa, casamento próprio, ou de um grande amigo.

Afinar

afinar um instrumento musical, dias de muita paz e felicidade; ver alguém afinando um instrumento, sorte grande em loteria.

Aflição

sentir momentos de aflição, doenças na família; receber pedido de ajuda de alguém com aflição, mudanças no emprego e na escola dos filhos; sentir-se com aflição, morte de amigo, desastre.

Afogamento

se estiver se afogando, perigo de morte na família, ou entre amigos; ver pessoa em afogamento, derrota de inimigos; participar de salvamento de alguém em afogamento, perspectivas de melhoria e desempenho na profissão.

Afonia

se a própria, mudança imediatas na profissão; se em outra pessoa, mudanças na família; se notar muitas pessoas sofrendo afonia, desgraças e perseguições policiais.

Afronta

sofrer uma afronta, ter problemas econômicos, perder dinheiro; fazer uma afronta a alguém, brigas na família, desavenças no emprego; ver alguém fazendo uma afronta a outrem, muito sucesso.

Afta

estar cheio de afta, doença consigo mesmo e na família; ver criança com afta, mudanças rápidas nos planos familiares; ver amigos com afta, problemas de saúde na família.

Afundamento

estar no afundamento de um barco, muita sorte e dinheiro; ver um afundamento, mudanças no emprego e visitas inesperadas.

Agarrar

agarrar outra pessoa, surgirão dificuldades e problemas; ser agarrado por alguém, enfrentar dificuldades e problemas sérios; ver pessoas se agarrando, disputas e brigas, tumultos, rixas.

Agasalho

vestir um, proteção de amigos, carinho da família, paz; ver alguém pondo um agasalho, necessidade de compreensão e carinho; comprar um agasalho, dificuldades com a pessoa amada e familiares.

Agenda

sonhar com a própria agenda, reuniões importantes para breve; ver a agenda de um amigo, convite para um encontro agradável; perder a agenda, dificuldades com subalternos e com a polícia.

Ágio

pagar ágio, dificuldades financeiras; ver alguém pagando ágio, sorte com dinheiro; alguém falando de ágio, mudanças monetárias próximas em sua vida.

Agonia

estar na própria, muita sorte e ganhos em loteria; ver a de pessoa conhecida, amiga, muita sorte com os negócios; ver a de alguém desconhecido, sorte com projetos no emprego e em casa.

Agradecimento

alguém lhe dá um agradecimento, má sorte e traição; dar um agradecimento, perigo de demissão do emprego, acidente leve com algum familiar.

Agressão

sofrer uma, mudança de vida; ser agredido por mulher, um grande amor; agredir a outra pessoa, problemas com a polícia e com o trânsito; ver pessoas se agredindo, confusão de rua e rixa com vizinhos.

Agricultor

ver agricultores trabalhando, muita abundância, fartura; ser agricultor, paz , tranqüilidade; cumprimentar agricultores, sorte e comida muita boa; visitar agricultores, fim de doenças e problemas pessoais.

Agrotóxico

jogar agrotóxico, surgimento de muitos inimigos; comprar agrotóxico, ser traído e sofrer acidente; vender agrotóxico, desejo de vingança, problemas sérios com velhos amigos.

Água

ver água, abundância, sorte e felicidade; cair na água, desastre, desavenças com familiares; cair muita água, sorte no trabalho e na escola; ficar nadando em água agradável, um grande amor e muito dinheiro; entrar em água cristalina, ser envolvido por um grande amor; beber muita água fresca e pura, ser abençoado de modo especial na vida e ter muita sorte; ver água de riacho de montanha, felicidades; se molhar os pés nela, surpresas agradáveis e sorte com a família; entrar em águas turvas, brigas com familiares, sobretudo com o cônjuge; alguém joga água fria, imprevistos com amigos e traições sérias; servir água poluída a alguém, destruição, morte e vergonha.

Aguaceiro

pessoas sendo molhadas por um aguaceiro, morte; se você for surpreendido por um aguaceiro, notícias tristes e inesperadas; andar sob um aguaceiro com guarda-chuva, proteção de amigos, ante um perigo muito grande, ou muita falta de dinheiro.

Água-oxigenada

mudanças rápidas à vista; dificuldades de amor com pessoas loiras.

Aguardente

sonhar com aguardente, muitas alegrias na família; beber aguardente, dificuldades no caminhar, acidentes de carro; dar aguardente a alguém, possibilidade de atropelar pessoas com carro; beber aguardente em botequim (bistrô) de interior, compra de uma chácara, busca de vida mansa.

Águia

ver águias voando, grandeza, promoção, poder; ser atacado por águias, perigo iminente, morte; perseguir águias, fuga de alguém muito próximo, derrotas.

Agulha

ver uma agulha transmite aflição, dor, acidentes; ser espetado por agulha, muita dor, cirurgia; colecionar agulhas, muita sorte e recebimento de notícias muito agradáveis; encontrar uma, imprevisto amoroso, desagradável e lamentável.

AIDS

descobrir um amigo infectado, muito aborrecimento e desconfiança das pessoas amadas; contrair, desgraça, morte e perda de muitos bens; socorrer alguém com AIDS, bem-estar, tranqüilidade.

Aipim

plantar, muita tranqüilidade, felicidade com a pessoa amada; vender, desgraça próxima; comprar, perda de bens materiais e doenças; comer, ansiedade e encontro com pessoas indesejáveis.

Ajoelhar

dificuldades e vexames de amigos; humilhação entre amigos; desgraça, perda de liberdade.

Ajuizar

ajuizar uma ação, inimizades, disputas; desejo de vingança, dificuldades de entrosamento; perigo de acidente doméstico; incêndio ao seu derredor.

Alagamento

ver um, novidades na família, gravidez; na rua de sua residência, dificuldades, desgraças; provocar um, vinganças próximas por parte de desafetos seus; ver através da televisão, notícias ruins de parentes afastados.

Alambique

construir um para si, desejo maldoso, muitas festas e alegrias espalhafatosas; comprar um, muita sorte e muita amizade; vender um, fuga do cônjuge com outra pessoa; visitar um, novo relacionamento no emprego e possível namoro clandestino.

Alameda

andar por uma, tranqüilidade, paz; ver uma, paz na família, muita oração e paz com Deus.

Alarme

alarme disparado, roubos na família, prejuízo; instalar um, medo, prejuízo; vender um, sorte nos jogos e apostas; estragar um, recuperação de objetos perdidos.

Albergue

entrar num, prejuízo e abandono pelos amigos; hospedar-se, carência afetiva, desprezo; construir um, busca de paz, amor, aconchego; ver um pegando fogo, morte e desgraça na família, briga com a sogra.

Alça

pegar numa, visita de amigo insuportável; quebrar uma, fuga, oportunidade de livrar-se de um chato.

Alcachofra

desejos incontidos, mágoas; comer, desavenças; comprar, melhoria de saúde.

Alçapão

cair num, armadilhas dos adversários; perigo na família, acidentes; acidentes domésticos com crianças; usar um para pegar passarinhos, cadeia, humilhação pública.

Álcool

abastecer o carro com álcool, traição, deslealdade, invejas; comprar álcool, meter-se em confusão, ser vítima de brincadeiras de mau gosto; pôr fogo em álcool, muitas desgraças e acidentes; tomar álcool, doenças graves , morte e muitos dissabores.

Alcoólatra

ver um, problemas com filhos, ou familiares; ficar alcoólatra, decadência moral, perda de emprego e muitas dívidas; desavenças com a família.

Alcova

entrar em uma, amigos desleais, pedido de empréstimo que não será pago; traição da pessoa amada; ficar em uma alcova, abandono, fraqueza física e mental; ficar com alguém, desejo de aventuras ilegais, problemas amorosos com a pessoa amada; alcova clara, muita felicidade na família e amor intenso.

Aldeia

chegar a uma, mudança de vida, outros empregos e amigos; morar em uma, discussões, fofocas e desprezo de amigos; sair de uma, desencontros com amigos; ver uma de longe, sorte futura e muitas festas.

Alecrim

se florido, pequenas alegrias; cheirar as folhas, muito amor e convite para um jantar; plantar um, futuro promissor e notícias agradáveis; colher folhas, receberá notícias ótimas, muita saúde.

Alegria

estar com alegria, felicidade, sorte e amor; ver a alegria dos outros, saúde e paz; uma multidão cheia de alegria, desgraças, enchentes e intempéries, mortes na família.

Aleijado

ficar, muita sorte em loterias, visitas alegres; ajudar a um, novas amizades e muito amor de alguém desconhecido; atropelar e aleijar alguém, dificuldades com colegas de trabalho.

Aleitamento

ver uma mulher aleitando, muita sorte, abundância, dinheiro e felicidades; ser aleitado, tornar-se-á pai, ou tio; apreciar o aleitamento de animais, sorte grande, promoção no emprego.

Alemão

ver um bem loiro, grandes festas e muita comilança; encontrar um alemão de Blumenau, um bom chope e sorte no jogo do bicho; arrumar um amigo alemão, sorte nos negócios e futuras viagens.

Aletria

ver aletria, notícias de pessoas antigas; comer, boa saúde e bem-estar; comprar, sucesso no emprego com mudanças próximas para um cargo melhor; preparar para comer, sorte grande e muito amor.

Alfabeto

escrever, necessidade de escrever a um velho amigo; ler, algum encontro, amigo de volta ao seu presente; ver pessoas estudando o alfabeto, fará novos cursos de atualização na carreira profissional.

Alface

plantar alface, pobreza, bancarrota, miséria; comer, dores estomacais e pressão descontrolada; vender, alegrias inesperadas, mas rápidas; regar, compreensão de pessoas da família.

Alfafa

cobrindo o campo de verde, muita alegria e felicidades; colher, negócios bons e mudança de residência; tomar sopa de alfafa, ajuda de amigos para um melhor emprego.

Alfaiate

ir a um, mudanças no emprego e na família; ser um, discussões em família; ver um, situação econômica melhorando; tirando as medidas, julgamento público e restrições sociais.

Alfândega

passar por uma, acusações de corrupção, discussão com amigos; entrar em uma, problemas com o emprego e com atividades profissionais.

Alfinete

ver um, problemas com a família; comprar, chegada de problemas e calúnias; enfiar, acidente de carro ou de bicicleta, com ferimentos leves; ser espetado por um, mudança de ânimo e depressão.

Alforje

carregar um, segurança e otimismo; comprar um, problemas com filhos e netos; receber um de presente, deve mudar-se, se for velho irá para um asilo; um cheio, sorte grande e muito dinheiro.

Algarismo

ver muitos amontoados, confusões mentais e chegada de muitas visitas; escrever algarismo, cuidado nos supermercados para não ser enganado; ler algarismos em livros, notícias confusas de sorte em loterias e rifas.

Algazarra

ouvir perto de casa, festas e alegrias com amigos; na rua, atropelamento de animais e batidas em obstáculos ao lado da pista; fazer algazarra, libertação de preconceitos e traumas antigos.

Algemas

ser preso com elas, tolhimento de liberdade, podado em suas atividades; colocar em outrem, domínio, falta de tato com colegas e subordinados; se for professor, desejo incontido de ser ditador e de impor ensinamentos inúteis; romper algemas, muita liberdade e viagens próximas.

Algodão

ver um campo florido, desejo de pureza, encontro com pessoas puras e saudáveis; comprar na farmácia, doença na família, sobretudo da sogra; usar no corpo, medos, agressões e saúde debilitada.

Alho

comer, um período triste na vida, depressão; plantar, uma aventura sentimental muito intensa e agradável; colher, discussões com amigos e familiares; cozinhar, vida afetiva muito intensa e rica; comprar, vontade de mudar e encontrar novas aventuras; esmagar, mudanças no círculo familiar.

Álibi

oferecer um, problemas com a polícia e justiça; testemunhar um de um amigo, traição e deslealdade, acusações graves; negar um, problemas com vizinhos e sócios.

Alicate

felicidade, lucros e rifas; comprar um, investimento lucrativo; vender um, enganará amigos e familiares; comprar alicate, muita disputa por um cargo; trabalhar com um, será motivo de piadas.

Alicerce

ver o da própria casa, desastres com a residência; colocar alicerces, medo, desastres climatológicos; arrancar os alicerces de uma casa, grandes mudanças e desastres, ruínas.

Alimento

ter muito alimento, picaretagem de amigo, logro de parente; comprar alimento, segurança e bem-estar; desperdiçar alimento, doença na família e traição; falta de alimento, sorte em negócios de pequena monta; consumir muito alimento, problemas de saúde, crescimento de dívidas com bancos; cozinhar bem alimentos, amizades, saúde e sorte em viagens com a família.

Alistamento

ver o de conhecidos, proposta de casamento, de novo emprego; ser objeto do próprio, má sorte e problemas com vizinhos e motoristas no trânsito.

Alma

se com a própria, necessidade de maior intensidade psico-espiritual; com a de outro, morte na família, notícias de acidentes com amigos e parentes; se estiver flutuando, morte súbita, visita de um ser espiritual.

Almanaque

ver um , tristezas, aborrecimento, despeito; comprar um, dívidas com doenças e desastres; ver um antigo, herança e muito dinheiro; encontrar um novo, mudanças e melhorias de vida.

Almoço

fazer um sozinho, perda de amizades, solidão, angústias, fuga da pessoa amada; em companhia, muitas amizades, alegrias e conquistas importantes na vida profissional; convidar pessoas para almoçarem, deslealdade, pobreza e dificuldades; ver o cônjuge almoçando com outra pessoa, infidelidade, traição; almoço com muita comida, racionamento de comida e bebida; muitas pessoas almoçando em sua casa, problemas com amigos e vizinhos e colegas de trabalho; almoçar com uma mulher bonita (homem), problemas conjugais, ou traições entre amigos.

Almofada

busca de segurança e tranqüilidade; estar numa almofada com pessoa de outro sexo, aventura amorosa, ou traição; dormir em uma almofada, doença, dores de coluna.

Alojamento

local amplo para vários ocupantes, muita amizade e concórdia com todos; obrigatório devido a desastre ecológico, mudança de local de residência; local estreito e frio, morada com sogra, ou parente antipático.

Alpinismo

fazer alpinismo, ânsia de liberdade, fuga de problemas; ver pessoas fazendo, viagens, ou nascimento de filho; ver filme de alpinismo, paz, tranqüilidade, misticismo profundo.

Altar

estar diante de um, busca de paz interior, religiosidade; colocar algo sobre um altar, receberá uma oferta muito grande de ajuda e apoio; ajoelhar-se diante de um altar, se for solteiro, casamento próximo, se for casado, haverá uma viagem especial e muito proveitosa.

Altitude

sentir tontura, doença, depressão e problemas com familiares; subir muito até o pico de uma montanha, ânsia de libertação, misticismo, conversas com pessoas religiosas, carismas especiais.

Alto-falante

ouvir um, novidades próximas, namoro, festas; usar um, falta de compreensão de amigos, fuga de pessoas a quem avalizou algo; comprar um, busca de ser visto, desejo de se ver em jornais.

Aluguel

pagar, prejuízo, perda de bens; receber, boas notícias, lucros e facilidades; ver pessoas pagando aluguel, o seu chefe poderá ser trocado, mudanças políticas ao seu redor.

Alumínio

peças , orgulho, satisfação, brilho social; comprar algo de alumínio, mudanças de atitude na família; estragar alumínio, perderá prestígio entre o grupo de colegas.

Aluno

ser aluno, algo que lhe faz medo e evita, momento de crescimento intelectual; ver alunos, notícias diferentes das esperadas, dificuldades e mudanças de projetos; beijar aluno (a), romance próximo e casamento, muito ciúme e discussões com a pessoa amada; barulho de alunos, alegria e felicidade.

Alvará

ser negado um, sorte com políticos; conseguir um, passos importantes em sua carreira, crescimento profissional; pedir um, amigos desejarão dinheiro emprestado.

Alvorada

ver uma, descobrimento de verdades profundas e muitas esperanças; passear na alvorada, busca de novos horizontes, passeios na natureza, saúde e bem-estar, nascimento de filho de amigos.

Alvura

ver muita, busca de pureza espiritual, ansiedade por apoio de amigos; ser tomada de alvura, presságio de tristeza e safadezas da parte de amigos mais próximos.

Ama

ter uma, medo, insegurança, timidez; ver alguém com uma, falta de apoio, desavenças na família, briga com familiares; procurar uma, mudança de local de moradia, fuga de amigos.

Amamentar

ser amamentado, insegurança, dificuldades com a família; amamentar, busca de proteção, desejo de dominar a outrem; ver alguém ser amamentado, auxílio de amigos e parentes.

Amante

ter um, desejo de auto-afirmação, dívidas e desavenças; separar-se, maus negócios, perdas financeiras; brigar, sorte com rifas e loterias; começar com um, busca de aventura; manter vários, desgraça, disputa e muitas dificuldades.

Amargura

sentir no gosto, dificuldades, doenças e desastres; provocar em alguém, inimizades e ódios.

Amarrar

amarrar um parente, ou conhecido, vontade de liberdade, mudanças; amarrar a sogra, sofrimento e desgosto; amarrar a pessoa amada, ciúme, contrariedade e prejuízos.

Amazona

ver uma mulher a cavalo, briga com a sogra, desavença com o cônjuge; ir na garupa de uma amazona, busca de aventura, insatisfação, traição; cair do cavalo com uma, sorte nos jogos e desgraça no amor; ajudar a uma amazona descer do cavalo, começo de um relacionamento com amante.

Ambulância

ver uma, aborrecimento, dificuldades; ser levado por uma, sorte no trabalho e em rifas; ver um amigo sendo levado, boas notícias e felicidade geral; chamar uma, briga com cônjuge e sogra.

Ambulatório

entrar num, boas relações com pessoas desconhecidas; ver amigo lá, sorte em pescaria.

Amêndoa

comer , saúde e muita disposição; preparar, felicidade no casamento; comprar, notícias boas de parentes distantes; comê-las com vinho, vida longa e saúde de ferro.

Amendoim

comer, ansiedades, traição da pessoa amada; plantar, bons momentos no futuro; descascar, críticas violentas de amigos e colegas, traições.

Ametista

ver, sucesso futuro, melhoria nas finanças; comprar, novidades muito boas no amor e nas finanças, sucesso em tudo que faz; usar ametista, busca de sucesso e prestígio na vida política.

Amigo

ver um amigo em desgraça, morte na família, acidentes violentos; conseguir um novo amigo, grande prestígio na sociedade e ascensão no serviço; traição de um amigo, brigas na família com a esposa, sogra, ou pais; morte de amigo, mudanças muito grandes em sua vida, propostas arrojadas; notar um amigo conquistando muito sucesso, grandes vitórias e sorte em rifas e loterias.

Amnésia

sentir a própria, desejo intenso de esquecer algo desagradável, abandono de amigos; se em companheiros e amigos, traição e desprezo de amigos; quando em parentes, alguém o obrigará a pagar algum aval, ou fiança.

Amolação

sofrer de um amigo, incômodos muito grandes na área financeira; de parentes, sofrimento na família por doença de familiares; amolação de credores, intranqüilidade e aborrecimento.

Amor

ser preterido, virá muito sucesso e glória; obter o amor de uma prostitua, muita felicidade; correspondido imediatamente, infelicidade e desgraça; com o cônjuge, harmonia, felicidade, alegrias; ser amado, êxito, prosperidade, fartura e riqueza; com uma jovem formosa e desconhecida, rendimentos financeiros, herança imprevista; com uma mulher feia, desgraça, traição conjugal, perda de dinheiro; amor puro, más notícias na família, traição, fuga de cunhada com algum homem; com loiro(a), traição.

Amora

comer, doenças estomacais e dores de cabeça; comprar, notícias ruins e desavenças com amigos.

Amor-perfeito

ver, muita felicidade, muito afeto de uma pessoa; plantar, mudanças extraordinárias na vida; colher, realização de sonhos e desejos; fotografar, tranqüilidade e paz na família.

Amotinação

ver presos amotinados em presídio, muitas desgraças e desastres ecológicos; ficar refém, perigo de vida e assaltos na rua e em casa; morte de amotinados, perigo na estrada e nas ruas.

Amputação

ter um membro do corpo amputado, conquista de um grande amor; ver um amigo sofrendo amputação, perda de amigos e parentes; muitas amputações, chegada de muitos problemas na família.

Amuleto

carregar um, medo, intranqüilidade, desavenças na família; comprar um, insatisfação, intranqüilidade; ganhar um, problemas de saúde, alguém está querendo dar-lhe um golpe.

Analgésico

tomar, medo, preocupações, ansiedade; comprar, incertezas e desavenças na família.

Analista

ir a um, medo, sentir-se-á acuado, oprimido; ser mandado a um, será abandonado pela pessoa amada, traição de amigos, colegas de trabalho lhe puxarão o tapete.

Ananás

ver, problemas de pele e de estômago ; comer, terá de enfrentar problemas muito sérios de saúde e de relacionamento com colegas; plantar, desgraças na família e muitas encrencas com parentes.

Anão

ver, aborrecimentos, contratempos e problemas financeiros; ser perseguido por anões, azares com o carro e notas baixas na escola; correr atrás de um anão, sorte no amor; ser anão, pobreza e dificuldades financeiras; pegar um anão, doenças sérias, ou problemas cardíacos.

Ancas

ver as ancas de uma mulher, desejo sexual incontido, traição da pessoa amada; alisar, aborrecimentos com polícia e perda de amigos; abraçar, dificuldades urinárias.

Ancião

ver um todo branco, felicidade, vida longa e muita saúde; ver um com rosto irritado, erros no trabalho e nas finanças; ver um sorrindo, traições no trabalho e no amor; ser um, saúde ruim e mortes.

Âncora

proteção, segurança, boa vida e tranqüilidade com a família; sendo lançada no mar, sucesso na família e filhos dinâmicos; parada em terra firme, ataques de amigos invejosos.

Andaime

olhar para um, ansiedade, construção de uma boa casa; subir a um, perigo de perder o emprego, traição de parentes; cair de um, sucesso no trabalho e sorte em aplicações financeiras.

Andar

estar andando, progresso, boas leituras e cursos de aperfeiçoamento; ver pessoas andando, chegada de parentes e amigos, festas com amigos; andar com pressa, ajuda de pessoas, solicitude, progresso na carreira profissional e nos estudos; andar com dores nas pernas, doenças próximas, dificuldades financeiras.

Andarilho

ver um, notícias de parentes e amigos distantes; conversar com um, uma grande viagem; ser um, problemas de saúde, problemas no serviço e no relacionamento com colegas.

Andorinha

ver pousada, boas notícias, horas muito felizes com as pessoas amadas; bando de andorinhas, paz na família, na escola e no serviço; andorinha voando, mudanças no emprego e na família; se entrar em casa, notícias boas, tranqüilidade, visita de uma pessoa muito querida.

Andróide

ver um , alucinações, incêndio em prédios vizinhos; ter um, fantasias descontroladas, desencontros com amigos e parentes.

Anedota

contar, boas amizades, coleguismo e ajuda; ouvir, bom relacionamento, aumento de salário e novos amores; receber por fax, traição de amigos, humilhações entre colegas.

Anel

levá-lo, felicidade conjugal, alegria afetiva, paz na família; perdê-lo, esquecê-lo, brigas, desavenças familiares, intrigas e traições; anel de ouro, morte e desastres; de brilhante, grande cupidez (cobiça), ganância; de rubi, surgirão duas mulheres na vida; colocar um no dedo, orgias sexuais, desejo sensual muito forte; encontrar um, visitas inesperadas e casamento na família.

Anestesia

sofrer uma, perda de dinheiro, amigos e familiares; ver em um membro da família, brigas e traições; aplicar em alguém, fuga da realidade, mudanças de idéias e opressão de chefes.

Aneurisma

estar com um, medo, acidente de carro, cirurgia imprevista; com um amigo, saúde, vida longa

Anfiteatro

estar num, desejo de promoção, notícias em jornal sobre amigos; ver amigos num, saúde, alegria e muitas surpresas no círculo familiar; apresentar-se num, ser promovido, ser candidato a cargo público.

Angu

comer, meter-se em encrenca; preparar , sofrer pressões do chefe; servir, problemas com o cônjuge.

Anil

ver, felicidade, paz e prosperidade; pintar uma superfície de anil, muita sorte e sucesso.

Animal

ver animais , perigo com multidão, assalto e roubo; ser perseguido por um, necessidade de decisão; doméstico, afetividade, tranqüilidade no lar; feroz, ameaças, perigo em viagens, perigo no serviço, perigo para a família; que fala, não contar segredos, vigiar os que querem saber de sua vida; falar com animais, coisas sobrenaturais em sua vida, falta de empenho pelo espiritual, notícias especiais sobre seus ascendentes, paz e amor.

Anis

fazer um chá, doenças da garganta e do estômago; plantar, tranqüilidade e paz.

Aniversário

festejar o seu, vida longa, muita felicidade, muita prosperidade; festejar o de um familiar , ou amigo, morte próxima, desastre com carro, brigas na família; ser cumprimentado, dificuldades financeiras e pouca saúde; ir a uma festa grande de aniversário, perda de dinheiro, problemas familiares.

Anjo

vê-lo voando, pureza, amizade pura, felicidade; doente que vê anjo, convalescença longa, morte; anjos dourados, insucesso nos negócios e projetos; anjo triste, problemas sérios de saúde, desgraças na família, brigas com a sogra e sogro, falta de dinheiro.

Anjo-da-guarda

vê-lo, cuidado com todo tipo de perigo, problemas de saúde; se o está segurando pela mão, perigo de assalto, de ser atingido por algum objeto que cai do alto.

Ano

mudança de ano, afogamento nas ondas, perda de dinheiro; ano-bissexto, azar nos negócios, brigas em família e desavenças com amigos.

Anoitecer

apreciar com o sol caindo, muita felicidade, notícias boas de familiares, tranqüilidade; perceber o anoitecer repentino e muito escuro, fatos imprevistos e perigosos, doenças próprias e da família.

Anta

ver uma, traição de amigos, grandes burrices suas e de familiares; comer carne de anta, dores estomacais, úlceras, vômitos.

Antena

ver antena de televisão, boas notícias, viagens e cartas inesperadas; antena de carro, notícias de traições de casais amigos, desgraças com pessoas ligadas por amizade.

Antídoto

tomar, muita saúde e prosperidade, bons ganhos em um negócio.

Antipatia

de pessoas conhecidas, traição na família, brigas com amigos; de pessoa desconhecida, acidente de carro, não pagamento de empréstimo feito a parente, ou amigo.

Antiquário

ir a um, notícias sobre os antepassados, receberá um passaporte estrangeiro; viagens ao exterior.

Antro

entrar num, problemas sérios com o cônjuge, briga com amigos, dificuldades de relacionamento com colegas de trabalho, preterição nas promoções de trabalho.

Antropofagia

ver, doenças próximas, cansaço, instabilidade emocional.

Antúrio

plantar, doenças, morte na família; colher, dificuldades com vizinhos, enchentes, ou enxurradas.

Anu

desgraça, peste, doença endêmica, acidentes de todo tipo, alvo de pessoas invejosas e ciumentas.

Anzol

usar para pescar, busca de aventuras, tranqüilidade e paz; pegar peixe, sorte, felicidade e bem-estar.

Aparição

de um santo, notícias boas, espiritualidade em alta; de um diabo, engano e logro dos amigos, traição de algum parente; de algum espírito, necessidade de um momento de lazer, nervosismo.

Apartamento

morar em, restrição à liberdade, opressão; vender, libertação, vida feliz; visitar um, encrenca com amigos, dificuldades de relacionamento com filhos , ou sobrinhos.

Apendicite

vida longa, muitos passeios, bom apetite.

Aperitivo

tomar, promoção no trabalho, melhor relacionamento com as pessoas, sorte, fortuna.

Apetite

comer muito, doenças, dificuldades com a família; sem apetite, azar nos negócios.

Apiário

ver um, sorte, felicidade, boa saúde, harmonia no trabalho, paz na família, presentes do ser amado.

Apito

ouvir forte, perigo de assalto, de roubo; ouvir ao longe, notícias pouco agradáveis.

Aplauso

receber, traição, desavenças com colegas de trabalho, inveja, ciúme e calúnias.

Apocalipse

medo, angústia, grandes acontecimentos pavorosos, momentos de terror.

Apólice

assinar uma, problemas com a residência, acidente com carro, furto, assalto; receber uma em casa, ajuda de amigos, proteção de colegas e parentes.

Aposentadoria

receber a própria, cansaço, insegurança, medo; ver a de amigos, solidão, incompreensões de amigos, problemas no serviço, pobreza, miséria.

Aposta

fazer uma, insegurança, derrota do time de preferência, perda de uma promoção; vencer uma, reprovação na escola, professor o pegará colando, perda de amigos.

Apóstolo

ser um, necessidade de intensidade espiritual, busca de verdades; ouvir um , deficiência em sua família, desavença com filhos e pais, falta de leitura.

Apresentação

própria, ânsia de ser reconhecido, vaias de amigos, desprezo de colegas; participar da apresentação de filhos, falta de apoio à família, pouca presença no lar, insatisfação pessoal.

Aprisionamento

próprio, uma grande viagem e sorte em uma promoção comercial.

Apunhalar

ser apunhalado, traição, desprezo, perda de dinheiro, dificuldades com amigos; apunhalar, muita sorte no serviço e promoção, com bons ganhos de salário.

Aquarela

desenhar, futuro risonho, alegrias e bem-estar; comprar uma, felicidade da família, viagem e muitas excursões com festas; pendurar uma na parede, sorte em rifas, loterias e amor da pessoa amada.

Aquário

vazio, dificuldades, problemas financeiros; cheio de água com peixes, fartura, felicidade, notícias boas, uma grande viagem por mar; só com água, falta de afeto, abandono de amigos.

Aquecimento

receber, conforto, apoio de pessoas desconhecidas, amparo espiritual de uma pessoa religiosa; falta, problemas de saúde, rixas com pessoas amigas, abandono de parentes e não pagamento de dívidas.

Ar

falta de ar, ansiedade, perigo, acidente; ar suave e puro, vida longa e felicidade; ar viciado, doenças, desgraças, traições, acidentes; ar suave, reconciliação com os adversários, retorno dos amigos; ar cheio de cerração, desgraças, infelicidades, morte e intempéries fortes.

Arado

trabalhar com um, necessidade de paz de espírito, repouso, obter uma chácara, tranqüilidade, paz na família, felicidade; ver pessoas trabalhando, casamento próximo, visitas inesperadas.

Arame

cerca, prisão de amigos, fuga de devedores, brigas na família, ataque de algum cão feroz.

Aranha

ver, traição, engano, logro; ser picado, ser logrado, roubado, furtado; matar uma, briga com amigos, encrenca com amigos e familiares.

Araponga

ouvir, problemas de surdez, difamação, fofocas; ver, notícias falsas, amigos traidores.

Arapuca

ver pássaro preso, liberdade, viagem, longa temporada na praia; desarmada, perigo de vida.

Arara

ver, muita sorte em rifas, muitos amigos falsos; comprar uma, problemas com o IBAMA, segredos serão revelados por amigos, falsidades, pessoas vão usá-lo.

Araucária

apreciar, viagem, sorte, muitos momentos felizes; trepar a uma, dificuldades, encrencas e momentos muito perigosos; plantar, esperança, felicidade, muitos momentos na natureza.

Arbusto

ver um, cuidados com a saúde; frutífero, humildade e paciência com as pessoas; ficar debaixo de um, opressão de colegas de emprego, de familiares e de chefes.

Arca

ver uma, segredos familiares serão revelados, herança, uma sorte grande, muita felicidade.

Arco e Flecha

muitos dissabores, assaltos, mortes e problemas com vizinhos; ataque de cães na rua, calúnias de amigos e parentes, infelicidade generalizada.

Arco-íris

ver a formação de um, muita riqueza material e espiritual; saúde completa e bem-estar com toda a família, muitas alegrias com a família e amigos que se lembrarão de uma visita, férias ótimas como há muito nunca vira, grandes amores inesperados.

Areia

notar, bons momentos e negócios; encontrar amigos brincando na areia, brigas e intrigas, com problemas sérios; andar na areia, dificuldades no relacionamento com parentes e amigos, sobretudo com a sogra; ver dunas, ganhos de capital e sorte em loterias; estar na areia do deserto, solidão e privações sociais e materiais, todos o largarão; areia movediça, muitas dificuldades e acidentes de carro.

Argola

mexer com argolas, libertação espiritual, crescimento mental; comprar argolas, domínio sobre os vizinhos e amigos; vender argolas, desfazer de um bem importante.

Aritmética

ver muitos números, sorte em jogos e loterias; fazer operação aritmética, convencer os colegas de suas verdades, tomar a liderança de atos comuns; cometer erros nos cálculos, sofrer trapaças.

Arma

ver muitas armas, medo, assaltos, sofrimento com roubos; usar uma arma, acidentes, ferimentos em si e na família; ser ferido por uma arma, calúnias de colegas e difamação; comprar uma arma, problemas com a justiça, perigo de acidentes com crianças, machucaduras.

Armário

examinar um, segredos familiares serão revelados, traições conjugais de sua família, ou amigos; armário cheio de roupa, inverno muito forte e poucos agasalhos contra o frio; armário vazio, medo, preocupação com a situação de familiares; armário desorganizado, problemas com o cônjuge, infidelidade.

Armazém

entrar num, necessidade de dietas e cuidados com o tipo de comida; ter um, ganhará muito dinheiro inesperado; fazer compras em um, conquistará muitos amigos, terá o apoio de todos, seu relacionamento será imenso; receber compras em casa de um armazém, mudanças na vida, infidelidade.

Aroma

sentir, busca de amor, carinho e amparo; não perceber, perda de amigos e de ajuda de colegas.

Arquibancada

ver uma cheia de torcedores, humilhações, vaias e desaforos de conhecidos; vê-la cheia de torcedores de seu time, derrotas, vaias e perda de dinheiro; vazia, dificuldades na família e no dinheiro.

Arquiteto

ser um, muita sorte em artes; conversar com um, traição conjugal, perda de um grande amor; trabalhar como arquiteto, promoção artística, sorte com os amigos.

Arranha-céu

ver um, promoção no emprego, filhos com notas boas na escola; entrar em um muito alto, tonturas, vertigens e problemas de saúde, medo; cair de um, morte na família e infelicidades.

Arrasta-pé

entrar num, muita diversão, alegria e sorte com namoro; dançar uma noite, vida longa e muita saúde; arrumar um(a) namorado(a) num, grandes amores e grandes traições.

Arremessar

estar arremessando, necessidade de estudar mais, problemas com a memória, anemia, desânimo em suas tarefas e objetivos.

Arroio

apreciar um, tranqüilidade, calma e amizade; molhar os pés em um, necessidade de repouso, busca de pureza e fidelidade no amor; ver um de montanha, ansiedade, necessidade de paz espiritual, busca de misticismo, falta de poesia na vida.

Arrombamento

sofrer um, desvendamento de seus segredos, calúnias; ver um, notícias boas quanto ao seu trabalho; praticar um, mudança de endereço, ou até de cidade, fuga de pessoas conhecidas.

Arroto

dar um, necessidade de melhorar as boas maneiras, doenças estomacais e problemas com vizinhos da rua; ouvir, necessidade de aperfeiçoamento em sua profissão.

Arroz

cozido, a sua riqueza aumentará muito; cru , muita sorte no casamento, no namoro e na amizade com colegas e parentes; cozido e empastado, problemas com a saúde e dificuldades de relacionamento com os filhos ou pais; cozido e soltinho, muita alegria e felicidade com as pessoas, muitos sorrisos.

Arrozal

trabalhar num, dores nas pernas, cãibras, reumatismo, resfriado e doenças respiratórias.

Arruaça

ver uma, perturbações familiares, doenças em parentes mais velhos; participar de uma, problemas com a polícia e com vizinhos; denunciar uma, sorte nos jogos, tranqüilidade e segurança.

Arruda

plantar defronte de casa, sorte e amizades sinceras; arrancar, problemas no fígado e no coração; fazer um chá com arruda, dores estomacais e rixas com vizinhos.

Artilharia

atirando, problemas com amigos e colegas; parada e luzente ao sol, sorte e viagens.

Artista

ver um , cuidado com os que puxam o tapete; ser um, promoção no emprego, ofertas de trabalhos voluntários em prol da comunidade; pegar autógrafo, assaltos, roubos e acidentes.

Árvore

verde, esperança; florida, alegria e felicidade; reta, boas notícias e sorte na escola; cheia de frutos, muitos amigos e vida longa; amarelada, doenças, mortes e finais tristes de empreendimentos; de Natal, muita alegria, felicidade, família unida e ótima; seca, morte, intranqüilidade e desespero; trepar a uma árvore, insatisfação sexual; torta, calúnias, muitos inimigos e desavenças; de figos maduros, haverá uma linda viagem; com as raízes à mostra, revelação de segredos dos ascendentes, filhos adotados; adubar uma árvore, muita sorte no emprego e no relacionamento com parentes.

Ás

pegar um no baralho, infidelidade do cônjuge, traição de amigos, sorte com rifas, perda do emprego, falta de aperfeiçoamento profissional.

Asa

ave derrubada por causa da asa, perda de projetos e azar nos negócios; asa partida, falta de compromisso nas promessas; asa colorida, vontade frustrada, desejos não cumpridos.

Asfixia

ser asfixiado, problemas respiratórios, asma e dores no peito; asfixiar alguém, desejo sexual incontido, maldades; ver alguém ser asfixiado, desejos ocultos de vingança, perseguição no serviço.

Asma

ter , problemas de saúde e dificuldades no tratamento; curar, muita sorte e ganho de muito dinheiro.

Asno

montar num, muita sorte e dinheiro; comprar um, problemas de relacionamento com amigos; vender um, sorte no amor e muitos amores novos; comer carne de asno, problemas intestinais e enjôos.

Aspargos

plantar, sorte, felicidade, sucesso nos empreendimentos; colher, felicidade com a família e boa saúde; comprar, notícias agradáveis de parentes, ganhar muito dinheiro e nascimento de filhos; comer, boa saúde, grande apetite e muita sorte em novos negócios.

Assado

sentir o cheiro, problemas com o estômago; comer, dores no corpo e safadeza de amigos; fazer, críticas de parentes e dificuldades no relacionamento familiar.

Assalto

sofrer um, muita sorte com amores e amizades; fazer um, cadeia e problemas com a justiça, rixas com amigos e brigas com a família, sobretudo com sogros; apreciar um pela televisão, notícias tristes de amigos distantes, morte de políticos importantes e amigos seus.

Assassino

ver um, perigo para os familiares e amigos; conversar com um, perigo no trânsito; ser o advogado de um, garantia de bons ganhos financeiros, encrencas com pessoas desconhecidas.

Assédio

ser objeto, problemas com sua estrutura psíquica; sendo masculino, desejos incontidos; fazer assédio, problemas com a justiça, cadeia, muitas dívidas; ver um assédio no trabalho, o chefe quer dar-lhe um fim, demissão, perda de dinheiro.

Assembléia

estar numa, união com muitas pessoas, necessidade de freqüentar cerimônias religiosas, vazio espiritual; ser convidado para uma, os amigos estão desconfiados de suas intenções.

Assinar

fazer a própria assinatura, compromissos sérios não cumpridos, falta de dinheiro, afiançado seu que não pagará o devido, cobrança de juros exorbitantes, cônjuge desconfiado de suas atitudes.

Assoalho

o da própria casa, desmoronamento de seus projetos e queda de casas, insegurança, medo, angústia diante da situação do momento.

Assobio

ouvir, alegria, boas notícias; você dar um, solidão, falta de amizades e horas de lazer; se for aluno, falta de vontade de estudar e aprender as lições.

Assombração

ver, medo, insegurança, necessidade de rezar e falta de ajuda ao próximo; ser uma, morte, doenças sérias na família, abandono de amigos.

Assustar

você assusta, pouca coragem, fuga de sua realidade, problemas com os filhos, ou sobrinhos; ser assustado, desconfiança de amigos, intranqüilidade, pouca esperança no futuro

Astro

ver um , notícias boas, sorte e muito amor.

Astrólogo

consultar um, problemas com a justiça e com o cônjuge, ou namorado; ver um, mudanças em sua vida amorosa e financeira.

Astronauta

ser um, desejos incontidos de mudar de vida, grandes mudanças em sua vida sentimental; ver um, medo de sua situação na empresa; conversar com um, medo do chefe, do professor ou da pessoa amada.

Atalho

tomar um na floresta, muitas dificuldades com as pessoas, ciladas, traições, notícias inesperadas e trágicas, problemas com carro e transporte de modo geral.

Ataúde

ver o próprio, vida longa e feliz com a família ; comprar um, sorte em rifas e bom relacionamento com a sogra; ver o dos amigos, fidelidade e sucesso nos negócios.

Atestado

receber um por doença, preguiça e desânimo; pedir para um amigo, desconfiança e temor de ser traído; pedir para negativas de multa, processo por sonegação, perseguição político-partidária.

Ateu

ser um, falta de discernimento de sua vida, dificuldades com filhos adolescentes, problemas de relacionamento com sua mãe.

Atirar

com arma de fogo, medo, assaltos contra sua pessoa; ver alguém atirando, precaução com vizinhos e parentes, com colegas de serviço que querem o seu lugar.

Atlas

viagens, busca de novos conhecimentos, leitura de bons livros, libertação do seu mundo particular.

Atleta

admirar um , vontade de ser herói, ídolo, necessidade de fazer ginástica.

Ator

busca de aprovação, necessidade de aplauso, humilhações na parentagem, momentos de euforia.

Aula

estar na aula, necessidade de estudo, busca de coleguismo, solidariedade; faltar à aula, remorsos por algo feito no passado; ir à aula, busca de saber, necessidade amparo; gostar de aula, ansiedade pessoal.

Auréola

ao redor da cabeça de alguém, bons conselhos, boas idéias; em sua casa, sucesso e momentos de muita alegria, busca de misticismo e religiosidade.

Aurora

ver uma, novas esperanças, dias melhores, novos amigos e ajuda de parentes; acordar na aurora, idéias muito boas para sua vida, novos projetos de trabalho e muita paz.

Austeridade

ser obrigado a agir com, necessidade de autocontrole, dieta e diminuição de gastos; nos outros, evitar desperdícios na empresa e controlar os gastos da mesma.

Autógrafo

dar um, ânsia de aparecer, surgimento de um amor oculto e proibido; receber, busca de um amigo sincero e que dê amparo, ajuda de colegas em suas dificuldades.

Automóvel

desejos realizados, possibilidade de viagens, muita vontade de ser visto e admirado, vaidade exagerada; se automóvel velho, falta de dinheiro, se novo, novos planos e novos projetos de viagem; dirigir um, sucesso com os amigos e muita sorte em negócios; bater, perigo de doenças na família, assaltos; carro importado, problemas com bancos, assédio de diversas mulheres vaidosas.

Autópsia

própria, indisposição estomacal, problemas gerais com saúde; a de parentes, intrigas com familiares e mortes na família; a de algum desconhecido, situações difíceis com o amor.

Autor

se você, cuidado com seus negócios, cheque especial estourado, dívidas crescentes; se outra pessoa, notícias pouco agradáveis; se autor de dicionários, muito trabalho e dificuldades e pouco dinheiro.

Avalanche

ver uma pela TV, viagens e muita diversão com amigos; atingido por uma, intrigas e calúnias no seio da parentagem; se estiver fugindo de uma, cuidado com a sogra que quer dar-lhe uma lição.

Ave

ouvir uma cantando, boas notícias, cartas e fax de amigos distantes; apreciar uma, surgirá um grande amor em sua vida, amores clandestinos; dar comida a aves, perigo com amigos que querem dar-lhe um golpe; um bando de aves cantando, terá muitos filhos e netos e será feliz.

Avental

estar de avental, deve arrumar melhor a cozinha, deve ajudar o consorte nos serviços de casa; comprar um, vai ser rebaixado em seu serviço e terá que trabalhar mais.

Aventuras

mudança de vida, imprevistos em sua rotina, ansiedade para sair da rotina, problemas com os filhos na escola, oportunidade de uma namorada estranha.

Avião

entrar num, viagem muito longa e inesquecível; ver um parado, parada em sua vida, menos atividades; ver um voando, notícias sobre amigos distantes; queda de avião, problemas com sua família; ouvir a notícia de um que caiu, problemas com sua casa, vento arrancando telhas; ver avião batendo em uma montanha, fofocas, mortes e desgraças com sua família e colegas de emprego.

Aviário

ver um, muitos contratempos e muitas novidades; comprar um, meter-se em confusão com vizinhos e parentes; visitar um, momentos de tensão com colegas de trabalho.

Avô, Avó

vida longa, muita tranqüilidade, momentos felizes e muitos bens materiais.

Alazã

sem flores, tristezas e dores reumáticas; florida, muita alegria e felicidade com as pessoas amadas; florida fora de estação, notícias muito boas e grandes momentos de alegria, casamentos.

Azeite

tomar, doença e dor de estômago; de oliva, sucesso, felicidades; de soja, mudança de médico, melhoria na saúde; comprar, busca de melhorias, necessidade de uma dieta e uma parada na correria da vida.

Azeitona

tranqüilidade, muito apetite; comer, felicidade com a família e com o amor, boa saúde; colher , recebimento de novas propostas de emprego, proposta de casamento; ver enlatada, apetite exagerado, dieta e precaução na comida.

Azia

estar com azia, calúnias e fofocas de amigos, dissabores com parentes.

Azul

ver a cor azul, momentos de muita felicidade, paz e tranqüilidade; mergulhar no azul, um grande amor e muitas horas de plena felicidade; ficar azul, momentos de religiosidade, precisa arejar sua mente.

B

Baba

sonhar que está babando, inveja, vingança; ver alguém babando, amigos infiéis, traição no amor.

Babá

ter uma, dependência da mãe, falta de decisão, ingenuidade; arrumar uma para os filhos, comodidade, fuga das responsabilidades; muita influência de parentes e amigos.

Babador

estar usando um, necessidade de ajuda de parentes e amigos, insegurança, medo, intrigas.

Babosa

ver, mudanças em seus projetos; plantar, idéias novas e promissoras; usar contra alguma doença, dieta e cuidado com a comida.

Bacia

cheia , abundância, fartura, alegrias; vazia, prejuízo, pouca ajuda de amigos, problemas com o estômago; uma bacia cheia de água jogada em você, cuidado com brincadeiras de mau gosto.

Baderna

estar numa, confusão em sua vida profissional, filhos aprontando na escola; apreciar uma, encrenca com vizinhos e colegas, parada em "blitz" de trânsito, por isso deve andar com a documentação.

Bafômetro

ser submetido a um, cuidado com bebidas alcoólicas, problemas com a polícia; problemas com a sogra, problemas com autoridades.

Bagagem

levar, uma mudança em sua vida, separação do cônjuge, sogra vindo morar com você; arrumar a bagagem, viagem longa e visitas de amigos distantes.

Baile

estar num, muita festa, necessidade de lazer; ver um, compaixão dos amigos e desprezo dos colegas; sair de um, decisões, busca de alternativas para a sua vida.

Bajular

ser bajulado, mexericos, calúnias, amigos querendo sua cabeça; bajular o chefe, insegurança, desrespeito dos filhos e do cônjuge.

Bala

se de arma de fogo, amigos perigosos, traições; se doce, um grande amor, muito carinho da mãe e dos filhos; muitas balas, uma grande festa em família.

Balança

subir a uma, negócios incertos, pouca dieta, tendência a engordar, dificuldades no exercício do seu cargo; comprar uma, cuidado com aplicações financeiras.

Balanço

financeiro, há um problema em seu emprego; se brinquedo: estar em um, insegurança, medo, destino se cruzando com seus adversários; colocar filhos no balanço, necessidade deles de maior carinho.

Balão

ver um subindo , bom futuro, desejo de aventuras; fazer um, azar nos negócios, compra de eletrodoméstico com defeito; ver um incendiado, intrigas, brigas, rixas com vizinhos; ver um que cai, doenças, perda de dinheiro, acidentes; andar debalão, falta de lazer, bons negócios, sucesso no emprego. balão, falta de lazer, bons negócios, sucesso no emprego.

Balcão

o de sua casa e florido, esperança, alegrias, felicidades, casamento de um familiar; vazio, morte na família; cheio de gente, esperanças certas e visitas de amigos verdadeiros.

Balde

vazio, surpresas com a família, filhos indo mal na escola; cheio, recebimento de valores inesperados, ajuda de colegas, ganho em aplicações financeiras.

Balé

ver , falta de cultura, necessidade de lazer e repouso; participar de um, indecisão em suas tendências amorosas, busca de apoio entre amigos.

Baleia

receberá ajuda de alguém muito poderoso; ver uma nadando, felicidades; ver uma morta na praia, perigo próximo, doença séria; ser devorado por uma, imaginação doentia.

Balofo

ser um, falta dieta, dores de cabeça, problemas com o estômago, desprezo de amigos.

Balsa

andar em uma, aventuras, muitas viagens, ajuda de amigos interessados.

Bambu

estar no meio , momentos de descontração com amigos; plantar, busca de felicidade e aventuras, pescarias; comer broto de bambu, boa saúde e muitas horas de tranqüilidade.

Banana(s)

ver, apetite exagerado, dieta; ver um cacho grande e maduro, muita sorte, dinheiro e fartura; verde(s), possibilidade de bons negócios, realização de um antigo projeto; comer, melhoria de saúde física e financeira; assar, nova namorada, casados se cuidem com amores extraconjugais; descascar uma, solução de velhos problemas, entrada de dinheiro; jogar uma casca, queda no lar, batida de carro.

Banca

de examinadores, perseguição política, dificuldades no emprego, notas baixas, professores estressados; de advogados, encrencas com vizinhos, envolvimento em acidentes de trânsito.

Banco

entrar num, ser assaltado, ser enganado por amigos; sair de um, notícias estranhas sobre amigos; banco de madeira no jardim, namoros, amores, horas felizes; banco de igreja, necessidade de meditação, religião e compreensão dos outros.

Banda

ver uma tocando, muitas festas, alegrias, visitas de parentes, presentes; tocar em uma, convite para festas e encontros prazerosos com amigos.

Bandeja

uma cheia de comida e bebida, fartura, felicidade, encontro com amigos; vazia, desgraça próxima, muita fome em sua cidade; virar uma bandeja, briga na família, encrenca com irmãos.

Bandido(s)

ver, amigos falsos, notícias mentirosas na imprensa; sofrer na mão deles, opressão no emprego, maus tratos na polícia, perseguição de professores na escola; ser assaltado por eles, perigo de acidente com ônibus, ou avião, queda de bicicleta, ou batida de carro; defender-se de um, sorte no jogo e na loteria.

Banho

no chuveiro , necessidade de contar segredos, auto-afirmação, desconfiança; na banheira, repouso, lazer; na banheira com pessoa do outro sexo, sensualismo, desejo incontido de atividades sexuais; no mar, lazer , esporte, descanso, conversa com amigos.

Banho-maria

fazer um, receberá agrados da pessoa amada, presentes, flores; comer um, muitas horas de prazer com a pessoa amada; se solteiro(a), casamento próximo com a pessoa amada e desejada.

Banquete

estar num, cuidado com a comida, fazer uma dieta e controlar a boca; preparar um, falta de amizades, enganos de colegas, trapaças.

Bar

entrar num, problemas familiares e notícias ruins; ser dono de um, perda de dinheiro e dificuldades com bancos; entrar em um bar cheio, muitas festas e amizades; sentar-se à mesa de um bar com amigos, cuidado com o excesso de álcool e com o desprezo de amigos.

Baralho

jogar, má sorte e perda do poder aquisitivo, trapaças e logros de amigos, amigos fazendo-o pagar o que avalizou; embaralhar as cartas, problemas no trabalho e na escola; distribuir as cartas, perda de dinheiro e de amor antigo; receber cartas no jogo, ser trapaceado, perda de dinheiro com avais.

Barata(s)

ver muitas, sorte e dinheiro na vida; pisar em uma, libertação de adversários; correr atrás, projetos bem sucedidos; vê-las mortas, notícias boas e visitas agradáveis; sentir-se uma, mente poluída.

Barba

feita, vontade de ser reconhecido e elogiado; longa, ganhos e tranqüilidade, misticismo; curta e aparada, superação de dificuldades, ajuda de amigos; se mulher com barba, poderá ser atacado por bicho feroz, como cão, cobra ou escorpião; mulher grávida que sonha com barba, terá um menino, ou gêmeos; cortar a barba de alguém, perda de amigos e briga com parentes.

Barbeiro

cortar seu cabelo e barba, será assaltado e roubado por pivetes; ser barbeiro, aumento de salário; contar o cabelo e a barba de alguém, perderá dinheiro para amigos; ser barbeiro no trânsito, perigo para a família e desastres domésticos.

Barbicha

ver uma, perigo iminente de trapaça, notícias alarmantes, pedido de ajuda inesperado.

Barcaça

andar em uma, vida suave e família feliz; conduzir uma, promoção no emprego e boas notas na escola; afundar em uma, problemas de saúde e insônia.

Barco

muitas dificuldades em suas atividades profissionais; barco navegando em rio limpo, muitas felicidades e paz, bons negócios, mas lentos; naufragar em um barco, dificuldades com a família e nos negócios; cair de barco em uma cascata, prisão de ventre e problemas de equilíbrio físico.

Barraca

morar em uma, lazer, alegrias de passeios, contato com a natureza; pessoas em barracas, notícias boas e muita felicidade, leituras agradáveis, horas de sossego, filhos dando muitas alegrias.

Barracão

morar em um, muitas dificuldades econômicas, desastres com intempéries, sobretudo enchentes e furacões; construir um, grandes colheitas, muita sorte nos negócios; ver um barracão no meio do mato, amores clandestinos e ligações amorosas perigosas.

Barreira

no trânsito, ser assaltado, ser roubado e ter bens danificados por vândalos, não conseguir a sonhada promoção de emprego, problemas com a justiça.

Barrigudo

ser um, falta de dieta, doenças estomacais e intestinais; ver um, cuidado com sua atividade, evitar fumo e álcool; traição da pessoa amada.

Barril

chegada de dinheiro inesperado, sorte com amigos; barril de vinho, muita sorte em tudo e bons ganhos de dinheiro; abrir um barril, grandes momentos no emprego e conhecimento de segredos valiosos.

Bastão

andar apoiado em um, dificuldades de relacionamento na família, infidelidade de amigos e pessoas amadas, perigo de se meter em briga e apanhar feio, filhos provocando encrencas na rua, doenças em pessoas mais velhas da família.

Batalha

estar em uma, sofrimento sentimental por morte, perigo de assalto e acidentes; ver uma, prevenção com fogo e combustível, cuidado com o fogão de sua casa, faça uma boa revisão.

Batata(s)

comer, notícias de alguém distante; no geral, prenunciam prosperidade e dias felizes; plantar , ser logrado, ou demitido, receber más notícias, na escola tirar notas baixas; comprar, sinais de bom tempo e boa saúde, relacionamento estável com a família.

Bater

estar batendo em alguém, inimigos vão prejudicar de maneira terrível; ser batido, timidez exagerada e problemas com os superiores; bater com o carro, sorte em negócios pequenos e facilidade em lidar com vendedores; bater com o corpo em uma parede, teimosia demasiada, necessidade de alguns bons conselhos.

Bateria

de músicos, muitas festas, alegrias e amigos; de carro, cuidado com a mecânica de seu carro, cuidado com colegas que o bajulam, mordida de cães, furto de carro.

Batida

de carro , problemas com vizinho, engano em compras; batida de limão, muita saúde e sorte nos empreendimentos; beber uma, espírito tranqüilo; fazer uma, conhecer novos amigos e dar-se bem com a sogra.

Batina

ver alguém com, boas notícias e entrada de dinheiro inesperado; andar com, falta de religião, pouca inclinação à caridade e pouca ajuda aos mais necessitados; fazer uma, mude de vida.

Batismo

o próprio, sensação de vazio espiritual; o de outrem, precisa rezar mais e buscar momentos religiosos; fazer um batismo, está sendo chamado a exercer uma missão espiritual muito profunda.

Baú

ver fechado, viagem e contatos muito importantes com pessoas influentes; aberto, decepções, notícias ruins e revelação de segredos importantes; abrir um cheio de dinheiro, herança grande e uma loteria; ganhar um de presente, casamento à vista e bons negócios, mas de valor pequeno, comprar, poucos lucros.

Bazar

ver um, notícias de amigos distantes; entrar num, receberá um presente exótico; ser mandado a um, terá grandes surpresas com amigos distantes e parentes menos próximos.

Beata

ver uma, problemas religiosos; ser uma , um problema de consciência devido a antigos ensinamentos religiosos; conversar com uma, sinal de mudanças em sua vida religiosa.

Bebê

se mulher, poderá adotar um; ganhar um, muita sorte e felicidade; natimorto, muita sorte e vida muito longa para seus filhos; bebê gordo e rosado, fortuna e muita alegria.

Beber

em cálices de ouro, ficará rico logo; de um copo de fino cristal, sua vida entrará logo nos eixos e será muito feliz; em copos frágeis, poderá sofrer um sério acidente; beber água , nascerá alguém na família; beber vinho, felicidade, alegria, boa saúde; bebida alcoólica, moderação, cuidados com a saúde, precaução com o volante; beber muito, perigos próximos; água mineral com gás, perderá boas oportunidades.

Beija-flor

ver adejando, muita sorte e notícias boas de amigos distantes; dar néctar para um, um grande amor surgirá e haverá casamento; apreciar a beleza de um, será convidado para um concerto musical muito bom.

Beijo

na mãe, sentir-se incompreendido, preterido; no pai, busca maior proteção; nos irmãos, união, grande amor familiar; dar nas pessoas, carinho, afetuosidade e compreensão; receber, falta de afeto, falta de carinho; na mão, busca de memórias românticas, falta de sinceridade; na boca, paixão profunda, sensualidade, ou até falsidade; querer dar um beijo e ser repelido, insegurança, medo, timidez.

Beira-mar

estar à beira do mar, desejo de lazer, cansaço; morar na beira-mar, mudança de residência, mudanças no emprego; fugir da beira-mar , medo, busca de amparo em amigos, insegurança.

Beleza

ver muita, chegada de muita alegria e felicidade, grande paz de espírito, crescimento intelectual e espiritual, boas leituras e ouvirá músicas muito enternecedoras.

Beliche

dormir num, falta de companheirismo, busca de apoio, falta de espaço.

Belzebu

vê-lo, notícias ruins e desastrosas, traição e falsidade de amigos, momentos de muitas dificuldades e azares em todos os atos da vida, necessidade de melhorar a espiritualidade pessoal.

Bênção

receber, boa fortuna e notícias agradáveis, com incremento em seus negócios; dar, necessidade de dedicar-se ao próximo e ajudar aos amigos e sobretudo aos colegas de trabalho; buscar a bênção de um religioso, crescimento de espiritualidade, melhoria de suas relações familiares.

Beneditino

ver um, muito trabalho e oração, momentos de reflexão e muita leitura de auto-ajuda, paz, tranqüilidade com a família e amigos.

Bengala

andar com uma, acidentes pequenos e dissabores com os familiares; dar uma bengalada, rixas e encrencas com vizinhos e parentes; comprar uma, muita sorte nos negócios e sucesso nos objetivos.

Bens

possuir muitos, morte na família e encrencas com parentes; perder, maus negócios, rixas com irmãos; comprar propriedades, muita sorte nos negócios e grande sucesso na agricultura.

Berçário

ver um, notícias agradáveis e sucesso na vida profissional; entrar num, nascimento na família, convite para ser padrinho; cuidar de um, muita sorte em suas atividades e vida longa.

Bergamota

colher, cuidado com os espinhos, dificuldades na vida profissional; chupar, dores estomacais e problemas intestinais; descascar, saberá novidades pouco agradáveis.

Bermuda

andar de, perda de dinheiro e estrago de roupas; comprar, muito calor e vontade de mudar de vida.

Besouro

ver um, novidades no trabalho e na família; dificuldades com os filhos.

Besta

encontrar uma, será humilhado por amigos, dificuldades com o cônjuge e com a sogra; comprar uma, meter-se em dificuldades financeiras e enfrentar oposições no emprego.

Bezerro

ver, nascimento , surgimento de novas lideranças; comprar um, bons negócios e sucesso nos empreendimentos; vender um, perda de lucros e boas oportunidades; criar um, filho tímido buscando proteção exagerada do pai.

Bíblia

comprar uma, necessidade de espiritualidade e apoio religioso; ver uma aberta, boas notícias, visitas de pessoas religiosas; fechada, falta de carinho para com as pessoas da família; rasgada, más notícias, decadência intelectual e espiritual; queimar uma, problemas sérios de consciência, rixas com pessoas próximas.

Biblioteca

possuir uma, boa intelectualidade, consciência de cultura; entrar em uma, busca de saber, necessidade de atualização; sair de uma, será obrigado a estudar mais, consultas a pessoas mais bem informadas; perder-se no meio de uma biblioteca, necessidade de capacitação.

Bicicleta

andar , sair-se bem no emprego e em atividades profissionais , boa saúde; comprar uma, dificuldades na profissão; vender uma, decepções amorosas e desilusões nos negócios; cair de uma, sofrer um baque nos negócios, perda de dinheiro; andar muito depressa, problemas com a saúde.

Bife

fritar, cuidado com a dieta, dores estomacais; comer, negócios ruins, desavenças com familiares; cortar, ser convidado para um novo emprego; queimar um, encrencas com a parentagem e com a sogra.

Bigode

fortuna e sorte grande; o homem sonhando com ele, desejo de ser belo, busca de aparência; tê-los cortados, muita fortuna; pretos, receberá muito dinheiro; brancos, notícias tristes e desanimadoras.

Bigorna

ter dificuldades no emprego, falta de apoio de amigos, contrariedades na família, pressão dos chefes e subordinados.

Bijuteria

comprar, pobreza, perda de dinheiro; receber de presente, ser preterido, enganado; vender, dar-se mal nos negócios e no emprego; dar de presente para a pessoa amada, perda de dinheiro e do amor.

Bilhete

receber de um amigo, novidades na família: casamento, nascimento; premiado na loteria, pouca sorte e novidades tristes; ver os números sorteados, azar com emprego e projetos; comprar um bilhete sorteado, pouca sorte na família, azar com viagem.

Bingo

ganhar muito, dificuldade no amor e no relacionamento com parentes e familiares.

Biquíni

ver mulheres de biquíni, desejos sexuais não satisfeitos, sensualidade; se a própria companheira de biquíni, desajuste sexual entre os dois; comprar, busca de aventuras amorosas.

Biscoito

comer, cuidado com a dieta, não exagerar na fome; comprar, sorte em rifas, festas animadas.

Blasfêmia

estar dizendo, cuidado com seu vocabulário, problemas de fé, desajuste religioso em sua família, muitas palavras e poucos atos de real vivência religiosa.

Blecaute

estar num, medo, pavor de coisas desconhecidas; provocar um, muita raiva interna, encrencas com a parentagem e desacertos com colegas de trabalho.

Blindagem

andar em carro blindado, medo, perigo de ser assaltado, falsidades e traições por parte de colegas, amigos e parentes, fuga de pressões em vários pontos.

Boate

ver, ânsia por festas, diversão, fornicação; ir a uma, desejo de praticar muitas atividades em segredo, vontade de aventuras amorosas, busca de diversão em alta escala.

Boca

uma grande e agradável, riqueza, abundância, crescimento nos seus bens; uma pequena, pobreza, miséria; feia, traição, desilusão; com mau hálito, doenças, dores e dissabores; sem poder falar, crise familiar muito séria, disputas, encrencas, processo judicial; aberta, sorte e alegrias; sem dentes, aborrecimentos e dificuldades financeiras.

Bocha

jogar , descontração, ajuda de amigos , encontros agradáveis, bons momentos com a família.

Bodas

participar de , vida longa, muitas alegrias e novas amizades; de prata, pouca alegria e problemas de saúde; de ouro, vida longa e doenças rotineiras; festejar as próprias, muita saúde e sorte com dinheiro.

Bode

ver um, infidelidade conjugal, traição e falsidades; comprar um, muita fartura; um rebanho de bodes, muito dinheiro e fartura; um bode preto, traição e segredos revelados; comer carne de bode, cuidado com o estômago e intestinos.

Bodega

ver uma, novidades e felicidade no interior; entrar em uma, poucos amigos e desconfiança nos colegas de trabalho; dirigir uma, necessidade de cursos na área de relações humanas.

Boi

sua paciência é vista como fraqueza, lerdeza; trabalhando, riqueza, fortuna; preto, escapou de um grande perigo; carne bovina, necessita de reação, início de uma atividade forte; comprar um, esquecimento profundo; ver um, um segredo será revelado; com chifres, traição conjugal; no pasto, muita sorte e grande fartura.

Bóia

ver uma, acidentes e perigo de afogamento; nadar com uma, ajuda de amigos e parentes, problemas de ordem espiritual; cair de uma bóia, muita sorte com empreendimentos de pequeno porte.

Bolsa

riqueza passageira; vazia, dificuldades financeiras; cheia, o sucesso e a riqueza estão chegando; azul, alegria, felicidade; de viagem, está sendo esperado para contatos interessantes; preta, o seu futuro é promissor; tipo de advogado, encrencas e disputas na família; de estudo, haverá uma promoção no emprego.

Bombeiros

vê-los, prejuízos, perigos; apagando fogo, convalescença de doentes; correndo na rua com as sirenes ligadas, aviso de perigo iminente, precaução com alguns amigos falsos.

Boné

usar um, necessidade de desenvolver mais o raciocínio, vergonha, medo de ser visto e advertido; comprar, timidez e fuga da realidade constante no dia-a-dia; perder o boné, acidente de bicicleta.

Boneca

carências de afeto; comprar uma, busca de apoio a qualquer preço; dar de presente, busca de compreensão e afeto, busca de felicidade; rapaz procurando boneca, indecisão de afeto, muita timidez.

Borboleta

inconstância , falta de objetivos e rumo para a vida; pegar uma, amor muito breve e traiçoeiro; correr atrás de, seguir um amor incerto e passageiro; borboleta vermelha, amor ciumento e possessivo; borboleta azul, ilusão amorosa; muitas borboletas numa mesma flor, será abandonado pelos amigos.

Bordel

dificuldades de relacionamento com a família; entrar num, incômodos e problemas de saúde.

Borracha

usar para apagar, incerteza, medo de errar, medo de ser advertido; se aluno, insegurança e falta de vontade de estudo; usar luvas de borracha, busca de muito asseio, gosto pela higiene; capa de borracha, saúde precária, muita gripe; tapete de borracha, quedas e quebra de ossos.

Borracharia

ver uma, acidentes com carro; entrar numa, necessidade de médico e de dieta; parar com o carro em uma, perigo na estrada e fará uma viagem muito acidentada.

Borrachudo

ver, incômodo com crianças e pessoas estranhas; ser picado, doença e dissabores com a saúde; matar, busca inútil de cura de uma doença; uma nuvem de, muitas dificuldades no trabalho e em casa.

Bosque

ver um, perspectivas de sucesso e vida tranqüila; entrar num, necessidade de repouso e diminuição do seu ritmo de trabalho, tire umas férias; perder-se num, ou enredar-se em cipós, ponha ordem em sua mente e pare um pouco de fantasiar, será muito bom um pouco de lazer.

Botão

de roupa, vergonha de ser visto nu, ansiedade por um relacionamento sexual; de flor, nascimento na família; muita sorte e muitas alegrias em tudo, um convite para uma festa extraordinária.

Botijão

de gás, cuidado com sua segurança; pegando fogo, você terá notícias muito interessantes; instalar um para alimentar o fogão, precisa ajudar um parente seu muito necessitado.

Botina

ver uma, busca de riqueza a qualquer preço; comprar uma, falta de segurança, vaidade exagerada; furar uma, está na hora de comprar novos calçados.

Boxe

ver uma luta, muita raiva acumulada em você; lutar, você precisa parar e refletir sobre a utilidade de sua vida atual; apanhar no boxe, será alvo de muitas risadas da parte dos parentes e certos amigos.

Braços

sujos, terá um período de miséria; nus, superação de problemas familiares; vigorosos, obterá muitas satisfações no trabalho; finos, controle sua sensibilidade e sentimentos para não ser prejudicado; dor nos braços, perderá alguns negócios e comprará produtos com defeitos; peludos, muita riqueza e grandes amores.

Brancura

ver, vida tranqüila, muito frio, momentos de calmaria; estar em local de brancura, felicidade em sua vida e paz com a família; brancura no céu, terá notícias muito boas de amigos distantes.

Brasa

ver, um amor ardente próximo; queimar-se com, inimigos vão querer destruí-lo; mexer em, muito perigoso, terá problemas com a família e amigos falsos; brasas se apagando, desilusão no amor, morte na família e desastres domésticos; brasas bem acesas, momentos de muita alegria, um encontro espiritual muito forte que lhe fará mudar a vida para 180 graus.

Brejo

ver um, perigo com sua saúde; entrar num, parente doente, situação financeira difícil, perda de dinheiro e capital; cair num, saúde precária e morte de parente.

Briga

entre animais, solução de velhos conflitos; de pessoas na rua, receberá um dinheiro inesperado e ajuda de amigos; na família, separação conjugal de parentes e disputas judiciais, disputa por herança.

Brilho

ver um, morte na família, desastre de carro; estar num, doença séria, más notícias.

Brincar

com filhos, muitas alegrias, boas relações com toda a família, mesmo com a sogra;

com amigos, uma festa interessante; com pessoas desconhecidas, surpresas agradáveis em seu emprego, filhos indo bem na escola; brincar na rua, sucesso na política e nas reuniões com vizinhos.

Brinquedo

ver um, nascimento na família; ter um, recordações da infância em conversa, alegrias em companhia de amigos; comprar um, momentos de rara felicidade com a família; quebrar um, problemas com a vizinhança e com seus filhos na escola.

Brita

pisar em, queda com quebradura de ossos; colocar em redor da casa, medo de sujeira; espalhar, problemas de progresso no emprego; cair na brita, machucaduras, mas sucesso em um negócio com carro.

Broa

comer, simplicidade, vida calma; fazer, busca de amizades puras e pessoas sinceras; comprar, encontrará pessoas que lhe serão muito amigas; sentir falta de, visite seus parentes e lhes dê atenção.

Broche

usar um, sentimento de inferioridade, falta de prestígio; comprar, encontrará apoio nos amigos.

Bronquite

estar com, aproveite os momentos de sorte; curar uma, os amigos lhe farão uma surpresa.

Brotinho

em planta, nascimento na família, bom desenvolvimento no estudo; pessoa, cuidado, pois todo broto dá galho, perigo no amor e no relacionamento amoroso.

Bruma

ver muita, confusão e problemas com o relacionamento entre parentes; entrar em, perda do controle dos negócios e da promoção tão esperada.

Bule

vazio, perca as esperanças, pois nada virá; cheio, alegrias e encontrará uma solução para um velho problema; enchê-lo, receberá ajuda dos sogros, ou dos pais; virá-lo, problemas no trânsito, multas e sujeito a bafômetro; dar um de presente, encrenca com a justiça e com vizinhos; deixá-lo cair, solução de uma pendenga de herança, ou de conflitos no emprego.

Buquê

mandar um de flores, amor constante e muito profundo; receber um, amor correspondido; ver um estragar-se, ciúmes exagerados do cônjuge; preparar um, o amor logo passa; perceber o buquê do vinho, muito amor duradouro e muita saúde em uma vida longa e feliz.

Buraco

ver , perigo no trânsito, empecilhos no trabalho; cair em um, solução de problemas familiares, sobretudo com a herança; cavar um buraco, um amigo seu perderá o emprego; fechar um, terá sucesso com o empreendimento atual e irá a uma pescaria muito farta.

Burro

teimosia, estupidez, perda de negócios, safadeza de amigos; montar num, perda de prestígio na sociedade; burro magro, pobreza, miséria, perda de dinheiro; coice de burro, traições de amigos e safadeza de parentes; comprar um burro, problemas com o carro e com eletrodomésticos; comer carne de burro, doenças e dores intestinais; levar um burro ao pasto, ser dominado pela mulher e pelos amigos.

Butique

entrar em uma, ânsia de ser notado, gosto por coisas finas; comprar em uma, perda de dinheiro e gastos exagerados; sair de uma, cuidado com acidentes domésticos.

Buzina

usar, medo, preocupação, temporais e intempéries perigosas; ouvir, cuidado com os amigos que podem prejudicá-lo; mudar a buzina do carro, desejo de ser visto, ostentação exagerada.

C

Cabana

ver uma, mudanças em sua vida, melhores dias virão; viver em uma, calma e tranqüilidade; cabana à beira de uma estrada longa, dificuldades financeiras e com os ciúmes da mulher; passar frio em uma cabana, muita pobreza e dificuldades no relacionamento familiar.

Cabeça

ver, não deixar que as idéias de outros o influenciem; pequena, as suas idéias não serão ouvidas; grande , sucesso e facilidade de se impor; calva, não obterá o desejado; rosada, grandes desilusões e problemas amorosos; de alguém morto, morte e dificuldades muito grandes; cortada, o seu orgulho será dominado e humilhado; despenteada, dores, doenças, dissabores; preta, melhorias de modo geral; branca, muita sabedoria e direção segura; de um animal, se deixar o instinto levá-lo , fará diversas bobagens prejudiciais para si e para a família; a de um tipo estranho, terá novidades muito grandes sobre uma herança de parente desconhecido.

Cabelo

bem penteados, será estimado e apreciado por todos, êxito em suas decisões ; sujos e despenteados, preocupações, será acusado e humilhado, enfrentará disputas e falsidades; cortar o cabelo, disputas, encrencas, separações litigiosas; enfeitá-los, tristeza, angústia, humilhações, saúde muito ruim; ser careca, preocupações familiares, perdas financeiras, desgraças; descoloridos, falta de consideração dos amigos, falsidades; brancos, momentos de alegria com a família, uma grande sorte o espera; rapados, medo de assaltos, preocupação com o que dirão os outros; ver os próprios caírem, perda de bens, abandono de amigos e muitas dificuldades.

Cabine

ver uma, vontade de descobrir o segredo de um amigo; estar numa, fuga de si mesmo e dos outros, vergonha, medo, preocupação com o futuro; sair de uma, libertar-se de dívidas e de promessas mal feitas.

Cabra (cabrita)

ver uma, sorte no amor e nos negócios; comprar uma, conseguir realizar os negócios em mente, novidades muito favoráveis; alisar uma, sorte no amor, encontrará um grande amor duradouro; preta, sorte nos negócios, sucesso na escola; branca, pureza e alegria na família.

Caçar

ir, problemas com o IBAMA, problemas familiares, dificuldades financeiras; ver alguém caçando, amigo vai pedir-lhe ajuda financeira.

Caçarola

ver, deve mudar sua dieta e cuidar da saúde, consulte um médico, cuidado com as dorzinhas nas costas; comprar uma, felicidade, muita alegria com os filhos e com a pessoa amada.

Cacau

uma grande paixão, será perseguido por quem o ama; comprar, muita felicidade e sorte; plantar, terá vida longa e boa saúde; colher, receberá uma grande herança e muitas visitas de amigos.

Cachimbo

ver um aceso, perigo de incêndio, perda de um grande amor; fumar , ganho de dinheiro, amores intensos com pessoa desconhecida; quebrar um, azares, perda de dinheiro, desavença com a pessoa amada; encher um , notícias , fartura e tranqüilidade; acender um, sorte no amor, prosperidade e visitas muito agradáveis; comprar um, muita sorte no amor, casamento tranqüilo e filhos muito estudiosos; velho e gasto, saúde de ferro e muita firmeza nas amizades.

Cachorro

"mais vale um cachorro amigo que um amigo cachorro!", cachorro sujo, fiel e forte, proteção, amizade sólida, harmonia conjugal e muita convivência familiar; um desconhecido a latir, um amigo quer prejudicá-lo, arruiná-lo, causando-lhe dissabores no emprego; se for mordido, perda de influência, um inimigo vai enganá-lo e humilhá-lo; ver uma briga deles, os inimigos vão tentar de tudo para prejudicá-lo; ver uma fêmea com os filhotes, nascimento na família, reconciliação afetiva e muita paz com todos.

Cacho

de uva branca, felicidades, alegrias e casamento; de uva vermelha, novo amor e fidelidade da pessoa amada; de bananas, muita abundância e tranqüilidade; de bananas, mas meio comido, precisa de fazer algum exercício, cuidar da dieta e do que come.

Cadáver

será sempre um mau presságio; se vestido, alegria passageira; apodrecendo, perigos de toda sorte; na água, desavença com o sócio ou companheiro; em sua casa, a sorte fugiu, azares e problemas; de um amigo, melhoria da situação caótica; sepultado, muda a vida, e o passado melhora; de um inimigo, tentativa de esconder as intenções reais e segredos de outros tempos; jogado no mato, problemas em sua casa, sobretudo com o sistema hidráulico.

Cadeado

ver um, dificuldades nos negócios, prejuízos, segredos seus nas mãos de amigos; colocar em porta, furtos, perdas de dinheiro, desconfiança de amigos; enferrujado, parente que se recupera, recebimento de antiga dívida já dada por perdida; estragado, velha amizade se rompe e lhe traz prejuízos; abrir um, chegada de antigo amigo, amigo político lhe dá uma ajuda preciosa; muitos cadeados nas portas, medo, falta de decisão, humilhação, desespero de parentes e pressão de todos sobre você.

Cadeia

ver uma , perda de bens, despesas grandes e multas por sonegação de impostos; entrar numa, muita liberdade de gerir os negócios no seu emprego; ser preso numa, amigos lhe armam ciladas, procuram lográ-lo; fugir de uma, perspectivas de bons negócios e êxito em novos empreendimentos, sucesso no amor.

Cadeira

ver uma, solidão, falta de ajuda , fuga dos amigos; muitas, amigos fiéis, solidários e ajuda; quebrar uma, quedas, machucaduras, doenças ósseas; consertar uma, reatamento de velhas amizades, crescimento do amor e firmeza nas relações afetivas; pintar cadeiras, firmeza familiar, grande tranqüilidade no lar e filhos muito amorosos; de balanço, conseguirá um bom rendimento financeiro; comprar uma dessas, vida tranqüila , paz e uma aposentadoria rápida e satisfatória.

Café

tomar café, encrencas com amigos e parentes; ver um pé de café carregado, muita sorte abundância; um pé florido, paz, amizade com todos os vizinhos; comprar café, alegria e entendimento com adversários; preparar um café para uma visita, bem-estar e muitas amizades; tomar café em bar, sorte na loteria; tomar café na casa de parente, felicidade e casamento de sobrinhos; derramar café, descontentamento do cônjuge e desentendimento com filhos adolescentes.

Cágado

azar com os negócios; problemas com repartições públicas, multas por excesso de velocidade.

Cair

perda de prestígio, fome, alimentação ineficiente, cuidado com a bebida alcoólica; cair em casa, poderá ser traído pelo consorte; cair de uma escada, perda de poder no emprego e até o próprio emprego; cair na rua, humilhação; cair em templo, falta de fé, de espiritualidade e vazio mental; cair no elevador, perda de emprego, briga com parentes e amigos; ver alguém cair em sua frente, perda de saúde e doenças estomacais na família; ver a sogra cair, receberá um grande presente da mesma.

Caixa

fechada, segredos e novidades à sua espera, sucesso profissional; grande, riqueza, sorte e recebimento de uma rifa; pequena, dificuldades e perda de bens; vazia, falta de sensibilidade, fracasso, intempéries prejudiciais; rasgada, perda de um amigo, morte na família.

Caixa-forte

ver uma, segredo muito bem guardado virá a público e será acusado por isso; de porta aberta, roubo e logro em sua atividade; fechada, ganhará muito dinheiro, mas poderá também perder tudo que tem; quebrada, bancarrota de empresas às quais esteja ligado.

Caixão

fortuna e sorte na vida, vida longa e saudável; com defunto dentro, vida longa e feliz.

Calça

vestir uma, prontidão para aceitar desafios; preta, solenidade, casamento; branca, alegria e festas com amigos; perda das calças, problemas com o emprego e com o amor; moça despindo as calças, busca de libertação, desejo sexual refreado; calças rasgadas, muita sorte e ganhará um lindo presente.

Calçada

andar em uma, prudência, segurança, firmeza nos negócios; esburacada, cuidado com os amigos e parentes que querem vê-lo afundar; estreita e tortuosa, muitas dificuldades com a família e parentes; larga e lisa, sucesso nos negócios, mas azar no amor.

Calcinha

ver uma, desejo sexual freado; tirar de alguém, cuidado com a autoridade, prisão; comprar uma, indecisão em suas atividades, dúvida em se casar.

Caldeira

cheia de água fervente, perigo na estrada e pouca saúde na família; vazia, problemas virão quanto à saúde e quanto ao trabalho; quebrada, doença grave; explosão de caldeira, doença, acidente, dificuldades com o coração e com a circulação sangüínea; esvaziar uma, apaziguamento na família.

Caldo

cansaço, doença leve, muita gripe, falta de vontade de trabalhar, indecisão em seguir conselhos, na escola notas médias e baixas, pouca receptividade dos amigos.

Calendário

ver um, falta de planejamento , pouca previsão do futuro; arrancar as folhas dos meses, mudança de vida e crescimento profissional; rasgar um, mudança radical de vida.

Cálice

de ouro , muita riqueza, muita fartura e sorte em tudo; de prata, poucos amigos e pouca sorte nos negócios; de cristal, briga com a família e amigos, quebra de contratos e perda de dinheiro; tomar vinho em um cálice de cristal, muita sorte e saúde de ferro.

Caligrafia

ver a própria e feia, necessidade de mudanças em sua aparência, falta de estudo e cursos de capacitação, ver a dos outros, desejo de novas amizades; bonita e de mulher, busca de um novo amor, um casamento pela frente; letra horrível, desastre em sua correspondência, precisa estudar mais.

Calor

sentir muito, tire um pouco de cobertas para dormir, problemas de saúde, dificuldades no relacionamento com filhos menores; calor no rosto, fofocas e brigas de crianças na vizinhança.

Calote

ser vítima de, cuidado com os amigos e vizinhos; dar um, terá problemas com a polícia e com o ministério público; um amigo dando um, problemas com autoridades civis e impostos atrasados.

Calúnia

desprestígio, problemas com seu crédito, críticas fortes dos amigos.

Calvície

ser careca, muito amor, muito carinho; tornar-se calvo, doença séria e prolongada; ser calvo somente na parte da frente, desgraça, problemas com as pessoas; ser calvo na nuca, pobreza, miséria; ser calvo na parte traseira da cabeça, pobreza, fuga de amigos e perda de crédito; ser totalmente careca, muito amor, muitos amigos e sorte com a política, muito poder e vida longa.

Cama

desmanchar a cama, incompreensão com o companheiro; arrumá-la, a sua vida sentimental está equilibrada; muito grande, solidão, abandono; pequena, asfixia, sufocação, perda de liberdades; quebrar a cama , muitas discussões com o companheiro; em desordem, seus segredos serão descobertos; ver outra pessoa na própria cama, infidelidade do companheiro; estar deitado, doenças; vê-la vazia, a ligação sentimental se desmanchará; estar na cama durante o dia, trabalho incerto, perda de emprego; pessoas idosas na cama, morte na família; crianças na cama brincando, visitas inesperadas.

Camarão

sorte e novidades boas; comer, boa situação econômica e sentimental; comprar, bom relacionamento com colegas e novos amigos.

Camareira

pessoas falam mal de você; apaixonar-se por uma, infelicidade, traições e muitas fofocas; conversar com uma, dissabores com o cônjuge e com os filhos; ser servido pela camareira, será traído por amigos muito próximos; beijar uma camareira, falsidade dos parentes.

Camélia

felicidade, muitas alegrias; branca, tranqüilidade, paz e sossego com todos; vermelha, muito amor e crescimento de sua ligação com a família; flor fora de época, grandes novidades e nascimentos.

Camelo

vai chegar-lhe um longo período no qual deverá mostrar coragem, perseverança e muita força de vontade; camelo morto, doença e morte na família; montar em um camelo, bom emprego e aumento salarial; ter um camelo carregado, muito sucesso e bons momentos financeiros.

Caminhão

muito sucesso se o caminhão estiver em estado perfeito. Promessas de dinheiro, chegada de dinheiro, venda de bens por bons preços, heranças; se estiver estragado, virão dificuldades, contratempos, atrasos, custos financeiros e perdas; viajar num, mudanças de residência e cidade; comprar um, problemas com o fisco e com a polícia rodoviária.

Caminhar

para trás: perdas, problemas no emprego, ciúmes de amigos e familiares; na descida, terá uma vida fácil e agradável; em subida, para concretizar os propósitos deverá cansar-se; com velocidade, não deve decidir nada sem pensar bem e com tempo; lentamente, está perdendo as forças, está ficando fraco; com uma mulher, encontrará amigos sinceros no local de trabalho; de noite, terá tristeza e aborrecimento; com um grupo alegre, obterá muitas alegrias e felicidades; em local cheio de lama, doenças e tristeza de toda sorte; andar com dificuldade, mancando, má sorte e notícias sempre piores.

Caminho

agradável e fácil para andar, sucesso em sua atividade, compreensão dos que o rodeiam, ajuda e amizade; de acesso difícil, doenças, empecilhos dificultarão a realização dos seus projetos, enfrentará muitos ciúmes e contrariedades; caminho esburacado, dificuldades, mas com jeito obterá o desejado.

Camisa

sorte e estabilidade financeira, recebimento de recursos e ajuda de amigos; tirar a camisa, perda de amigos e morte na família; trocar a camisa, troca de emprego e de amigos; perder a camisa, separação conjugal e problemas sérios com os filhos; comprar camisas, mudanças na família, chegada de amigos e muita sorte com os negócios; rasgar a camisa, perda de um amigo e briga com a pessoa amada.

Camisinha

sensualidade, desejo erótico, busca de satisfação sexual; tirar a camisinha, cuidado com doenças venéreas, ou outras piores; colocar, insatisfação pessoal e desajuste com a pessoa amada.

Camisola

vestir uma, desejos insatisfeitos, busca de amor; ter a camisola tirada por um homem, desejo intenso de manter um relacionamento; ver alguém de camisola, desavenças na família; colocar uma camisola de cor muito forte, desejos intensos e não correspondidos.

Campainha

soar uma em sua casa, está na hora de abrir os olhos, pois está sendo enganado; ver alguém tocar uma campainha alegre, muita felicidade com a pessoa amada; ouvir campainhas, visitas próximas de amigos muito alegres; crianças tocando campainhas, nascimento de filho, ou sobrinho.

Campo

tranqüilidade, paz, felicidade; ir ao campo, mudanças em sua trabalheira estafante; passear no campo, necessidade de uma parada e descanso, antes que fique estressado; ver um campo de futebol, o seu time poderá perder e muito feio; entrar num campo de futebol, haverá mudanças profundas em sua vida.

Cana-de-açúcar

ver, muita sorte e doçura na vida amorosa; chupar, tempos de tranqüilidade e sossego; andar por meio da cana, problemas de relacionamento e discussões em família; cortar cana, dificuldades em se relacionar com amigos e parentes.

Canário

sorte e felicidade; cantando, cuidado com os bajuladores, poderá ser enganado e perder muito dinheiro; tê-lo na gaiola, além de ser uma maldade, terá doenças e problemas de saúde sérios; voando ao ar livre, muita sorte no emprego e ajuda de amigos; morto, desgraça e doenças na família.

Câncer

ter, pode estar sem dinheiro hoje, mas futuramente virá muito; ter um bem adiantado, vida longa e tranqüila com muita alegria; estar com câncer nos intestinos, você come demais e precisa de uma boa dieta.

Candelabro

acender um, nascimento na família, muitos ciúmes da pessoa amada; acender durante uma ceia, muito romantismo e amor longo e sentimental; apagar, perda de lembranças antigas e de um amigo por morte; quebrar um , ruptura com amigos e políticos, prejuízos financeiros.

Candidato

ser um para vereador, problemas financeiros e estafa; para deputado, prejuízos financeiros e saúde em perigo; ser candidato a um cargo no bairro, muita solidariedade dos amigos e amparo de todos.

Canil

o seu, sofrerá humilhações e desprezo de amigos que o usaram; construir um, problemas financeiros e desavenças com a vizinhança; canil cheio de cães, muitos amigos e oferta de uma sociedade muito lucrativa; vazio, preocupações exageradas com a saúde, hipocondria na família e desistência de um projeto importante.

Canivete

fim de uma ligação sentimental; comprar um, dificuldades com a polícia, acusações falsas; aberto, intenções malévolas de amigos e parentes; fechado, tranqüilidade e paz na família; afiar, relações ilícitas e encrencas com a família; quebrar um, desprezo da pessoa amada; perder um, abandono de amigos.

Cano

problemas de relacionamento, dificuldades no emprego , perda de prestígio, amigos falsos e problemas físicos na sua casa, até com rachaduras na parede.

Canoa

ser dono de uma, falta de amigos e colegas; comprar uma, uma viagem muito longa; deslizar com ela em um rio claro, bons negócios, notícias agradáveis; canoa que vira, seus amigos querem a sua cabeça, nem imagine o que fazem os inimigos; cair de uma canoa, morte na família.

Cantar

ouvir uma canção alegre, boas notícias; uma canção triste, notícias desagradáveis; se você canta, terá desavenças; quando vários cantam, muita amizade e alegrias; cantar desafinado, diversas pessoas ao seu redor, querem destruí-lo, difamá-lo, haverá fofocas a seu respeito que o prejudicarão; ouvir um pássaro cantando durante a noite, um desejo seu logo será satisfeito.

Canto

estar em um canto, decepções, desilusão, abandono de amigos; comer num canto, na velhice será abandonado pelos filhos; ver outros em um canto, dificuldades de relacionamento; colocar objetos em um canto, problemas solucionados, mas persistirão as fofocas.

Cão

ver cachorro.

Cãozinho

abanando o rabo, terá muitos amigos e será recompensado em sua fidelidade.

Capa

mistério, crimes insolúveis, casos românticos de muito amor; usar uma, fuga de problemas e dificuldades; tirar a capa, revelar segredos que o amarguravam; capa preta, sorte e encontro com uma pessoa especial; capa branca, uma viagem com a família e muita alegria.

Capacete

proteção, segurança; usar na moto, segurança e necessidade legal; perder o capacete, perigo de acidente grave; quebrar o capacete, vencer inibições e timidez; vender um capacete, reencontrar velhos amigos e começar vida nova.

Capela

paz, tranqüilidade, felicidade, longas férias felizes; ver uma, notícias agradáveis chegando, bons amigos o visitarão; orar em uma, visita preciosa de um amigo, muita tranqüilidade em casa; fotografar uma, uma pessoa muito importante em sua vida, voltará a dar-lhe importância; descansar em uma , terá um repouso longo e muitas felicidades com a família, como nunca teve.

Capim

verde, amor, lealdade e fidelidade; seco, infelicidade, desastre econômico, falsidade de amigos; cortar capim, mudanças em sua vida amorosa.

Capitão

ver um, surgirá em sua vida uma pessoa conhecida em outro país, e viverá um amor intenso, deve colocar ordem em sua vida e no seu serviço; cumprimentar um, terá a proteção de amigos fortes.

Capivara

ver , sorte no baralho e muitas chuvas; dar de comer, generosidade, terá a ajuda de muitos amigos; vê-las comendo no gramado de sua casa, terá o apoio dos vizinhos para um projeto em prol do bairro; comer carne de capivara, terá problemas com o Meio-Ambiente e dores estomacais.

Capuz

medo, timidez, fuga da realidade; vestir um, perda de apoio dos colegas, pois você é muito nervoso; rasgar o capuz, terá um encontro desagradável com o seu chefe no trabalho, desentendimento com o professor e momentos de tensão na aula.

Caqui

ver bem vermelhos, faça uma exame de sangue e veja a sua pressão antes que seja tarde; verdes, muita esperança de sucesso e paz na família; comer caqui muito vermelho, ansiedade e problemas com a família, havendo também encrencas com vizinhos.

Cara

longa vida; ver a própria, comece a descobrir quem é você; cara feia, pessimismo, má sorte e desventura; bela, época afortunada e de sucesso intenso; ferida, doenças e dificuldades no relacionamento com os filhos; redonda, traição de amigos e colegas de trabalho; quadrada, problemas no trânsito e com amigos frívolos; gorda, muita abundância e fartura em sua vida, mas , não exagere na dieta.

Caracol

ver, demora na solução de um problema com as autoridades; pegar na mão, sorte e sucesso em sua carreira; pisar num, dificuldades e azares nos negócios; quebrar a casca, infidelidade conjugal.

Caranguejo

encontrar um, problemas na gestão dos negócios e no relacionamento com colegas; caçar, azar nos negócios e na compra de eletrodomésticos; arrancar as garras, será traído por amigos e trapaceado por colegas; comer, doenças, dores de estômago e muita febre.

Caravana

ver uma andando no deserto, solidão e pouca esperança nos negócios; estar numa, sucesso e bons negócios; uma caravana de políticos, cuidado com os amigos, trapaças, dificuldades burocráticas.

Cárcere

estar em um, sorte para os advogados se você tiver dinheiro, problemas com a família; ser levado para um, dificuldades de toda sorte em suas atividades; sair de um, melhoria financeira e crescimento em suas atividades profissionais; abrir as portas de um cárcere, anseios de liberdade e melhoria de vida.

Caridade

amor e harmonia com as pessoas; fazer para os outros, bons negócios e boa espiritualidade; receber caridade, amigos vão dar-lhe apoio financeiro; ver pessoas que fazem a caridade, dificuldades financeiras e de relacionamento; convidar outros a fazerem a caridade, liderança e apoio dos vizinhos.

Carimbo

pôr o seu em um documento, sofrerá acusações policiais; reconhecer o carimbo de um colega, traição de amigos; ter um documento com carimbo, conhecerá o segredo de um grande amigo.

Carisma

possuir um, terá oportunidade de melhorar sua espiritualidade, encontro com amigos e discussões de filosofia e religião.

Carnaval

ver, prejuízos, perda de dinheiro, assaltos em casa; festejar , dificuldades na saúde e no dinheiro; estar fantasiado, alguns amigos querem passar-lhe a perna, cuidado que você passa por palhaço para eles.

Carne

comer carne bovina, boa saúde, mas cuidado com o colesterol; de galinha, é saborosa, mas cuidado com doenças intestinais; cozinhar ou assar carne, visitas e muitos momentos bons e abençoados; comer churrasco, sorte privilégios; cortar carne com faca afiada, cirurgias na família e queda com quebraduras; comer carne de aves, sucesso nos negócios e muitas notícias interessantes.

Carneiro(s)

várias aquisições de eletrodomésticos e troca de carro; um rebanho de carneiros, prosperidade e crescimento do seu patrimônio; ouvir um carneiro balir, boas notícias, concretização dos negócios; carneiros lutando, terá obstáculos para realizar seus desejos, hostilidade de seus colegas e obstáculos aos seus projetos; vê-los feridos ou mortos, desgraças, morte na família; carneiros brancos, afeto e sentimento amigo para você; pretos, ciúmes, inveja dos familiares, problemas de saúde; lã de carneiro, prosperidade, riqueza e fortuna; ver carneiros ferozes, deve precaver-se com enfrentamento de subordinados e colegas, aconselha-se muita flexibilidade; carneiros mansos, obterá sucesso em seus projetos, e suas idéias vencerão.

Caroço

morder um, problemas com os dentes, veja o seu dentista; engolir um, será submetido a algumas humilhações e será acusado de algo que não fez.

Carpinteiro

ser um, terá muito êxito como proprietário de uma empresa; contratar um, terá auxílio muito ativo de amigos; receber um em sua casa, breve fará casa nova.

Carregador

ser um, terá dificuldades com a família e diminuição no salário; chamar um, precisa com urgência de um bom conselho e de uma consulta com um médico experiente; ver um, precisa organizar-se melhor e arrumar seu escritório.

Carreta

ver uma, mudanças em sua vida e em sua família; pegar carona em uma, perigo de acidente no trânsito; cair de uma, será humilhado e desonrado por familiares.

Carro

ver um, mudanças em sua vida profissional, receberá uma herança; comprar um, cuidado com o leasing, mas terá fortuna e começará a ganhar bem melhor; sair de um carro, perda de prestígio; bater com um carro, problemas com o coração, precisa de uma dieta severa; ser atropelado por um carro, seus colegas querem vê-lo fora do trabalho, invejam-no; ver carro incendiado, perigo na viagem planejada.

Carroça

ver uma, saudades de outros tempos e necessidade de visitar os velhos parentes no sítio; andar em uma, supremacia sobre adversários e notícias agradáveis de parentes distantes; carroça vazia, perda em apostas e falta de apoio de parentes; carroça quebrada, prejuízo e falta de projetos consistentes.

Carruagem

lembranças antigas, volta ao passado, saudades de tempos passados; vê-la correndo numa estrada estreita, possibilidade de grandes mudanças em sua vida; vê-la caindo numa ribanceira, problemas de saúde e relacionamento familiar.

Carta

receber uma, boas notícias; escrever uma, furtos e desvios de dinheiro; difícil de ler, situação complexa, dificuldades com a família; anônima, ameaças tolas que não devem assustar a ninguém; rasgada, muito desprazer e desilusões.

Cartas de baralho

copas, amores felizes, mas pouco duradouros; espadas, traições, esforços inúteis; paus, infelicidades com a família e infidelidades; ouros, bons negócios, ganhos fáceis e perdas súbitas; figuras pretas, muito azar e doenças na família; figuras vermelhas, amores aventureiros e decepções com amigos.

Carteira

desejos insatisfeitos, perda de amigos; perder uma, desaparecerão os bons negócios; achar uma, ganhos bons e inesperados; esquecer em algum lugar, virá uma grande herança; ser roubado, desconfiança e incredulidade com os amigos; cheia de dinheiro, precisa arrumar logo um empréstimo bancário.

Carteiro

chegando a sua casa, notícias pouco agradáveis e muita confusão com vizinhos; vê-lo passar, novidades de amigos distantes, uma parente dará à luz um primo; ouvi-lo bater à sua porta, novidades de emprego e ajuda de amigos, compadres seus.

Carvão

precisa melhorar seu relacionamento social e familiar; acender carvão, mudanças de vida e novidades boas quanto ao estudo dos filhos; colocar carvão na churrasqueira, exagero na comida, olhe uma dieta e cuidado com muita carne; apagar carvão, alguém vai salvá-lo das fofocas dos invejosos.

Casa

a sua, ama muito a sua família e lhe é importantíssima; a dos outros, mesmo com os amigos você se sente em casa; pequena, alegria, felicidade e bem-estar com os seus; grande e rica, a sorte ri para você e o ajudará; ser presenteado por uma, uma grande viagem e muita diversão; em situação de perigo, doenças, incômodos; construir uma, trabalhos proveitosos e grandes recompensas; demolição de uma, perdas de muitas lembranças do passado; alugada, será infeliz , além de ter de pagar o aluguel recebida em herança, morte de um parente muito querido, mas pobre; à beira do mar, grandes enchentes e enxurradas.

Casamento

para o homem, planos ousados e muitas aventuras; para a mulher, perigo e restrição à própria liberdade; ver o casamento de alguém, felicidade passageira, pequenas alegrias; de viúva, azar no jogo; de viúvo, nascimentos e despesas exageradas; de pessoa loira, separação litigiosa e muitos problemas para os filhos; de pessoa morena, ciúme e policiamento ostensivo do companheiro; de mocinha, azar e muitas dificuldades com os filhos; de pessoa idosa, dificuldades conjugais e infidelidade.

Cascata

ver uma na mata, desejos eróticos; tomar banho em uma, insatisfação sexual com o companheiro; procurar cascatas, busca de aventuras, sentimento de culpa por ter sido rude com a mãe; escorregar em uma cascata, perigo no emprego e possibilidade de quebrar uma perna.

Cascavel

ver uma, perigo com os melhores amigos, pois querem traí-lo; ser mordido, muita sorte no jogo e no trabalho; matar uma, poderá libertar-se de elementos que o exploram há muito tempo.

Caspa

com a cabeça cheia, lave-se melhor, terá problemas de memória e mente; caindo, perderá dinheiro e sua saúde estará de mal a pior.

Cassino

entrar num, viagem inesperada, visitas fora de hora; jogar em um, perda de dinheiro.

Castelo

entrar num, confusão e problemas com a pessoa amada; andar num, você está desorientado, precisa parar e pensar bem no que vai fazer; morar num, problemas de saúde e falta de repouso; comprar um, desejos de ser rico e de conquistar glórias impossíveis; ver um cair, perda de lembranças passadas.

Castração

sofrer uma, desejo de libertar-se da opressão materna, ou paterna, ou do cônjuge; sonhar muitas vezes, está na hora de você ver bem o que lhe acontece, para tomar uma decisão; nos outros, você gostaria de livrar-se de alguns inimigos , mas não sabe como; castração constante em si, muito medo e falta de um projeto para conduzir a vida a um rumo definido.

Catálogo

muitas novidades e uma grande conquista financeira; fazer escolha em um catálogo, momento de indecisão quanto aos amores e negócios; comprar por catálogo, comodidade e bem-estar; receber muitos catálogos, deve dar atenção às ofertas que lhe chegam , cuidado com sua memória.

Cata-vento

girando, novidades , sorte nos negócios, notícias muito agradáveis e visitas de amigos e parentes.

Catchup

pôr na comida, problemas de estômago, dores de cabeça; comer muito, falta de dieta , saúde precária; comprar , obterá um favor de um amigo , há muito pedido e sempre adiado.

Catedral

ver uma, faça planos para o seu futuro, mergulho no passado para colher lições de vida futura; entrar numa, vencerá a luta contra os adversários e conseguirá superar as dificuldades em sala de aula; rezar em uma, a sua espiritualidade está carente e não lhe fará mal uma boa leitura bíblica.

Cauda

longa, muitas dificuldades chegando ao fim, mas poderão surgir desavenças familiares; curta, perda de dinheiro; grossa, dificuldades com amigos e dificuldades financeiras; cortada, separações dolorosas e mortes na família; brilhante, problemas psíquicos com uma pessoa de sua família.

Cavalgar

pela primeira vez, queda dentro de casa; cavalo branco, sorte e felicidade; preto, azar e problema com os sogros; cavalo xucro, será traído por amigos e perderá muito dinheiro; pangarés, dificuldades no trabalho, carestia, pobreza e doenças na família; cavalo de corrida , faça um exame de seu colesterol.

Cavalo(s)

levar um cavalo pelo cabresto, evolução lenta mas segura de sua situação, com sucesso; levantando as patas dianteiras diante do cabresto, empecilhos para seus projetos, insucesso; fugir do cabresto, fracasso em seus empreendimentos; montar um cavalo dócil e ágil, sucesso nos negócios, sorte e muito êxito; dominar um cavalo em corrida de obstáculos, facilidade para vencer os obstáculos, boa resistência ante os esforços necessários; montar um cavalo xucro e indomável, problemas sérios com suas amizades, terá muitas dificuldades para vencer pequenas coisas; apear-se, parada nos negócios, espera demorada; colocar o cavalo numa carroça, honras, distinções, honrarias, vida longa e sossegada; deixar o cavalo em liberdade, você gostaria de uma atividade em que fosse seu próprio patrão.

Cavanhaque

possuir um pequeno, vaidade, desejo de ser visto; grande, liberte suas tendências intelectuais e escreva sua história; rapar o cavanhaque, opressão de colegas e amigos quanto aos seus objetivos.

Caveira

segredos a serem revelados; a de um parente, muito azar em seus negócios; a própria, muita saúde, prosperidade e vida longa; várias espalhadas, muito humor e diversão em seus dias.

Cebola

lágrimas , desprazer, frustrações; comer , conseguirá vencer as dificuldades do trabalho; cortar, azar, dificuldades com o relacionamento familiar; fazer uma salada, surpresas com as revelações de um parente; assar cebola, sucesso com aplicações financeiras e boa saúde.

Cego

ficou cego, suspenda a viagem prevista, seja prudente, pois muitos querem derrubá-lo; ver um, não confie em ninguém; ficar de repente, uma grande sorte e muita saúde; ver um grupo de cegos, cuidado com aquele que está buscando a sua amizade.

Cegonha

o pássaro que traz os bebês; ver uma, cuidado, ladrões o espreitam em todos os cantos; um casal, haverá um casamento inesperado; um bando de cegonhas, prosperidade, muitas crianças na família e muita felicidade; uma cegonha fora de hora, visita inesperada e interessante; uma morta, doenças com as crianças da casa, problemas prolongados com doenças respiratórias.

Ceia

estar em uma, cuidado com a dieta, você precisa de um regime; convidado a uma, bons negócios e prosperidade; você prepara uma, muita sorte nos contatos comerciais e conquista de amigos.

Celeiro

cheio, prosperidade e segurança, matrimônio, mas cuidado com a inveja dos que não suportam vê-lo indo bem; sendo devorado pelas chamas, muita sorte e muito dinheiro; vazio, miséria, pobreza, mendicância; muitos ratos nele, dificuldades nas relações profissionais, tentativas de corrupção e acusações contra você; celeiro em ruínas, doenças entre parentes e morte de um parente idoso.

Celulite

ter, faça uma dieta e evite certos tipos de comida e bebida; doenças da pele e problemas cardíacos.

Cemitério

ver um, repouso, tranqüilidade, sorte; entrar num, paz e amor com a família; levar alguém para lá para passear, momentos de felicidade e muita tranqüilidade; levar um defunto, vida longa para a família.

Cera

ver cera no piso, doenças e quedas com fraturas de ossos; vela de cera acesa, viuvez própria , ou de um amigo próximo; comprar cera de abelha, desejo intenso de ser feliz e ter uma vida tranqüila; manusear cera para fabricar velas, necessidade de contatos mais íntimos, precisa de orientação nas decisões.

Cerca

ver uma, precisa libertar-se de muitas idéias que o oprimem; construir uma cerca, depressão, medo e desconsideração em relação à necessidade de repouso; pular uma, enfrentamento de adversários no trabalho e na família; destruir uma, está na hora de dar um soco na mesa e mostrar quem é que manda.

Cereais

plantar, abundância, riqueza e felicidade com a família; ver, facilidade no trato com as pessoas e sorte com os negócios; colher, horas de muita felicidade e convivência com amigos e familiares.

Cérebro

com o próprio, muito estudo, aquisição de conhecimentos preciosos para si e para distribuir aos que o cercam; com o de amigos, maior e mais intensa amizade com eles e com a parentagem.

Cerejas

muitos momentos de felicidade; comer, longos momentos de tranqüilidade e bem-estar; vê-las bem vermelhas, um amor intenso e longo com um pessoa que lhe era desconhecida; colher, receberá propostas de ajuda, e todos serão solícitos com suas aspirações.

Cerração

problemas de visão e orientação; estar numa, dificuldades de relacionamento com colegas de trabalho; sair de, início de uma nova fase em sua vida; muitas pessoas andando na cerração, parentes mais velhos terão problemas de saúde.

Cerveja

beber , cuidado com excessos de bebida alcoólica; clara e espumante, boas notícias; ver amigos tomando cerveja, cuidado com falsidades e trapaças, ainda mais se o estiverem brindando; tomar muita e em copos grandes, dores de estômago e encrencas com vizinhos; ver pessoas bebendo dentro de um carro, problemas com a polícia e acidentes de trânsito com a família.

Cesariana

sofrer uma, fazer um tratamento se quiser ficar grávida; ver uma, medo de dar à luz, dificuldades no parto; ver criança nascendo por cesariana, saúde e felicidade em sua vida.

Cesto

ver um, está na hora de conscientização de limpeza em todos os lugares; jogar lixo no cesto, vida longa e segura com abundância de tudo; cesto cheio, alguém está querendo prejudicá-lo; vazio, você precisa de repouso e lazer; virar um cesto, mudanças radicais em sua vida.

Céu

felicidade; se sereno, alegria; nebuloso, problemas à vista e dificuldades em seu trabalho; estrelado, chegarão grandes novidades; vermelho, terá um momento favorável e lucrativo; preto, problemas e obstáculos aos seus propósitos; ir para o céu, vida longa e dificuldades a serem enfrentadas; ver o céu fechado, a sua hora ainda não chegou, você deverá trabalhar muito mais e fazer por merecê-lo.

Chá

tomar, felicidades e ajuda de amigos que desejam vê-lo bem; preparar, notícias boas e grandes amizades com muitas pessoas; escolher um tipo de chá, mudança em seu roteiro profissional.

Chaleira

cheia , abundância e fartura; cheia de água fervente, muitas novidades boas; vazia, cuidado com alguns falsos amigos; virar uma chaleira cheia, encrencas na família, problemas com a sogra.

Chapéu

ver alguém com chapéu e dirigindo carro velho, cuidado no trânsito, acidentes de carro e atropelamentos; usar, dores de cabeça e possível resfriado; de palha, tolices suas, vaidades e dificuldades de relacionamento com colegas por causa de sua empáfia; grande, muitas descobertas de melhoria em sua atividade profissional; tirar o chapéu, educação e bom tato; quando alguém lho tira, perderá influência e terá dificuldades para impor suas idéias; velho, problemas de saúde, sobretudo doenças na cabeça; esquecer o chapéu num banco de igreja, necessidade espiritual, você precisa pensar mais em si e rezar um pouco.

Charlatão

ver um, bons negócios, viagens e contatos lucrativos em sua área profissional; ser um, problemas com a polícia e autoridades judiciais; conversar com um, diversos amigos querem ver-lhe a ruína.

Charuto

tensão, busca de prestígio, pretensão de se impor; fumar um, precisa batalhar mais para obter o consenso dos amigos; acender, início de um novo projeto, sorte e poderá receber uma herança; apagar, doenças e fraquezas físicas.

Chave

alguém muito influente o ajudará; quebrada, terá uma doença pequena; usar, terá uma experiência muito útil; fechar algo, busca outra maneira de agir; perder, perdeu uma ocasião única que tinha para aproveitar; encontrar, possibilidade muito boa de fazer uma grande carreira; trocadas, você está muito esquecido e perde ótimas ocasiões; falsas, ocorrerão erros que podem prejudicá-lo; do carro, poderá ir muito longe e seguro em uma viagem de férias.

Chefe

sonhar com ele é sempre algo fora do comum e se faz necessário atentar para todos os detalhes, pois chefe é sempre chefe. Seu no trabalho, pode receber uma promoção, mas também ser despedido; se estiver risonho, cuidado, o chefe não está para brincadeiras; se estiver de cara fechada, vem promoção e mais serviço, aumento de salário que é outra história; chefe jovem, somente aumento de trabalho, moço é pão-duro nos aumentos; chefe da banda, seus negócios vão melhorar; chefe de setor, azar, pois não gosta de você.

Chiclete

há lugares para se mascar e outros não; mascar em qualquer lugar, dor de dente e problemas com a arcada dentária; comprar chiclete, problemas com colegas e professores; mascar em ambiente fechado, será advertido; cuspir chiclete, além de falta de educação, terá dores estomacais e dores de cabeça.

Chifre

humilhação e desapreço dos amigos; na testa, doenças e muitos incômodos sociais; ter, orgulho seu exagerado, poderá ter momentos de muita glória; ver, medo de ser traído e humilhado; em bois, raiva, fúria por haver sido enganado por todos; cortar, mudanças de vida e início de um novo trabalho, novo casamento; muitos, confusão e desconfiança de todos.

Chinelo

traz sempre repouso, alívio de dores; usar, viagens e recebimento de amigos, melhorias de doenças leves; novo e de presente, novos empreendimentos, novos projetos, melhoria em tudo; queimar, mudar de vida e construir casa nova.

Choca

ver uma, necessidade de ajuda, proteção de seus amigos influentes; se tiver muitos pintinhos, terá prejuízos e problemas em seus negócios; choca sem pintinhos, doenças e problemas com a família.

Chocalho

ver um, novidades para seus familiares; tocar um, muita alegria e convivência ótima com todos; comprar um, você deve buscar alternativas de trabalho e fazer cursos de autocapacitação.

Chocolate

doçura em sua vida, convivência produtiva no trabalho e na família; comprar, atritos com amigos e excesso de gordura; comer, desejos sexuais refreados, busca de bem-estar; dar a alguém, deseja simpatia de outros, quer que o vejam como um tipo importante.

Chope

ver cerveja; tomar em festas, cuidado com sua saúde e com a direção do veículo.

Choupana

ver, mudança em sua vida, alegrias e boa saúde; morar em uma, desejo romântico de sentir-se isolado, terá grande prestígio em seu grupo; choupana em chamas, perda de emprego, de apoio de amigos; fotografar ou pintar uma, necessita de um repouso maior, faça uma boa dieta e visite os parentes no sítio para ver as muitas facetas da vida.

Chuchu

inconstância em sua vida, coloque tudo em ordem e faça um roteiro rigoroso de todas as atividades; comer chuchu, pressão baixa e mudanças em seu trabalho; colher, receberá ofertas de emprego que poderão satisfazê-lo; plantar, terá situações delicadas com o cônjuge e problemas de saúde.

Churrasco

ver, falta de apetite, insônia e situação econômica mal administrada; fazer, precisa cultivar melhor as suas amizades e tratar melhor as pessoas; ir a um, melhoria no trabalho, aumento de salário.

Chuva

riqueza, abundância, bem-estar; com sol, encontrará uma saída muito boa; leve, melancolia e dissabores com os filhos; violenta, preocupações enormes; vê-la, não se meta nos problemas dos outros; molhar-se, os outros querem que você lhes resolva os problemas; de ouro, alegria, paz e muita prosperidade; fina e prolongada, vida longa e tranqüila; com muito vento, dificuldades no trânsito e imprevistos.

Ciclista

ver um, mudanças na sua vida, uma viagem inesperada; ser um, boas novas no trabalho e na família , surgirá um casamento na família.

Cigano

ver um, será sorteado em um consórcio, ganhará em uma rifa; ver vários, muitas novidades para a sua vida, mas cuidado com falsos amigos que querem aproveitar-se de sua ingenuidade.

Cigarra

ouvir perto da casa, sorte, será convidado para um espetáculo musical; muitas cantando, vida alegre e descompromissada, esqueça um pouco as obrigações e se divirta que você está, realmente, precisando disso

Cigarro

saúde precária, possibilidades de câncer, problemas com o coração, desastres na família; acender um, sofrerá o ódio de colegas de trabalho, incêndio em sua casa, ou vizinhança.

Cimento

amizades fortes e duradouras; usar, você se firmará no trabalho e será promovido a chefe; em saco, abundância e riqueza, sorte nas atividades e muita consideração dos amigos.

Cinema

diversão, magias da vida, fantasia, cuidado com as aparências; ir ao cinema, não confiar em certos amigos; cinema vazio, brigas na família, dificuldades econômicas e carestia; cinema incendiado, sofrerá rancores de colegas e calúnias na família, até com separação amorosa; namorar no cinema, traição da pessoa amada e falsidade de amigos; sair de um cinema, desilusão nos novos projetos.

Cintilar

prestígio, fama e glória entre os amigos.

Cinto

segurança, prisão; ver muitos cintos, um caso amoroso, até casamento; azul, felicidade, tranqüilidade; apertado, uma grande amizade e muita união familiar; velho e gasto, está precisando de lazer e boas leituras; falta de cinto no carro, multas, incômodos com a polícia e com a pessoa amada.

Cipó

ver cipós, problemas difíceis e muitos obstáculos aos seus propósitos; ser amarrado por, doenças de pessoas da família; balançar-se num, acidentes domésticos de pequena monta.

Circo

alegria, fantasia e muita descontração; ver um, mudanças em sua vida e na dos familiares; ir a um, sorte e boa saúde; trabalhar num, muitos colegas e amigos o julgam um palhaço do qual sempre podem tirar alguma coisa, você é um eterno bode expiatório.

Círculo

o símbolo grego da perfeição; estar num círculo de amigos, terá muito apoio de todos e colherá sucesso na carreira; sair do círculo, morte na família e muita doença.

Círio

lembra vida, ressurreição, paz e amor; aceso, amor próximo e boas notícias; apagado, você deve começar a olhar melhor o seu círculo de amizades, leia mais.

Cirrose

doença, gravidade, morte; ter uma, cuidado com o que bebe e come, sua saúde precisa de uma vistoria séria; um amigo com uma, há pessoas que o detestam e gostariam de vê-lo arruinado.

Cirurgião

ver em ação, falta de saúde, acidentes; ir a um, seus amigos não o estimam, nem acreditam em suas histórias; ser um, sente necessidade de ser visto, precisa de mais prestígio.

Ciúme

doença, anormalidade, problema; ter da pessoa amada, tendência a uma separação litigiosa, problemas mentais e de saúde; se for solteiro(a), casamento próximo, mas problemático; discussões devido a ciúme, muito amor e um futuro bebê para alegrar a vida dos dois.

Claque

prestígio, falsidade, traição, ser mercenário; ser aplaudido por uma claque, falsidades e infidelidades; alguém quer o seu lugar; fazer parte de uma claque, desespero, desemprego, dúvidas quanto à fidelidade das pessoas que o cercam.

Clarineta

música, felicidade, bem-estar; tocar uma, uma grande paixão surgirá; apreciar uma sendo tocada, muitos amigos e uma viagem muito proveitosa; comprar uma, novidades na família, um nascimento.

Classe

grupo, momentos de união, tensão e alegria; estar numa classe de aula, boa saúde, conhecimentos e boa instrução; entrar numa classe, você deve estudar mais, fazer cursos e ter melhor capacitação; participar de uma classe muito barulhenta, você deve descansar e tomar cuidado com alguns amigos falsos.

Clínica

ver uma, muita saúde e bem-estar; entrar numa, renove seus velhos eletrodomésticos, pois terá dinheiro para isso; visitar alguém em uma, muita paz e amizade de todos; ser tratado em uma, muitos anos de vida e saúde de ferro.

Clube

ver um, necessidade de amigos e de boas conversas; ir a um, controle suas despesas, cuidado com o cheque especial; sair de um, precisa de descanso e tratar melhor seus amigos, dê mais atenção a eles.

Coador

ver um, pureza, controle da dieta; usar um, busca de coisas saudáveis e bons amigos; furar um, problemas com sua saúde e segurança familiar.

Cobra

perfídia, sabedoria, veneno e morte; se for atacado por uma, cuidado com o que come; se não lhe fizer nada, terá sorte e vida longa; se invadir a casa, traição , mudança de planos, viagens; se estiver se arrastando, enfrentará perigos em casa e no trânsito; se for mordido, sofrerá pressões, terá de enfrentar desavenças familiares e muitos dissabores; se colocar em clorofórmio, superará todas as dificuldades e será promovido no trabalho.

Cocaína

ver, desgraça, cadeia e perseguição dos colegas; cheirar, morte e desgraça total; injetar, AIDS, morte e muitas desgraças ao seu redor, desunião familiar e mortes.

Coco

ver, saúde e bem-estar; verde, felicidade, mas pequenos contratempos; chupar a água, boa disposição para o trabalho; comer a polpa, dificuldades estomacais; quebrar um, brigas com a família e rixa de rua; preparar uma cocada, felicidade e alegrias com as pessoas amadas.

Cócoras

estar de, timidez, medo de perder o emprego; ver outros de, faça um projeto de trabalho, estude mais e adquira novos conhecimentos para enfrentar a concorrência.

Coelho

ver um , nascimentos, sorte e prosperidade; um correndo, agilidade em seus negócios, solução rápida de vários problemas; comer sua carne, boa saúde e sorte com os amigos e parentes; coelho branco, muita sorte e boas notícias de parentes distantes.

Cofre

ver um fechado, segredos muito sérios serão revelados; vazio, ganhará aumento salarial e uma rifa muito valiosa; cheio, cuidado com aplicações financeiras; roubado, cuidado com os amigos falsos, pois não descansarão, enquanto não o liquidarem.

Cola

usar, alguém quer caluniá-lo, ligá-lo a fatos que não lhe dizem respeito; cola colorida, há muita fofoca a seu respeito, e um falso amigo é o autor.

Colar

possuir um, riqueza passageira, logo terá problemas financeiros; de brilhantes, terá muito pouco dinheiro, mas muitos lhe pedirão dinheiro emprestado; de bijuterias, discussões e encrencas na família; comprar um, desavenças com um familiar e com vizinhos; dar um de presente à pessoa amada, traição e infidelidade; arrebentar um, perderá um amigo muito importante, devido a um mexerico; apreciar no pescoço de uma jovem solteira, terá alegrias e surpresas nos sentimentos amorosos.

Colchão

comprar, muita tranqüilidade; novo, início de uma vida nova; velho, o aborrecimento destrói você; jogar fora, deixará a família; estar sem um, pobreza, miséria; cheio de furos, problemas com a pessoa amada; muito fino, logo verá a pessoa amada ir-se embora.

Coleção

de selos, muitas descobertas, viagens a países exóticos e amizades distantes; de vários objetos, troca de impressões com mais pessoas, solidão e horas de tranqüilidade; de borboletas, poucos objetivos na vida; de cartões telefônicos, pouca comunicação com a família e com a pessoa amada.

Colégio

ver um, necessidade de estudo e atualização dos conhecimentos profissionais; entrar num, pouca amizade e muita solidão; estudar num, carência de uma melhor formação e necessidade de leitura; fugir de um, evidentemente você não é muito amigo do estudo.

Coleira

dependência, subordinação, opressão; de cão, muitas honras, mas pouca liberdade; de gato, leviandade e poucas idéias firmes; de pescoço doído, muita sorte nos negócios e em diversões.

Colete

ver um, medo e preocupações com a segurança; usar um para o frio, friorento e medroso; à prova de balas, muito medo, insegurança, perigo de assalto a uma pessoa de sua família.

Colheita

de cereais, muita variedade de atividades e muita sorte; colheita de frutas, obterá muitos lucros e bons retornos nos seus negócios; pequena, terá problemas financeiros e passará muito frio numa viagem a uma localidade próxima; colheita fora de época, nascerá uma criança em sua família.

Cólicas

sofrer de, problemas de relacionamento com a pessoa amada; ver uma pessoa amiga com, doença no seu círculo de amizades e problemas de relacionamento com amigos.

Colisão

de carros, sorte no negócio que está querendo realizar; colisão de carro com bicicleta, problema de saúde com uma criança; com um poste, reveja sua maneira de dirigir e levar o carro.

Colméia

fartura, abundância, notícias agradáveis e afortunadas; ver uma, sorte no trabalho e na escola; tirar o mel de uma, cuidado com a ganância e com as abelhas, pois poderá ter surpresas muito tristes e desagradáveis; uma colméia sem mel, carestia, pouco dinheiro, problemas com a saúde de membros familiares.

Colono

ver um, boas perspectivas de passar um fim de semana em um hotel fazenda, sorte no jogo do bicho; ser um, desejo forte de uma vida simples e tranqüila; conversar com, diminua seu orgulho, você não é tão importante assim, nem o melhor indivíduo do mundo.

Colunista

ver um, sairá uma fofoca sobre suas atividades; ser um, alguém escreverá algo de que não gostará, pois a maledicência é uma característica dos falsos amigos.; ler um, você precisa ler mais livros e colunas nas quais predominem piadas e se preocupe menos com as páginas policiais.

Comadre

visitar uma, sorte em rifas e muita paz na família; receber em visita, um grande negócio, muitas fofocas e indisposição com alguns amigos; encontrar uma num café, novidades no emprego e recebimento de notícias agradáveis de amigos que moram distante.

Combater

você, precisa andar mais, colocar-se à frente dos seus interesses e defender seus direitos; combater contra amigos, receberá a ajuda de parentes ricos e amigos seus; combater em uma batalha, você está muito fantasioso, volte à realidade e ponha ordem em seu trabalho e nos negócios.

Comer

bastante, sucesso em algumas atividades, mas problemas com o seu estômago e necessidade de fazer uma dieta rigorosa para controlar o colesterol; com as mãos, terá prejuízos e desavenças com amigos de infância; comer até doer o estômago, você precisa de um tratamento médico, ou psicológico, sua saúde estará mal; não poder comer nada, problemas com a saúde em sua família, doenças longas e dolorosas; comer legumes, saúde boa e vida longa; ovos fritos, alta taxa de colesterol, falta de apetite nos horários de refeição.

Comerciar

você agindo, busque uma profissão que não tenha muito contato com pessoas, você é tímido; ver alguém comerciando, mude de amigos, pois os atuais são falsos e não lhe querem bem, ir aonde se comercia, terá uma viagem de negócios muito interessante; gêneros alimentícios, muita fartura e vida tranqüila; tecidos, está na hora de renovar um pouco seu guarda-roupa; material de construção, venderá sua casa e construirá outra como sempre desejou.

Cometa

ver, dificuldades grandes, conflitos familiares ou profissionais, perdas financeiras, doença grave, aflição emocional, nascimento de um sobrinho e morte de um parente mais idoso.

Comida

terá os desejos satisfeitos; pegar, melhorará suas atitudes; rejeitar, você terá problemas de saúde e sentirá algumas deficiências orgânicas, pode estar com anemia.

Cômoda

colocar uma ao lado da cama; desconfiança e ciúme da pessoa amada; vazia, prejuízos, roubos de objetos de família; com roupa branca, ingenuidade e desejo muito grande de ser feliz; comprar uma, terá um grande e próspero futuro; quebrar uma, cuidado com sua relação extraconjugal, a pessoa amada desconfia de você e de suas atitudes.

Compadre

receber o convite de um, novidades no trabalho e bom lucro nos negócios; encontrar-se com um, fofocas e intrigas entre parentes e colegas de trabalho; receber a visita de um, novidades na família e nos negócios; visitar um, alguns amigos vão mostrar as unhas e ofendê-lo.

Companheiro

amizade; de escola, não acredite que o passado é melhor do que o presente; de trabalho, terá a ajuda de um amigo em sua carreira e, com isso, muito sucesso; de viagem, se for tão vaidoso, terá uma grande carreira; do serviço militar, poderá ser assaltado na rua por vários tipos.

Comporta

ver uma, terá amplo acesso a órgão oficiais por ajuda de um amigo; passar por uma, superará as atuais dificuldades e terá muito lucro em seus trabalhos.

Comprar

objetos, quer melhorar a sua posição; frutas, cuidado com a economia, não faça despesas inúteis; comida, receberá visitas por vários dias; ouro, cuidado com a corrupção e o suborno; casa, você deseja começar tudo de novo; coisas úteis, as suas realizações nunca são avaliadas; coisas velhas, saudade, falta de apoio nos projetos atuais; livros, desejo de cultura e aperfeiçoamento profissional.

Computador

agilidade, facilidade no fazer as coisas, criatividade, bons trabalhos; ter um, realmente você deve definir prioridades e lutar por obtê-las; comprar, finalmente, você descobre que é preciso fazer uso da nova tecnologia e ligar-se ao mundo pela INTERNET; estragar um, terá problemas no trabalho e com o carro; viajar no aparelho, sede de novidades, viagens longas e muita leitura.

Comunhão

receber, realização de seus desejos, cumprimento dos projetos; sem ter fé, desgraça e miséria; ver alguém desconhecido tomando, perigo de assalto e muitos pesadelos.

Comunismo

ser adepto, infelicidade e azar, muita miséria e desordem social; ver alguém ser fã do mesmo, amigo que vai traí-lo e terá de pagar uma dívida de que é avalista.

Concerto

ir a um de música clássica, um familiar ficará curado de sua longa doença; ver um de qualquer tipo de música, muita alegria e sorte, prazer na convivência familiar.

Concha

ver uma, sorte e viagens rápidas; recolher na praia, você está precisando de uma parada e uma profunda reflexão, leia um bom livro de espiritualidade; muitas conchas juntas, grande fortuna e felicidade em uma viagem com a família.

Concubina

ver um amigo com uma, você terá sorte com mulheres e receberá atenções especiais de uma velha conhecida sua; você com uma, problemas familiares e financeiros; perda de um ente querido.

Condolências

receber você mesmo, vida longa e muita saúde; a um amigo seu, amigos fiéis e prestativos em todas as horas; a alguém desconhecido, notícias interessantes e um encontro inesperado com um familiar desaparecido há muito tempo.

Confeitaria

ver uma, será convidado para uma festa muito farta e alegre; entrar numa, os amigos lhe farão uma grande surpresa; comprar bolo numa, será muito amado pelos seus, inclusive pela sogra.

Confisco

sofrer um, perderá um bem muito estimado; ver alguém sendo apenado, um amigo lhe pedirá uma ajuda financeira que você não poderá recusar, nem que seja a fundo perdido.

Confissão

fazer uma a um sacerdote, você está muito inquieto e remói problemas do passado; a um amigo, cuidado com as confidências, pode estar sendo usado e traído; ouvir a confissão de um criminoso, problemas com a polícia e com autoridades judiciais, rixas com vizinhos e parentes.

Confusão

estar numa, ganhos extraordinários, muito dinheiro e paz com a família; ver uma dos outros, festa na casa de um amigo, descoberta de um grande amigo; confusão na rua, reunião dos moradores para defenderem os interesses do grupo.

Congratulações

receber, notícias pouco agradáveis, acidentes domésticos e transtornos na família por causa de uma doença; dar a alguém, muita sorte e apoio de vários parentes; receber por uma aquisição, cuidado, poderá perder um bem que lhe agrada muito.

Conhaque

ver uma garrafa, alegrias e felicidade com a família; tomá-lo, segurança, felicidade com saúde e vida longa, além de ter bom gosto; comprar conhaque, sorte em rifas e loterias.

Cônjuge

vê-lo, uma vida unida e muito feliz; encontrá-lo em uma rua movimentada, receberá muito apoio dele em uma dificuldade que lhe vai sobrevir.

Conserto

você faz um em casa, receberá pequenos favores de amigos e ajuda de parentes; alguém faz um para você, cuidado com o que dizem de você nos cantos e, sobretudo, no trabalho.

Conspiração

você é o chefe, terá surpresas com as atitudes desfavoráveis que notará em amigos e parentes; se feita por um amigo seu, você sofrerá um ataque de alguém por quem sempre teve muita consideração; se feita por vários amigos seus, afaste-se de alguns falsos amigos, antes que seja tarde.

Constelação

ver uma, muitas glórias públicas e referências elogiosas a sua pessoa; ver muitas no céu estrelado, felicidades e alegrias com a família e progresso no trabalho profissional.

Consumir

cuidado com sua dieta e com seu dinheiro, pois está exagerando os dois; se consumir muita carne, consulte um médico e siga a receita a duras penas.

Conta

ver uma sua, ponha em dia seus pagamentos, cuidado para não estourar a conta bancária, enfrentará dificuldades financeiras muito sérias, pois a crise está maior do que imagina; conta de luz, trovoadas e muito vento em sua região; conta de água, enxurradas.

Contador

ser um, problemas com a fiscalização e com o imposto de renda, organize-se e acerte todas as suas contas; ver um, será visitado por um amigo que quer vender-lhe livros e revistas.

Contar

histórias, você precisa ver sua árvore genealógica e visitar os parentes mais afastados; dinheiro, será pouco e escasso; contar moedas, não adianta jogar na loteria, não ganhará nada; contar piadas, muita alegria e satisfação, mas sofrerá pequenas doenças e dissabores; contar carneirinhos, não precisa tomar soníferos, basta calma e dormirá muito bem.

Contemplação

paz e sossego com os parentes e amigos; estar sempre em, uma boa leitura e uma boa conversa espiritual será uma boa saída; ser convidado para uma, deverá reunir-se mais com a família e dedicar um pouco de tempo à oração.

Contentamento

sentir-se cheio dele, muita alegria e contentamento em sua vida diária; muitas felicidades com a família e com os amigos.

Conto-do-vigário

você é vítima de um, parece que você é muito ingênuo, muitos amigos se aproveitam de sua ingenuidade, não dê aval para aquele amigo que tanto insiste nisso.

Contrabando

ver, perigo para seus bens, roubo e assalto; fazer você, problemas com a polícia e disputas judiciais; ver um amigo seu fazer, terá um momento difícil com uma autoridade, poderá resolver alguns pequenos problemas; comprar, perda de bens e fogo em um eletrodoméstico.

Contramão

estar na, você solucionará uma velha pendenga; ver um amigo na, será multado por furar sinais vermelhos por descumprir normas legais; alguém lhe falar na, você precisa mudar suas idéias, pois está muito defasado em seus pensamentos.

Convento

ver um, paz, tranqüilidade e muita meditação religiosa; entrar num, bênção e muitos momentos de paz , ainda mais se rezar; sair de um, vida nova e novos rumos; trabalhar num, ter ajuda de amigos, a solidariedade dos parentes e , sobretudo, do cônjuge.

Conversar

com amigos, vida longa e boa saúde; com parentes, muita paz e tranqüilidade com todos os vizinhos e amigos, bem como, com os próprios; com seres celestes, sua paz interior está ótima e muito forte; com pessoas na rua, você é uma pessoa simpática e popular, deve usar melhor e mais seus dons espirituais.

Convidados

receber em sua casa, notícias boas, alegria e muito prestígio; ver na casa de alguém, você será convidado para padrinho/madrinha de um casamento.

Copo

cheio, conseguirá obter bem-estar; vazio, faça economia, o futuro pode ser negro; cheio de vinho tinto, notícias inúteis e comuns; cheio de vinho branco, notícias boas; cheio de outros líquidos, uma conversa se mostrará muito útil; de vidro, os outros se aproveitam de sua bondade; de ouro ou de prata, se for econômico aumentará a sua riqueza; quebrar um, a sua distração lhe trará somente desgraças; receber um copo de água, nascerá alguém na família; trincá-lo, vários objetos de sua casa se estragarão.

Cópula

ver a de animais, muito sucesso com pessoas de outro sexo; ver a sua, é bom cuidar-se e ser fiel ao cônjuge, se solteiro, use preservativos, antes de se arrepender; ver a de alguma pessoa amiga, terá problemas de saúde de origem sexual, ou ligada aos órgãos genitais.

Coqueiro

ver um isolado no pasto, solidão e muitos momentos de abandono; estar ao lado de um, um amigo lhe dará um apoio muito grande em suas atividades profissionais; muitos coqueiros, será convidado a entrar para uma associação na qual será muito feliz.

Coquetel

ver um, você precisa moderar o consumo de bebidas alcoólicas; ir a um, fará algumas novas amizades muito interessantes e proveitosas; organizar um, você precisa melhorar sua imagem profissional no grupo de amigos e no trabalho.

Cor

traduz o seu caráter; branco, inocência , triunfo da justiça; azul, paz e amor; amarelo, generosidade e bem-estar; vermelho, raiva, fúria; preto, inquietude, falta de paz interior; verde, deve crer e confiar nos outros; roxo, sorte e alegria.

Coração

sofrer do coração, decepção, contrariedades, será ofendido e humilhado, os seus se esquecerão de você, terá numerosos problemas a resolver, solidão, saúde precária; sonhar com o coração de uma fruta, terá problemas sérios de saúde com riscos sérios e cujas conseqüências lamentará muito.

Corcunda

ver uma, medo do futuro; ter uma, depressão pessoal, falta de auto-estima, problemas consigo mesmo; ver um amigo com, dificuldades de relação com diversos parentes.

Corda

ver uma, muita correria em sua vida, muita pressa (bem se diz: com tanta pressa como quem vai tirar o pai da forca); ter uma, falta de confiança nos amigos; comprar uma, dificuldades financeiras e relações difíceis com filhos adolescentes; arrebentar uma corda, encrencas com a família e briga com o cônjuge, pois este tomará o partido da sogra.

Cordeiro

felicidade frágil, cuidar do bem-estar dos filhos, sinal de ternura, de compreensão e de satisfação; se o animal estiver morto, enfrentará doenças , dificuldades sentimentais, períodos muito difíceis para agüentar; cordeiro branco, sorte e indicativo de muita pureza e inocência; preto, azar e um período difícil na família, necessitando da ajuda de amigos.

Corneta

ver uma, notícias espalhafatosas sobre você, fofocas e calúnias; tocar uma, morrerá alguém na família e deixará uma grande lacuna; comprar uma, sorte com dinheiro e fartura em uma festa a que irá.

Corno (ver chifre)

na testa, perigo para si e para o cônjuge; ver um amigo com um, cuidado com propostas amorosas que o(a) prejudicarão muito.

Coro

participar de um, muitas alegrias e satisfação pessoal; ouvir um, ótimo relacionamento com autoridades locais; fundar um, boa iniciativa e você será lembrado para ser candidato a um posto importante na política de sua cidade.

Coroa

de fantasia, você será cumprimentado por uma mulher muito bela, mas não se iluda; de ouro, muita sorte com dinheiro e receberá a ajuda de um amigo; real, muita paz de espírito e fará uma viagem longa; de espinhos (como a de Cristo), sofrerá perseguições e ataques de vários lados, enfrentando problemas sérios no setor sentimental.

Corpo

ver o próprio, você está perdendo tempo com futilidades; o de alguém, precisa cuidar mais de sua aparência e de sua saúde; ver o de uma mulher, está ficando muito erótico e com desejos fortes em demasia.

Corrente(s)

ligações afetivas muito fortes; de ouro, o seu amor está fortíssimo; de prata, as ligações para você devem de ser duradouras; quebrá-las, ficará liberto do passado; enferrujadas, notícias breves e boas; grandes e fortes, deverá assumir um compromisso muito sério; de ferro, sofrerá um assalto e roubos; ver alguém carregando correntes pesadas, solucionará seus problemas financeiros e sentimentais.

Correr

ver-se correndo sozinho, solução de suas dificuldades, seus projetos serão terminados, satisfações financeiras; não poder correr, preocupações, enfermidades, fracasso num projeto, amizades mal intencionadas, traições; correr com todas as forças, problemas cardíacos.

Correspondência

receber , logo terá notícias inesperadas e muito interessantes; mandar, incômodos com a família, sobretudo com filhos; escrever (como favor , para quem não sabe escrever), enganos e trapaças.

Cortejo

fúnebre, vida longa e uma grande festa com amigos; cortejo cívico, você não se lembra mais de como se canta o Hino Nacional, vai parar numa "blitz" policial; matrimonial, alguém se separará na família.

Cortina

de sua casa, está na hora de pintar a casa; de outra casa, você está devendo visitas a muitos amigos e parentes, comece a retribuir; cortinas sujas e velhas, pobreza, miséria; novas, muitas amizades agradáveis.

Coruja

símbolo da sabedoria, da vigilância e da paz; ver uma, desventura no trabalho, mas sucesso no estudo e no amor; pegar uma, ou caçar, cadeia e multas, além de muita desgraça; ouvir seus gritos, poderá morrer alguém, mas também poderá arrumar um(a) belo(a) namorado(a).

Corvo(s)

uma ave européia de cor preta

azar, doenças e desgraças, peste e mortes de muitas pessoas; ver um, é necessário ser mais solidário e ajudar a família com muito carinho; corvos voando, perigo na vizinhança; corvos gralhando, doenças , tristezas, lutos, frio muito forte.

Costelas

as próprias machucadas, recebimento de dinheiro, ganho inesperado; quebrar as mesmas, disputa conjugal e encrenca com a família do cônjuge, inclusive sogra; parentes quebrando costelas, sorte e muita felicidade em seu matrimônio; participar de uma festa à base de costelas assadas, muita alegria e o encontro de um grande amor; preparar uma costelada para os amigos, descobrirá que há alguns amigos que só se aproveitam de você; melhorará seu relacionamento com a parentagem.

Costureira

ver uma no trabalho, intrigas e encrencas com vizinhos e com os filhos na escola; ser costureira, sofrerá embaraços e constrangimentos; ir a uma, receberá fofocas de quem menos esperava.

Couve-flor

comer, boa saúde e satisfação pessoal; receber de presente, sofrerá traições de amigos e trapaças de colegas de trabalho, pior se for em trabalho de nomeação política; comprar, muita felicidade, boa saúde e ótimo relacionamento na família; ver uma plantação de couves-flores, obterá uma ajuda importante para concretizar um velho projeto.

Couves

comer, muita saúde e vida longa, plena de bem-estar; comprar, terá muitos amigos prestativos e encontros maravilhosos com pessoas simpáticas.

Cova

ver uma, cuidado com a depressão pessoal e com a insatisfação profissional; abrir uma, poderá viajar, ou receber visitas de muito longe; uma cova para defunto, ficará bom de uma doença, na família haverá boa saúde e muita felicidade; fechar uma cova, depois de muitos anos, resolverá um grande problema; cair numa cova, será vítima de uma brincadeira de amigos bem intencionados.

Coxas

de animal, prosperidade, bem-estar físico e espiritual; feridas, dores e dissabores; de mulher, desejos amorosos, um erotismo exagerado, olhares muito gulosos para as mulheres; de homem, segurança; gordas, abundância, fartura, muitas festas e comida; magras, período de restrições e dieta completa; bronzeadas e roliças, erotismo e desejo sexual muito forte, cuidado com o assédio.

Coxo

ver um, azar em negócios com dinheiro, sorte em estudos espirituais; conversar com um, discussões e oportunidade para esclarecer um velho mal-entendido; ser um, negócios bons e possibilidade de eleição para importante cargo político; ter um filho coxo, parentes querem oprimi-lo e humilhá-lo.

Cozinha

visitas, conversas agradáveis, horas de bem-estar e felicidade; ver a sua, você precisa de uma dieta prolongada e diminuição de bebidas alcoólicas, ou refrigerantes; entrar numa, conseguirá realizar um velho projeto da família; trabalhar numa, construirá uma casa nova e terá a cozinha dos seus sonhos.

Cravo

instrumento musical, muita nostalgia e apego a coisas materiais; tocar um, você deve ouvir mais música barroca e a de Mozart; ouvir um, necessita de um pouco mais de espiritualidade e misticismo; cravo para tempero, sua vida anda muito agitada e você não tem tempo nem para si mesmo, quem dirá para a família; colher cravos, momentos de muita alegria e recebimento de dinheiro inesperado; comer cravos, melhorará seu hálito e conquistará amigos/amigas; colocar cravos na comida, não misture amor e negócios.

Crédito

obter muito, problemas com bancos e com o fisco; não receber, bom sinal de que você é cuidadoso com suas contas e débitos; perder o crédito, você descobrirá que a vida é bem melhor sem o uso de banco.

Cremar

ver-se cremado, recomeçará um novo projeto e terá muito sucesso; ver um parente ser cremado, muita saúde na família e nascimento de um bebê; ver alguém sendo cremado, terá boas novas em seu trabalho e na vida escolar dos filhos.

Crepúsculo

observar um, terá vida longa e muito tranqüila, um pouco solitária, por isso tenha sempre uma ocupação útil; muito luminoso, felicidade com sua família e lhe farão uma grande festa surpresa; gostar do crepúsculo, melancolia romântica, encontrará um grande amor.

Crescer

observar isso, sempre lhe trará estímulo e aumento de seu rendimento, boas notícias e conquista de muitas honras junto aos amigos.

Criada

ter diversas, você deve dominar suas tendências de mandão e milionário; ter uma, há um amigo seu que o suporta e vai traí-lo; abraçar a mesma, você está sonhando muito e poderá ser denunciado por assédio sexual; mandar a criada embora, poderá perder o emprego por justa causa e vai ter problemas financeiros.

Crianças

ver, desejo de ter filhos; feias, desprazer e dissabores; chorando, tristeza na família e encrencas; brincando, desejo secreto de voltar a ser criança; ver caindo, problemas no afeto e nas relações familiares; ver muitas, dificuldades na vida; ver com ossos quebrados, terá dificuldades no trabalho, pela oposição dos seus desafetos.

Criminoso

ver um, notícia inesperada, chegada repentina de um parente; encarcerado, solução de longa pendência familiar; em fuga, desgraça na família, queda de um parente com quebraduras; conversar com um, obterá a amizade de um importante político; ser atacado por um, será esquecido por um político que muito lhe prometeu; ser você um criminoso, não se preocupe, terá muita paz e muita tranqüilidade e vida próspera; prender um, você não é corajoso, é temerário, corre muito perigo de vida; fugir de um, tranque bem as portas de sua casa e não acredite que certas coisas só acontecem com os outros.

Crioulo

ver um, muita sorte no amor e nos negócios; conversar com um, poderá ser assaltado em um lugar público; ser amigo de um, obterá condições para a sonhada viagem; discutir com um, terá problemas com a polícia e provocará um acidente com seu carro.

Crisma (confirmação)

ser crismado, muitas alegrias, consciência dos seus deveres religiosos; assistir ao cerimonial de uma crisma, será convidado para padrinho de algum ato religioso, ou receberá convite para participar de uma associação religiosa.

Cristal

seja cuidadoso, pois vive num ninho de cobras; brilhante, amor leal e frágil; quebrado, amor desfeito e problemas sérios para solucionar; presentear um cristal, vem traição e infidelidade; colorido, o futuro está carregado de nuvens negras e muitas incertezas.

Crocodilo

ver, perigo em sua família, alguém pode se acidentar, e feio!; caçar, terá sucesso no emprego, se souber conduzir alguns subordinados rebeldes; comer carne de, você está precisando de dieta e de cuidados com o estômago, pois já passa dos limites.

Crucifixo

anúncio de sacrifício e abnegação, sofrerá uma grande dor com o desaparecimento de uma pessoa muito amada; ver um, necessidade de maior espiritualidade, nem tudo se acaba com a morte; carregar um, de fato você precisa de mais espiritualidade, oração e boas leituras religiosas; receber um, um amigo seu lhe fará o convite para um encontro religioso.

Cruz

dissabor, doenças; ver uma na estrada, aumentarão suas responsabilidades; carregá-la, enfrentará muitas dificuldades por um longo período; ver alguém a carregá-la, você está sendo um grande sofrimento para alguém que diz amar; fincar uma cruz, alguém vai se vingar de você, terá horas de muito sofrimento; colocar um cruz no pescoço, enfrentará obstáculos no trabalho, pois você é muito teimoso.

Cultivar

fartura, muitos resultados em seus trabalhos e felicidades com os filhos na escola, prosperidade, fortuna, boas amizades e apoio de amigos.

Cunhada

vê-la, alegrias na família e muitas amizades com a parentagem; abraçá-la, afeto e carinho entre parentes; algo erótico, você está descontrolado e é bom retomar seus ideais de respeito e honra, antes que se dê mal com a sogra e parentagem; vê-la morrer, vida longa e felicidade.

Cunhado

ver um, parentes nem sempre são leais, por vezes, gostam de embrulhar um outro parente; vê-lo rindo, cuidado que alguém vai fazer-lhe uma grande trapaça.

Curral

sorte no trabalho e abundância na vida; ver um, não entre em qualquer lugar para comer, a comida pode estar contaminada, organizar a própria casa e o local de trabalho; muito cheio de animais, vão nascer gêmeos na família e haverá muita festa com os amigos.

D

Dado(s)

jogar, não abuse da sorte, você poderá perder muito dinheiro num negócio e na compra de um objeto; perder nos dados, há uma herança à sua espera; ganhar nos dados, nem sempre é o dia do caçador, há quem queira prejudicá-lo; perder dados, terá muita sorte e receberá um aumento relevante no trabalho.

Dália

a flor dos velhos quintais e das solteironas; ver uma, se for solteiro(a), procure logo alguém, caso contrário ficará bem solteirão(ona); colher uma, receberá notícias de uma velha tia que você nunca mais visitou e ela o estima, ela deixará uma grande herança; plantar, amores intensos lhe virão.

Dança

ritmo, alegria e enlevo; ver uma, há uma pessoa que o ama e o procurará, dê uma chance e sufoque o seu orgulho tolo; estar em uma, a dança da vida é leve, terá muitas alegrias e felicidades com o amor.

Dançar

com prazer, muito sucesso em seus empreendimentos e em seu casamento; com alguém loiro, terá azar no amor e será objeto de traição; com alguém moreno, sofrerá muita carga de ciúme e obstáculos para realizar seus objetivos; dançar com alguém muito agarrado, olha o respeito, o seu amor se quebrará e ficará solitário; dançar e ter a dança interrompida, reencontrará um velho amor e terá muitas alegrias.

Dançarina

leveza, agilidade, graça e transitoriedade; ver uma, você terá um grande amor, mas passageiro e sofrerá muito em seu coração; dançar com uma, casamento rápido e viverá dias intensos de amor, mas logo virá a separação dolorosa.

Data

momento solene; ver uma, terá oportunidades de bons negócios; diversas datas, estude mais história e prepare-se para enfrentar os desafios do seu trabalho.

Datilógrafo(a)

monotonia, aborrecimento, desacertos financeiros, insucesso no amor.

Decapitar

ser decapitado, você é muito medroso, preocupado em demasia com problemas materiais e, convenhamos, você não é nenhuma Maria Antonieta, nem um Luís XVI; ver alguém decapitar, um amigo o abandonará e terá de pagar dívidas de outros; você decapitar uma pessoa, por exemplo a sogra, não adiante a raiva, prepare-se que há uma porção de gente querendo derrubá-lo do posto.

Decepção

você tem problemas em virtude de ações nefastas praticadas por seus adversários, pois entre os que se dizem amigos há diversos traidores, como o foi Bruto, filho de Júlio César.

Dedal

problemas familiares, harmonia conjugal comprometida, disputas, ciúmes, sofrimento moral e dificuldades muito sérias nas finanças; usar dedal, doenças e prisão de um familiar.

Dedos

sadios, ficará rico pela habilidade manual; perdê-los, ficará desempregado, ou perderá o atual emprego logo; feridos, doenças e dores nas juntas; ter muitos, você quer demais, é muito ganancioso; dos pés, pequenos problemas familiares; cortá-los, perderá um grande amigo; com unha encravada, terá saúde, vida mansa e, apesar das dores, muita fartura e uma viagem desagradável.

Defender

você defender a alguém, receberá uma séria ofensa; você ser defendido, terá de lutar para impor seu ponto de vista e organizar o trabalho; ver pessoas se defendendo, enfrentará muitas encrencas e terá de superar algumas disputas sérias entre colegas de trabalho.

Defunto

ver um, sorte, ganhará na loteria; você mesmo, vida longa e muita saúde, se não se deixar atropelar no trânsito; vários, muitas surpresas na família e no serviço.

Delinqüente

sorte com rifas e na loteria; notar diversos, muitas visitas e convites; chamar a polícia para prender um, paz na sociedade e sorte no amor; sofrer o ataque de um, é bom cuidar da sua segurança, sempre há alguém querendo a sua ruína; processar um por um delito, você deve liderar a sua vizinhança para as reivindicações comuns ao bairro.

Demissão

a própria, deve mudar de emprego para melhorar e ter boa remuneração; a de um amigo, receberá oferta de um ótimo emprego com bom salário, inclusive para o cônjuge; pedir a sua, você acordou, deve lutar mais para que seja, realmente, valorizado como deve sê-lo.

Demolição

ver uma, mudanças em sua vida, sua propriedade poderá ser desapropriada pelo poder público; fazer uma, melhoria em sua vida profissional.

Demônio

vê-lo, se for com chifres e vestido de vermelho, você tem uma grande fantasia, mas tome cuidado com a direção do carro, acidentes sempre acontecem; conversar com ele, você tem medo e insegurança no que faz, por isso, todos se aproveitam de você; tomar algumas no bistrô com ele, isso já é demais, mas é bom lembrar-se de que os maldosos são muito criativos, inclusive você, que é uma vítima fácil.

Dentada

agressão, perigo; levar uma de criança, sorte em estudo atual, amigos o ajudarão contra os difamadores; dar uma, você anda muito nervoso, acalme-se, sem dúvida, conseguirá acabar com os desacertos de sua família; de um cão, veja se não ficou hidrofobia, poderá sofrer um ataque de algum invejoso.

Dente

símbolo de potência sexual; regulares e brancos, sorte e poder; gastos, azar e dificuldades; de ouro, muito sucesso nos negócios; perder, se por causa de um homem, perda da virilidade; se por uma mulher, mudança em sua sexualidade; perder os incisivos, dificuldade de aproximação com alguém; perder os caninos, dificuldade de manter uma ligação; dentes postiços, a sua força não é verdadeira; ver alguém a arrancar-lhe os dentes, cuidado, porque pode ser prejudicado.

Dentista

ser atendido, dificuldades sentimentais, dores afetivas, deslealdade de um amigo, perturbações tempestuosas em suas relações; receberá socorro e terá uma ajuda boa em meio a tantas aflições.

Depósito

de cereais, abundância e preços baixos para suas compras; de uma empresa, apesar de muitos negócios, crise financeira; de munições, encrenca à vista com amigos e colegas; de bebidas, cuidado com o seu consumo de bebida alcoólica, fará bem a moderação; de sementes, terá uma grande oportunidade de trabalho e nascerá mais uma criança na família.

Deputado

ver um fora de época de eleição, acontecerá algo extraordinário em sua vida, ganhará uma grande loteria; conversar com um, um amigo o procurará para pedir-lhe dinheiro emprestado; ser cumprimentando por um, terá de pagar o aval feito para aquele amigo tão leal.

Derrota

ser vítima de uma, obterá importante vitória no seu setor de trabalho, conseguirá acalmar a oposição familiar e tudo se ajustará.

Desabamento

ver um, cuidado com a vizinhança, pois vão perturbá-lo; ser vítima de um, terá muita sorte nos negócios e fará uma grande viagem; sua casa desaba, está na hora de levar adiante o projeto de construir uma nova casa, como a família tem sempre sonhado.

Desastre

ver um, vida longa e segura com a família; ser vítima de um, todo cuidado é pouco, mas sofrerá um acidente doméstico relacionado a escadas, alguém quebrará um braço, os filhos receberão notas baixas na escola, um parente fará um mau negócio com prejuízo para todos.

Desmaio

ver um, cuide de sua saúde, mantenha horas certas para as refeições e dê as caminhadas que o médico lhe recomendou; seu próprio, você está bem de saúde, mas anda meio deprimido e desanimado, leia algo de auto-ajuda; socorrer um desmaio de colega, se moça , logo lhe surgirá um amor, se homem, terá problemas com seu amor e sofrerá as conseqüências de um ciúme imenso.

Desonrar

ver, cuidado com sua família, pois alguém quer ver vocês na lama; você faz, nem todos os amigos lhe são fiéis, nem todos os parentes são amigos.

Desordem

ver na rua, terá problemas com parentes e lhe chegarão muitas visitas para transtornar a sua vida; estar numa, problemas no trabalho e desaparecimento de documentos e valores.

Despedida

estar se despedindo de alguém, cautela em negócios e empreendimentos; ver a despedida de alguém, bons negócios e chegada de amigos há muito esperados; chorar em uma despedida, cuide melhor dos seus amigos, pois é adepto da solidão e do abandono.

Despertar

novas idéias, novos negócios, notícias muito boas e toda uma mudança de vida.

Despir-se

ficar despedido, cuidado com fofocas e maledicências; despir-se para alguém, desejos sexuais não satisfeitos, ou tendências à promiscuidade; ver alguém despir-se, erotismo e tendência ao pornográfico; ter muito prazer em despir-se, gosto pela vida natural e certo gosto pela lascividade.

Destruição

ver um prédio ser destruído, a sua casa precisa de uma boa reforma; de um objeto público, você deve se meter mais na preservação dos bens históricos; a de sua casa, terá muita sorte em alguns negócios, mas também poderá morrer algum parente muito querido.

Desunião

na família, é bom conversar e perceber quem está certo e errado, perceber quem não sabe o que é humildade; no grupo de amigos, haverá rixas na vizinhança; no trabalho, alguém está querendo pegar o seu lugar, descubra o que deve melhorar e o que fazer para tornar-se mais eficiente.

Deter

ver o ato de a autoridade deter um elemento, você é muito respeitador da lei, não tenha medo, mas também não abuse; ser detido, não dirija com álcool no sangue, nem achando que é o dono do mundo; ver um amigo ser detido, nem todos os amigos são leais; visitar alguém detido, seja mais solidário com as pessoas e saiba dar a mão a quem dela precisar.

Deus

sabedoria, autoridade, imensidão, mistério; falar-Lhe, alegria, felicidade e paz; vê-lo, consolo; rezar a Ele, você deve ter feito algo bem errado, peça-Lhe perdão; ser abraçado por Ele, você é uma pessoa abençoada por seus atos; ser visitado por Ele, você precisa ler algo divino e dedicar-se à oração silenciosa em seu coração, distribuindo as graças divinas entre os irmãos.

Dever

sentir-se no dever de, examine como vive e como trata os amigos e parentes, inclusive a sogra; ser repreendido por faltar ao dever, nem tudo que brilha é ouro, por isso examine sua conduta e mude-a; ver os outros sem o cumprimento do dever, o seu grupo deverá recompor os propósitos e as razões de se encontrar.

Dia

o começo do dia , muitas coisas maravilhosas vão começar em sua vida e na de seus familiares, saúde e alegria; o final do dia, morrerá alguém da família e haverá um acidente muito sério com um carro; dia de pagamento, é um grande anseio, mas pode trazer-lhe muita inquietação e desprazer; dia feriado, você deve trabalhar mais e aproveitar as folgas para, realmente, descansar o corpo e o espírito; dia dos finados, muita alegria e vida longa para toda a sua família; dia de aniversário, você está precisando da companhia dos parentes e amigos, pois o lazer é importante para o crescimento pessoal.

de qualquer maneira, sonhar com ele é sempre problemático, pois além de revelar crendices e medos, pode mostrar o quanto você está estressado e vazio de momentos de concentração mental e espiritual.

Diálogo

manter um, é a melhor maneira de tirar conclusões acertadas, desde que não seja só você a falar; ver alguém mantendo um, é necessário travar um bom diálogo no seu trabalho e na sua família; ser convidado para um, em seu ambiente de trabalho há muito monólogo e muito chefe, é necessário reavaliar as estratégias de trabalho e tomar decisões de consenso.

Diamante

ilusão, idéias de uma fortuna falsa; encontrar no garimpo, perdas e problemas financeiros; comprar a um preço muito baixo, poderá ser enganado por amigos e ser vítima de sérias trapaças; vender, mera ilusão de seus sonhos e ambições materialistas.

Dicionário

aberto, sabedoria, conhecimento, necessidade de estudo, capacitação, atualização; fechado, é um túmulo, você precisa abri-lo e dedicar-se a sua capacitação; escrever um, muito trabalho para você, dores nas costas; corrigir um, necessidade de rever o seu vocabulário, pois usa um número muito pequeno de palavras, devido à pobreza vocabular.

Dietas

estar fazendo uma, você precisa realmente de dieta? Comece logo e siga rigorosamente as prescrições, cuidado, porém, não morra de fome, nem fique doente por comer de modo errado.

Dinheiro

possuir muito, perdas de dinheiro e dificuldades com o banco; não ter nenhum, normal entre as pessoas, contudo receberá uma ajuda de um parente próximo e generoso; perder na rua, sorte no trabalho, pois receberá um bom aumento; perder no jogo, não se deve jogar a dinheiro, mas terá dificuldades com doenças e falta de empenho dos colegas; ganhar no jogo, traição de parentes e amigos; queimar dinheiro, haverá doenças na família e um desgosto muito grande com alguém muito íntimo.

Diploma

não adianta só sonhar, é preciso estudar e conquistar um; ver um, você precisa estudar mais e manter-se atualizado para obter a promoção tão desejada; conseguir um estudando, você tem ambição, mas falta-lhe a vontade de empenhar-se e enfrentar as dificuldades reais.

Diretor

de escola, terá muita sorte com notas na escola, terá muitos amigos, mas poderá sofrer uma traição de velho amigo; de empresa, cuidado que vem chumbo grosso no serviço; diretor de trânsito, é perigoso, poderá sofrer acidente, ou uma multa alta e injusta; diretor de hospital, muita saúde na família, apenas o seu médico vai dar-lhe uma longa série de recomendações.

Disco voador

ver um, muita sorte e felicidade em sua vida, mas veja bem que fantasia demasiada faz mal; andar num, mudanças muito grandes em sua vida, propostas de novo emprego com grandes ganhos; ser raptado por um, perderá uma pessoa muito querida, que não mais quererá vê-lo.

Discurso

ver alguém fazendo discurso ruim em formatura, azar em sua vida, falta-lhe estudo e empenho em suas tarefas; você fazer um, começará a ser ouvido pelos colegas de trabalho e até pela família; escrever um para um político, traição e infidelidade, será abandonado por velhos e bons amigos.

Discutir

com o cônjuge, nada mudará em sua vida, tudo continuará na mesma; discutir com o chefe, há uma demissão próxima, possivelmente não será a do chefe; discutir com subordinados, você é muito bonzinho e todos tomam conta do pedaço, seja enérgico e resista; discutir com os filhos, azar, pois com eles só se dialoga.

Disquete

ver um, precisa rever seu passado, refazer as contas, pois há algo de errado; segurar um na mão, reveja as contas no trabalho, alguém está fazendo erros e pode deixá-lo encrencado; comprar um, novo ritmo de trabalho e novos rumos em seus negócios; quebrar um, cuidado com o computador, pois poderá perder trabalhos, ainda mais com tantos vírus soltos.

Divã

ver um, necessidade de descanso, lazer e mais tempo livre; sentar-se num, será lembrado por amigos e receberá honras públicas, como a de vereadores que querem promover-se à custa de você; deitar-se num, você não estaria precisando de um psicólogo, psiquiatra, ou algo parecido?; cair de um, queda em seus rendimentos e rompimento com um velho amigo.

Diversão

discussões próximas, perda de dinheiro, perda de esperanças, você não é prudente o bastante no trato dos seus interesses, doenças leves, mas longas e dolorosas.

Dívida

estar atolado em, receberá um bom dinheiro e poderá comprar aquele eletrodoméstico há tanto tempo esperado; liquidar todas, terá azar e vai mergulhar em dívidas, pois há doença em sua família; encontrar amigos com muitas dívidas, sorte em uma rifa e receberá uma herança volumosa de um parente há muito tempo não mais visto.

Divórcio

o seu, é um reforço de seus vínculos conjugais e um amor inquebrável, fidelidade nos sentimentos e relações; pode também haver o rompimento com o cônjuge, perda de emprego, uma desgraça , ou decepções cruéis. Tudo dependerá de como será o sonho, mas, no geral, não indica coisas boas e promissoras.

Doces

ver, a gula é um mal, inclusive destrói a sua dieta; ver alguém comendo doces, você deve fazer uma dieta rigorosa e controlada, poderão vir-lhe doenças; comer doces, sua saúde precisa de cuidados especiais, inclusive repouso; fazer doces, examine sua saúde e tenha mais cuidados com ela, se fumante, pare logo.

Doença

ver-se doente, terá boa saúde e felizes horas; doenças leves, saudades, nostalgia de velhos tempos, necessidade de refazer os tempos idos; na família, todos passarão bem, mas algum amigo cairá doente com reflexos em sua vida; de pessoa amada, uma viagem lhe fará muito bem e isso ocorrerá logo; doença grave com pessoa da família, nada de anormal, de repente uma pequena indisposição estomacal.

Domingo

desejo de repouso, lazer; estar em um ensolarado, muita alegria e felicidade; domingo de chuva, precisa descansar e dormir mais, vida familiar um tanto dispersa; domingo com muita oração, sua vida espiritual está frágil, reze em todas as horas e leia temas de profundo saber religioso e místico.

Dominó

ver, enfrentará problemas com a família e no serviço; jogar por prazer, enfrentará sempre discussões e se for político vencerá diversas disputas, até para prefeito; perder, sorte em pequenas rifas, mas poderá perder somas elevadas de dinheiro com problemas sérios na família.

Dor

ver alguém com dor, terá uma saúde completa e muita felicidade; estar com muita dor, você é uma pessoa feliz e saudável, cuidado, porém, com a hipocondria; muitas pessoas com dores, você precisa ir ao médico e seguir rigorosamente o que lhe receitar.

Dormir

negligência, descuido, excesso de confiança na condução dos negócios, cansaço mental, após muitos problemas, com possibilidade de doenças; dormir em sua cama com aquele sentimento de bem-estar, serenidade, plenitude espiritual, tudo vai como deseja; dormir com má impressão, inclusive de estar doente, fracasso em seus negócios, preocupações financeiras, solidão espiritual; dormir e acordar sempre, traições, calúnias, maldades dos que o rodeiam; dormir com a pessoa amada, muitas felicidades, sentimentos sinceros e profundos; com uma pessoa desconhecida, mas de sexo oposto, êxito no amor, relações novas e imprevistas; com uma mulher velha ou feia, ruína, falência, doenças; com uma pessoa do mesmo sexo, fracasso, desmoralização, segregação; em sua cama, mas em local diferente com pessoa desconhecida, eventos desagradáveis, fracassos, oposição a seus projetos e muitos dissabores no amor.

Dragão

você está muito fantasioso, poderão sobrevir-lhe desgostos com briga de parentes e doenças; um amigo seu quer acabar com vários amigos, inclusive com você, um desastre com fogo na sua casa, ou na casa de um amigo.

Drogas

ver alguém usando, muito azar, problemas com a polícia e situações catastróficas com a família; você possuir, é horrível, sofrerá um imprevisto muito grave, problemas com autoridades judiciais; você vender, há uma prisão para você, mexa-se antes que seja tarde.

Ducha

ver uma forte, vontade louca de um bom banho quente; ficar sob uma com um jato forte, desejo de viajar, muita saúde e amizades fortes; uma ducha com pouca água, dificuldades financeiras e problemas no relacionamento com o cônjuge; numa ducha com pessoa do sexo oposto, erotismo e promiscuidade.

Durex

ver, é bom zelar pelos negócios; usar, você estruturar melhor seus planos financeiros e familiares; colocar numa parede, ansiedade de aparecer e ser visto; colar nos dedos, você poderá ser podado por colegas no trabalho e perder a promoção tão sonhada.

E

Ebulição

ver água fervendo, mudanças em sua vida, momentos intensos de alegria e felicidade; fazer água entrar em ebulição, tome a iniciativa e mude os rumos de seus trabalhos.

Echarpe

busca de proteção, medo; de seda, bons negócios, muito charme e amor.

Eclipse

momentos de azar e obscurantismo; se da Lua, sorte momentânea, alegria passageira; do Sol, mudanças e sorte em negócios com bons ganhos de dinheiro, mas terá perdas se o negócio for prolongado.

Eclusa

ver uma, você precisa abrir o seu coração para alguém; passar por uma, enfrentará muitas dificuldades no serviço e na família.

Ecologia

ver trabalhos em prol da ecologia, você precisa agir mais e falar menos; participar de trabalhos em prol da ecologia, sua vida necessita de um projeto novo para executar suas intenções no emprego, não adianta admirar as paisagens campestres, precisa, de fato, tomar a bandeira da ecologia.

Edifício

ver um, notícias e novidades, momentos de muita força; construir um, situação estável, apoio de amigos e boa conta bancária; pequeno, não se deixe levar tanto por sua modéstia, mostre do que é capaz; alto, os planos são audaciosos, mas, cuidado, nem sempre os alicerces são firmes, tudo pode ruir; de pedra, há muita firmeza em seu caráter e em sua família; de madeira, nostalgia do passado e transitoriedade dos fatos desagradáveis do momento.

Editora

ver uma, notícias interessantes e alegres; entrar numa, você deve começar a escrever as muitas histórias que lhe povoam a mente; ser dono de uma, escolha com carinho o que vai publicar, pois os leitores nem sempre têm o mesmo gosto que você.

Educar

é um trabalho intenso convencer alguém de que você está certo e de que as idéias do outro é que devem ser mudadas; você educar, reveja como vai sua educação e o que você acha da educação que sua parentagem demonstra; ver pessoas sendo educadas, há falhas na educação das pessoas, mas o exemplo arrasta outros atrás de si, tenha a polidez como meta maior de sua vida.

Eldorado

ver um, você tem muita fantasia; entrar num, terá muita sorte num negócio, mas cuide-se, pois há os que querem trapaceá-lo e derrubá-lo; ver muitas pessoas num eldorado, a sorte vem para você, devagar, mas chegará se souber aproveitar o momento, afinal, o cavalo encilhado só passa uma vez por nossa frente.

Elefante

símbolo da força, da potência, ver um, é importante conseguir que tudo funcione bem em suas atividades; dar de comer a um, alguém muito influente lhe dará apoio; andar nele, sorte em negócios, ganância, proteção; ser perseguido por um, há um grande perigo a persegui-lo; vê-lo morto, perderá as alternativas de seu projeto, necessita de estudar outras saídas; ver um num circo, enfrentará situações desagradáveis e problemas sérios; ver um fugindo de um circo, enfrentará problemas familiares e muita infidelidade; ver uma elefanta com seu filhote, muita sorte e sucesso em tudo que empreender.

Eleição

ver uma, vai enfrentar dificuldades com os vizinhos e com os parentes; participar de uma, terá de rever os projetos de vida pessoal, pois terá muita oposição de todos os lados; ajudar um amigo, será traído por vários falsos amigos e terá de pagar contas dos outros.

Eletricidade

se numa situação normal, sua vida está bem e você prosseguirá com muita tranqüilidade no trabalho e na família; se for fora do comum, será acometido por problemas difíceis e sofrerá acidentes perigosos para si e para a família.

Elevador

símbolo do que sobe e desce e não sai do lugar; ver um, você deseja progredir, mas pouco faz para que isso aconteça; entrar num, haverá novidades em seu trabalho e na família, chegarão notícias muito boas de parentes e amigos distantes; ficar preso num, você tem medo de tudo, inclusive de você mesmo; que não funciona, algo está ruim para você no trabalho, e na família enfrentará dissabores com vários parentes.

Embaixador

algo distante, exótico, porta para o estrangeiro; ver um, desejo incontido de conhecer novas terras e viagens longas; conversar com uma, você tem de refletir e praticar mais o diálogo, trocando impressões com amigos e colegas; não ser atendido por um, enfrentará dificuldades com seu chefe, ele está desconfiado.

Embalagens

ver, problemas com a vizinhança e com filhos na escola; abertas, será revelado um segredo antigo de sua família; fechadas, haverá surpresas em sua vida familiar; uma porção de embalagens e embrulhos amontoados, más notícias, fofocas e intrigas na família.

Embarcação

viagens, deslocamento, águas, perigos de afogamento; ver uma, será convidado para uma pescaria, ou uma viagem, vazia, muitos amigos vão fazer-lhe uma surpresa agradável; cheia de pessoas festivas, haverá um acidente feio em sua parentagem.

Embarque

ver um, receberá notícias de parentes distantes; em ônibus, uma surpresa e um incômodo na família; em avião, viagem rápida e pouca sorte em rifas; de navio, viagem longa e por terras distantes; de trem, muito sofrimento por problemas de saúde.

Embriaguez

ver alguém embriagado, não exagere no álcool, evite excessos de comida; estar em, sua dieta deve ser recomeçada e com muito rigor; socorrer alguém que esteja em, será indicado para um cargo melhor, mas deverá estudar muito, pois você está um pouco defasado.

Embrulho

fechado, algo o incomoda e lhe perturba a vida, procure um amigo e desabafe; aberto, estou bisbilhotando a sua vida, haverá algum perigo; vários embrulhos, você não está fazendo de conta que sabe muito e domina todos os assuntos?, precaução é muito bom.

Emersão

ver um amigo em, surgirão fatos novos sobre uma disputa em seu trabalho; fazer uma, planos antigos voltarão à cena e lhe trarão muito sucesso.

Emigrante

ser um, uma grande viagem e muito proveito cultural; ver um, receberá a visita de algum parente distante que trará a árvore genealógica da sua família.

Empregada doméstica

contratar uma, sua casa está necessitando de uma boa faxina, ver uma, há algo de errado com sua vida particular e com a do consorte; acariciar empregada, você pensa demais em aventuras amorosas; manter um romance com a mesma, decididamente, você precisa analisar o que está fazendo.

Emprego

ter um, cuide muito bem, pois sempre há quem queira deixá-lo na miséria; perdê-lo, terá notícias muito boas e uma proposta convidativa de trabalho; ouvir que um amigo perdeu o dele, os negócios melhorarão na família com vantagens para todos.

Empresário

ver um, melhoria em seus negócios e trabalhos; conversar com um, muita sorte no trabalho e sucesso profissional acentuado; ser convidado por um para um cafezinho, terá auxílio de amigos para montar aquele negócio sempre esperado.

Empréstimo

pedir dinheiro emprestado, alguém que lhe devia não mais lhe pagará; você pedir um, receberá sérias ofensas de parentes e amigos que sempre se aproveitaram de sua bondade; ganhar um empréstimo de um parente, poderá ganhar na loteria, como também ser fortemente injuriado por um amigo. .

Empurrão

levar um em uma fila, alguém quer derrubá-lo, traí-lo; ver um amigo levar um, o seu emprego está por fio, há sérios concorrentes querendo o seu lugar; pessoas dando empurrões, você deve estar sonhando com a torcida de seu time, que perderá o próximo jogo.

Encontro

ver o encontro de amigos, você será abandonado pelos amigos, possivelmente, devido a seu caráter; ter um encontro com um amigo, será lembrado pelo chefe para uma promoção; encontro com pessoa de outro sexo, boas amizades e muita sinceridade dos amigos quando lhe apontam defeitos; encontro com bandidos, cuidado com assalto e trapaças de amigos.

Enfermeira

sorte, saúde, prosperidade; ver uma, muita alegria e uma festa com muitos amigos; ser amigo de uma, uma pessoa carinhosa vai tomar conta de seus problemas e você entrará em uma nova fase de vida; conversar com uma num café, vai encontrar o esperado amor de sua vida e será muito feliz.

Enfermidade

ver alguém enfermo, vida longa e saúde na família e entre os amigos; estar enfermo, terá saúde, mas também terá problemas de relacionamento com parentes e amigos; ver muitas pessoas com enfermidades, poderá ter surpresas desagradáveis no trabalho.

Enforcado

má sina, azar, inveja e calúnias; ver um, alguém de sua amizade terá uma notícia de doença grave; ser enforcado, você deve de estar com problemas respiratórios, alguém quer o seu lugar no emprego; socorrer um enforcado, algumas pessoas estão esperando uma mão sua.

Enforcar

ver o carrasco enforcar uma pessoa, má sina o persegue e lhe trará agruras; você enforcar um amigo, o seu ódio cresce, procure os motivos; enforcar um dia de trabalho, está lhe faltando um pouco de lazer e repouso.

Engarrafar

bebidas em geral, notícias incompletas; engarrafar vinho, terá notícias muito boas e propícias a você; engarrafar água, o seu negócio não vai bem, terá problemas com a vigilância sanitária.

Engenheiro

sorte em atividades industriais; ver um, conseguirá montar o seu negócio; civil, dê uma olhada nos fundamentos de sua casa; mecânico, o seu carro apresentará falhas no momento de maior necessidade; elétrico, haverá um acidente doméstico leve, mas muito aborrecedor.

Engravidar

nova vida, notícias boas, momentos de felicidade; saber que alguém engravidou na família, notícias muito boas para todos e momentos de grande alegria; se quem sonha está engravidando, obterá notícias agradáveis e muitos amigos lhe farão visita.

Enigma

mistério, coisas secretas, lembranças do passado; resolver um, solução de um velho problema de rivalidade entre parentes; não conseguir resolver um, más notícias com horas muito amargas.

Enlaçar

aproximar-se, achegar-se; enlaçar alguém do outro sexo, desejo de carinho, busca de afeto; ser enlaçado, está sendo observado por alguém que está apaixonado por você.

Enterro

ver um, nascimento de alguém na família, momentos de alegria; ir a um, receberá novidades sobre negócios dos amigos; ser o defunto de um, vida longa e muita saúde; com muitas pessoas, haverá um encontro muito concorrido ao qual será convidado com destaque.

Entrada

você esperando, algo de novo lhe virá; passando pela entrada, não jogue, nem aposte, pois o azar está tomando conta de você; ver uma entrada cheia de luz, você precisa estudar mais para entrar no túnel da sabedoria e tornar-se a pessoa que todos admiram.

Entrevista

ver a de alguém, estão querendo saber de sua vida, há quem bisbilhote tudo sobre suas atividades; estar numa, segredos seus serão contados e ouvirá muitas fofocas a seu respeito; você fazer a entrevista de alguém, vai mudar o rumo de seus trabalhos e deverá preparar-se melhor para as tarefas que lhe pedem.

Entulho

ver muito em sua casa, logo fará uma reforma e remodelará a sua casa; na rua, vai incomodar-se com o serviço público e será multado injustamente; retirar entulho da frente de sua casa, precisa limpar a frente da residência e plantar flores ou árvores para dar-lhe beleza.

Envelope

postado no correio, alguém muito influente lhe dará apoio e terá grande sucesso; de carta, faça você mesmo e evite os intermediários; fechado, vai descobrir alguns segredos interessantes do chefe.

Enxada

ver, terá fartura, abundância e muito dinheiro; usá-la, um futuro promissor; afiar uma, está se preparando para qualquer emergência em suas atividades; uma sem cabo, você é que deve tomar a iniciativa e ir até o fim do seu projeto; com o cabo quebrado, você está desmotivado e deve reanimar-se.

Enxoval

ver um, para casados, desgostos e incômodos; para solteiros, separação e briga com a pessoa amada; para viúvas, casamento próximo; fazer um, a família vai aumentar com filhos; escolher um, é bom que analise todos os detalhes de uma proposta estranha.

Enxugar

a si, deve trabalhar mais e dar mais de si; ser enxugado por outrem, poderá se arrepender de ser tão carrasco com os subordinados; enxugar a outrem, aos poucos descobrirá que é preciso dar uma mão aos que o cercam.

Enxurrada

ver uma, a natureza é sempre violenta e não devemos abusar dela; ser envolvido por uma, as trapalhadas da vida podem prejudicá-lo e levá-lo à ruína se não se precaver com antecedência.

Epitáfio

receberá notícias ruins, notícia de uma doença séria e de um falecimento; notícias de uma herança muito questionada e de muitos interessados; ler o seu num túmulo, vida longa e muitas alegrias.

Ermitão

ver um, na vida, muitas vezes, é preciso parar e pensar, meditar, refletir, ler, rezar; ser um, a saúde está descuidada e lhe falta um sistema sério de condução da mesma; visitar um, busca de espiritualidade e paz consigo mesmo.

Ervas

vê-las, amenidades, bem-estar; cortar, deixe a sua espontaneidade levá-lo; uma sozinha, vive em seu âmago a lembrança de um passado remoto; seca, fraqueza física, presságio ruim, deitar-se sobre ervas, tranqüilidade, encontros com a natureza; recolher, receberá grandes honras e distinções.

Ervilhas

discussões na família; secas, deve esperar muito por seus objetivos; verdes, um casamento caindo aos pedaços; comer, discussões inúteis e estéreis; plantar, terá muitos progressos e sucessos; colher, terá dificuldades, mas vencerá em seus propósitos; tirar da vagem, você é muito imaturo e imprevidente.

Escada

subir a uma, início de uma atividade; se for fácil subir, o êxito também o será, pela altura da escada pode medir o nível a que chegará; chegando à parte mais alta, terá grandes honras; ascensão difícil, com empecilhos, terá obstáculos, lutas, antes de conseguir vencer tudo; descer, contrariedades, cansaço; cair de uma, fracasso, má sina; carregar uma, uma iniciativa sua ou de outra pessoa será o pretexto para mudar a sua situação atual.

Escândalo

ser objeto de um, receberá convite para uma atividade muito honrosa; ver um, na sua família surgirão muitas fofocas e maledicências; fazer um, vai sofrer algumas humilhações dos parentes.

Escola

ver uma, está na agora de voltar ao estudo e atualizar-se; ir a uma, decididamente, você precisa de mais estudo e aperfeiçoamento; estar numa, você vive muito bem com a sua família; sair de uma, faça cursos de especialização, sobretudo na área de informática e línguas.

Escorpião

a malvadeza e a traição de uma pessoa que lhe conhece os sentimentos o surpreenderão, conseqüências graves quanto a sua maneira de viver, desgraças; matar um, conseguirá alguns benefícios importantes para si e para a família; ver um correndo, cuidado com as bajulações de certo elemento que quer prejudicá-lo de qualquer maneira.

Escorregar

medo, hesitação em fazer algo, dúvidas; você mesmo escorregar, falta de definição em seu trabalho, e a sua autoridade em casa é muito pequena; ver outros escorregarem, se não mudar sofrerá uma queda muito grande em seus negócios.

Escoteiro

ver um, muita esperança, luta pela ecologia e preservação de todas as espécies vivas; ser um, prezará muito a honra, terá de cumprir um contrato embora lhe seja desfavorável; conversar com um, terá a ajuda preciosa de um parente a quem sempre deu certo desprezo.

Escova

limpeza, asseio, prazer; de dentes, o seu sorriso é pequeno e escasso, sorria; de limpeza geral, modifique a sistemática de trabalho; escova gasta, limpe a casa e ponha ordem no ambiente.

Escritório

ver um muito lindo, você terá propostas de mudança de emprego, examine bem suas qualificações para não se dar mal; estar num com uma bela secretária, separação conjugal e encrenca certa com a esposa; com uma secretária feia, encrencas na família; com muitos colegas, dificuldades de relacionamento com as pessoas; de advogado, você terá de desembolsar grande soma devido a processos injustos que moverão contra você; num escritório com muitos livros, é possível que você não leia nada e precise ler mais e estudar bastante.

Escritura

de sua propriedade, não dê fianças, pois querem tirar-lhe o que tem; de seu amigo, há uma herança no seu caminho, mas trapaceiros querem deixá-lo a ver navios.

Escultura

ver uma, tudo que é de pedra dura muito, assim, o seu caráter não deve mudar por causa de dinheiro; fazer uma, você tem gosto pela arte, só que tem dificuldades de arrumar tempo; comprar uma, você precisa cuidar mais de sua aparência.

Escuridão

problemas de consciência e de fé, discussões com a pessoa que o ama; sentir-se na escuridão, comece a rezar e a crer no supremo e verá mais luz na sua vida; estar perdido na escuridão, procure quem possa orientá-lo e fazê-lo ver as estrelas para guiar-se, falta-lhe fé e amor.

Esganação

malícia, pobreza de espírito; possuir contra os outros, será perseguido por um desafeto do seu círculo de trabalho; sofrer de alguém, seja generoso e compreensivo com todos.

Esmalte

objetos esmaltados, fragilidade das amizades, afetos, relações amorosas, qualquer discussão destruirá as suas relações; esmalte de unhas, astúcia, perfídia e hipocrisia; esmalte de cor exótica, precisa aparecer, vaidade; homem com esmalte forte, não fica bem você se comportar com tanta vaidade.

Esmeralda

possuir, felicidade e bem-estar com favores de amigos, promessa de uma vida afetiva intensa e muita riqueza, o coração se sentirá pleno, união intensa e eterna; perder uma, a pessoa amada o abandonará; receber um anel com uma, felicidade eterna e muito amor.

Esmola

dar, generosidade, momentos de intensa alegria com as pessoas amadas; pedir, pobreza, miséria, decadência intelectual, esmorecimento dos propósitos de trabalho; ver muitas pessoas pedindo esmola, graves problemas na família com dificuldades financeiras, mas sobretudo doenças e desavenças.

Espada

levar um golpe de espada nas costas, terá respeito e honra, poder, prestígio e ficará famoso; desembainhá-la, brigas, rixas, conflitos; vê-la quebrada, fracasso, humilhações e vergonhas, crueldades; ferir-se com sua espada, azar, má sina e desonra,

Espaguete

comer, sua dieta deve de ser revista e recomeçada; comprar, varie sua dieta para que não lhe faltem vitaminas essenciais ao organismo; cozinhar, você precisa treinar-se e aprimorar seus dotes culinários, inclusive aprendendo como se lava a louça.

Espátula

ver uma, seus serviços precisam de melhores cuidados; usar uma, a sua ordem pessoal é precária e necessita de que lhe dê seqüência, procure fazer uma faxina no seu escritório.

Espelho

ver-se num espelho, bajulações traiçoeiras; ver-se diferente da realidade, você está em conflito com a própria consciência; ver outra pessoa, você não se satisfaz com pouco, muita vaidade; ver um que deforma, tem muito medo, incertezas e desconfianças; quebrar um, azar e desgraças em tudo; jogar um fora, perda de esperanças e quebra de um amor antigo.

Espelunca

estar numa, melhore suas amizades e comportamento; ver uma, alguns amigos querem o seu couro, por certo você lhes fez algumas; ser dono de uma, encrenca com a família e com a sogra.

Espeto

usar para assar carne, há quem fale mal de você e espalhe fofocas sobre seu relacionamento com colegas de trabalho; comprar espetos, deve mudar seu modo de ser, pois o número de inimigos está crescendo; enfiar espetos em algo, poderá ser machucado em um acidente doméstico.

Espiga

colher no campo, fartura, abundância, vida muito alegre e saudável; ver espigas de milho, muita sorte e uma grande fortuna no trabalho; espigas de arroz maduro, receberá um prêmio em seu trabalho, e seus filhos lhe mostrarão ótimo rendimento escolar.

Espingarda

dar um tiro, está se enganando a si mesmo, é alvo de trapaças dos amigos; comprar uma, problemas com a lei e, sobretudo, com os guarda-de-trânsito; dar um tiro num animal, doenças e encrencas com vizinhos e amigos; vender uma, alegrias na família e muita tranqüilidade.

Espinho

os momentos tristes e difíceis da vida não diminuíram a fidelidade e a constância com que as pessoas o amam, momentos afetivos, harmonia conjugal; ser picado por um, intrigas e encrencas na família, sobretudo da parte de um parente próximo, muito rancoroso e invejoso; extrair espinhos de, ajude as pessoas que o procuram e dê-lhes o conforto de sua fala, que é muito persuasiva.

Espírito

ver o próprio, longa vida e muita alegria; ver o de um parente morto, um doente ficará bom e reiniciará seus trabalhos; falar com um, falecimento de um amigo, recebimento de convite para atividades religiosas e instrução espiritual; passear com um, você precisa relaxar e buscar um pouco de lazer, ao mesmo tempo que pensará um pouco sobre o que existe após a morte.

Esponja

usá-la, intenções malignas, calúnias e maledicências dos que o rodeiam e, se amigos (que amigos!), tenha cuidado com sua reputação; esfregar-se com uma, você tem problemas com sua circulação sangüínea.

Esporte

praticar, está na hora de desenferrujar os ossos, ande, passeie e movimente seu físico; apreciar através da televisão, você é comodista e gosta da boa vida, mas um pequeno esforço não lhe fará mal.

Esposa

o marido sonhando é sempre um sinal de alegria e felicidade; vê-la bem forte e maior que o normal, isso lhe prova um amor profundo e sentimentos fiéis; vê-la triste e sofrendo, preocupações de ordem familiar, discórdias; vê-la entediada, infidelidade, separação, disputa, raiva, rancor; vê-la fazendo compras, excesso de gastos, dificuldades com o cheque e a conta bancária; vê-la cantando, prepare-se que a encrenca será grande; muito sorridente, forte ciúme possessivo.

Esqueleto

ver um, notícias desaforáreis, acidentes e mortes; ser perseguido por um, doenças, morte na família; mostrar um a alguém, sua aparência é falsa; vestir um esqueleto, alguém se diz seu amigo, mas está esperando apenas o momento para dar-lhe o bote; você ser um esqueleto, precisa cuidar da saúde e da dieta e terá uma vida muito longa, até que os anos lhe caiam pelas costas.

Esqui

ver um, perigo com você e sua família, acidentes domésticos e fraturas de ossos; você usar, vai cair e quebrar um braço, levará um susto muito grande com a atitude de amigos; escorregar com um esqui, ficará muito machucado e resfriado em um acidente; comprar um, soluções rápidas para problemas, mas podem ser soluções perigosas.

Esquife

vazio, morte e desgraças; com o cadáver, doenças, a convalescença de um amigo será muito longa; com alguém vivo de suas relações, ele terá vida longa, e você verá um velho amigo traí-lo com a maior cara-de-pau; carregar um, deverá ajudar a um amigo necessitado; você estar dentro, muita sorte no jogo do bicho e em pequenas atividades.

Esquimó

ver um, você está muito longe de casa e deverá viajar muito; conversar com um, desejos de conhecer longes terras, precisa ler muito e ver ou ouvir muitos documentários.

Esquina

ver uma, hesitação, dúvida na escolha de um rumo; estar numa, momento de muita decisão e dificuldade na escolha; sair de uma, ajuda de um amigo fiel; levar pessoas a uma, será auxiliado por vários colegas na solução de um problema muito grave.

Estábulo

ver um, você está com nostalgia da vida campestre e será convidado a comprar um sítio; estar num, não se meta a tirar leite, é muito difícil, terá dificuldades em alguns negócios; ser dono de um, um pouco de lazer lhe fará bem, e você retomará suas forças plenas.

Estalagem

repouso, abrigo, horas alegres; ver uma, uma pequena viagem; estar numa, bons negócios e vida tranqüila; hospedar-se em uma, vida tranqüila com a família e muitos encontros alegres com amigos.

Estante

fixidez, algo parado; com livros, é bom ler, mergulhar na busca de conhecimento; com muitos livros, você precisa ler muito mais e buscar, a qualquer custo, maior conhecimento; vazia, você está sendo desleixado com sua cultura e se cansa à toa; empoeirada, realmente, o tempo passou, mas você não se reciclou e está atrasado no tempo, volte a estudar.

Esteira

de ginástica, de fato, uma dieta e um pouco de exercícios físicos serão muito importantes; de praia, repouso, lazer, melhores relações pessoais com a família.

Esterco

muito dinheiro, sorte; comprar esterco, comece a plantar e com firmeza; ver, suas plantas precisam de um reforço para se desenvolverem com mais vigor.

Estilingue (funda)

disputas, brigas, encrencas, desapontamentos, calúnias; usar um, vários amigos soltarão calúnias contra você; ser alvo de, sofrerá alguns reveses de falsos amigos.

Estômago

representa a sua capacidade de adaptar-se à vida; dolorido, você é muito sensível às dores; dor contínua, angústia, inquietude, medo de úlceras e um futuro difícil, seus recursos financeiros é que lhe deixam o estômago doloroso.

Estrada

representa o futuro, o acesso ao trabalho e ao seu desenvolvimento; estreita, ficará cansado para obter os seus objetivos; larga, a existência será facílima, mas o final pode ser tenebroso; em descida, sucesso, progresso; em aclive, período cansativo; tortuosa, perderá de vista os seus objetivos; estar numa, todas as estradas levam a Roma, pela estrada pode-se ir a qualquer recanto do globo.

Estrangeiro

novidade, mistério, coisas distantes; ver um, receberá novidades e convite para uma grande viagem; conversar com um, você precisa de estudar línguas para poder comunicar-se com os outros.

Estrela(s)

brilhantes no firmamento, prenúncio excelente, suas atividades conhecerão um período favorável particularmente benéfico; as relações afetivas serão ricas de esperança e projetos; se, entre todas, uma é mais brilhante, terá um encontro sentimental que poderá conduzi-lo a um casamento; apagadas, com pouca luminosidade, dores e contrariedades, inquietações em suas atividades, sentimentos afetivos perturbados por fatos imprevistos; se desaparecerem de súbito por falta de brilho ou escurecidas por nuvens, terá de suportar novas provas, má sorte e problemas sérios.

Estudar

crescimento, profissionalismo, capacitação, progresso; estar estudando, prazer de crescer intelectualmente, felicidade de progresso no desenvolvimento pessoal; ver outros estudando, está na hora de pegar os livros e estudar, aperfeiçoar-se, a fim de competir com todos os concorrentes; uma classe cheia estudando, você não deve ter sido um estudante tão fervoroso, não fique com remorsos, volte a estudar.

Estuprar

violência, crime, motivo de muitos desgostos; presenciar um, motivo para desgraças e muitos dissabores, cadeia e denúncias na justiça; ser parte de um, infelicidade e grandes desgraças.

Éter

sedução, anestesia, mudanças; usar em alguém, sedução, quebra de direitos pessoais; ser vítima, sofrerá represálias de alguém, será violentado em seus direitos, será vítima de alguém mais forte.

Evangelho

boa nova, novidades alegres, convite à oração, momentos de meditação; ler o evangelho, você necessita de momentos religiosos e de reflexão sobre a vida; ouvir a leitura, você tem fugido de toda idéia religiosa como o diabo foge da cruz, mas está na hora de concentrar-se e meditar um pouco a palavra do evangelho.

Excursão

alegria, lazer, tranqüilidade; ir a uma, vida alegre, muito lazer e repouso, arejamento do espírito; organizar uma, amigos felizes com sua atuação, convivência pacífica com a família.

Exéquias

morte, tristeza, perda de amigos; a de um amigo, será convidado para um casamento; de alguém desconhecido, receberá uma grande soma em dinheiro e um prêmio por trabalhos especiais; de um miserável, sofrerá calúnias e fofocas na família; de uma pessoa religiosa, sentirá mudanças profundas em sua vida com uma doença longa e dolorosa.

Exílio

ruptura, encrenca, ao mesmo tempo terras estranhas e outros afazeres; ser exilado, terá sucesso, mas enfrentará muita inveja e oposição de adversários de trabalho e políticos; colaborar para que alguém seja levado ao exílio, terá dificuldades na vida e sofrerá grandes prejuízos; acolher alguém que está em exílio, muita fortuna no trabalho e alegrias na sua família, nascerá um novo herdeiro, filho ou sobrinho.

Êxodo

fuga, busca de sobrevivência em outros locais; ver pessoas fugindo de suas casas para outro local, virão mudanças muito profundas em sua vida, uma catástrofe modificará a vida de muitas pessoas conhecidas suas; ser parte de um êxodo, você deve mudar seu modo de ser, de viver e de trabalhar, nada adianta amontoar riquezas se não tiver tempo para usufruí-las.

Exorcismo

ligação com demônios, com maus espíritos, rupturas violentas; ver um, haverá momentos de grande tensão em sua família, como assaltos e tentativas de seqüestro; participar de um, mude de vida e comece a olhar com mais otimismo tantas oportunidades que lhe são dadas em todos os setores de suas atividades; estar com um exorcista, mudanças muito grandes em sua vida.

Explosão

acontecimentos repentinos e inesperados, mudanças, circunstâncias imprevistas penosas, pior se houver estragos, preocupações familiares, encrencas, disputas, inimizades, problemas financeiros, dívidas; explosão de gás em casa, desordem e confusão com a família.

Exposição

visitar uma, novas orientações em suas atividades: idéias, projetos, encontros interessantes, momentos favoráveis para suas ambições; voltar de uma exposição, decepção e amargura, seus negócios sofrerão contratempos devido a imprevistos desfavoráveis, deve questionar certas orientações, redefinir seus projetos, sentirá atrasos e obstáculos.

Êxtase

enlevo, meditação, outro mundo, dificuldades no futuro, momentos tristes; estar em, falta meditação e oração, você precisa pensar um pouco em si e elevar seu espírito a Deus; ver um, receberá um convite para participar de encontros de cunho espiritual, aproveite a oportunidade.

Extorsão

ser vítima de uma, receberá avisos nocivos para sua carreira; saber de um amigo vítima de, obterá o aumento há tanto pedido e buscado.

Extraterreno

novidades, muitas notícias de lugares distantes e uma visita imprevista.

Exumação

volta de histórias do passado, momentos tristes, revelações perigosas; ver uma, alguém de sua amizade lhe contará segredos incomunicáveis, morte súbita na família; ver a própria, você precisa começar uma nova vida com novos objetivos e muita confiança em si mesmo.

F

Fábrica

vê-la em atividade, grandes esperanças de êxito para suas aspirações; novas orientações, segurança de ganhos financeiros importantes; vê-la de mau aspecto, com aparência deteriorada, gretas e rachaduras, atmosfera desagradável, maus cheiros: obstáculos, dificuldades, muitas preocupações, a indecisão será prejudicial para o progresso de seus projetos.

Fábula

contar uma, a mentira tem perna curta; ouvir uma, a proposta que lhe fazem é irrealizável, impossível, mas poderá obter alegrias íntimas e profundas; escrever uma, através da moral da mesma, concluirá que há a previsão de algo extraordinário em sua vida.

Faca

negócios ruins, encrencas, problemas sérios na família; ver uma, um grande perigo está próximo de você; afiar uma, boas oportunidades profissionais e de melhoria do ambiente familiar; quebrada, sentirá falta de poder agir e de decidir um assunto muito importante; de mesa, encrencas, desavenças e dificuldades em todos os locais.

Facão

pobreza, perseguição, inveja, raiva; ver um, perda do emprego e dificuldades financeiras; possuir um, sofrerá perseguição política e de inimigos sociais; comprar um, dificuldades com o fisco e com fiscais do município; afiar um, encrenca na vizinhança e rixas na família.

Face

vida longa, bom presságio, felicidade; ver a própria, está começando a conhecer-se como é, cuidado com a ilusão, você não é nenhum anjinho de asas douradas; ver a de uma mulher, traição e infidelidade.

Fada

boas notícias, sorte, felicidade, ilusões e decepção, fantasias, afinal fada é só fantasia; ver uma, notícias de fatos repentinos; abraçar uma, momentos de felicidade ilusória; falar com uma, será enganado pelos amigos mais achegados; passear com uma, decepção e abandono da pessoa amada.

Fagulha

fatos súbitos, início, momentos perigosos; acender uma, começo de nova vida, novos amigos, alegrias passageiras; apagar uma, um amor que se vai, perda de um amigo; ver uma, mudança em sua vida, nascimento de alguém, filho, sobrinho, neto.

Faisão

preocupações afetivas, transtornos no meio familiar, perspetiva de preocupações graves; degustar um, bons negócios e boa saúde; ver um voando, notícias boas e agradáveis; ser um, cuidado com sua sexualidade que pode mudar demais.

Faísca

ver fagulha.

Faixa

prisão, anúncio, novidades, fraturas, doenças; ter uma em algum ponto do corpo, doença na família, acidente e decepção; ver pessoa com uma, alguém da família vai contar-lhe algo que lhe interessa; ver uma de anúncio, será visitado por político, cuidado com a conversa dele, não se deixe enganar; colocar uma faixa de propaganda defronte de sua casa, você mudará de residência e para melhor.

Falar

com um animal, terá dificuldade de fazer-se entender; com um amigo, encrencas e desavenças; com uma senhora, negócios discretos; em voz alta, está sendo ameaçado e pressionado; em voz baixa, quer confiar a alguém segredos; falar com uma estátua, você precisa redimensionar seus projetos e dar uma parada para descanso, antes que todos pensem que está pirado.

Falência

vergonha, desgraça, perda de muitos bens; a de outrem, ouvirá notícias graves sobre parentes; a própria, será pressionado a pedir a conta, haverá doenças na família e morte de amigos; participar de uma como síndico, ganhará muito dinheiro e receberá ofertas vantajosas de ganhos.

Falsidade

anúncio de riqueza e bem-estar; ver, terá notícias muito boas quanto aos seus negócios, amigos lhe darão grande apoio para realizar seus planos; ser vítima, receberá uma oferta irrecusável de trabalho.

Família

a sua, notícia de alegrias inesperadas, encontros felizes, muita felicidade para todos os familiares, desde que as pessoas do seu sonho tenham um semblante alegre; caso contrário, tema contrariedades e preocupações, palavras ofensivas e muitas encrencas; com pessoas de sua família, sinal de disputas, desavenças bem graves nas quais se verá envolvido; abandonar a família, conseqüências muito desagradáveis; estar sem, solidão e abandono, traição de amigos próximos.

Fanático

ser por um time de futebol, problemas de relacionamento, encrencas com vizinhos e parentes; ver alguém que o seja, será desrespeitado por amigos e parentes; ter um amigo que o seja, dissabores na convivência social e desprestígio acentuado.

Fanfarra

barulho, espalhafato, mania de aparecer; tocar em uma, excesso de vaidade, mania de aparecer; ver uma, terá novidades quanto aos filhos na escola, estão estudando muito pouco, no serviço há fofoqueiros demais; formar uma, é preciso solucionar logo os problemas familiares, antes que engrossem.

Fantasia

desilusão, decepção, mau agouro; criar algumas, precisa de decisão no que faz e nos projetos elaborados; ser vítima da de outrem, acorde, trace um roteiro firme de ação.

Fantasma

vestido de branco, felicidade e alegria, consolo de suas decepções; vestido de preto, morte próxima no seio familiar, dê a maior atenção possível a suas atitudes e a seus atos, alguns avisos premonitórios necessitam de uma boa meditação e até de auxílio de alguém experiente; você ser um, está precisando de concentrar-se e rezar mais, antes que se torne de fato um e dos maldosos.

Faraó

mistério, antigüidade, lembranças muito remotas; ver um como múmia, revelações de segredos profundos e desagradáveis; ver em um filme, necessidade de pesquisa sobre essa parte da história para não passar por ignorante diante de amigos esnobes.

Farinha

abundância, riqueza, camaradagem; de mandioca, notícias alegres e reunião de parentes com muitas alegrias; de trigo, seja generoso com os parentes pobres e necessitados; de milho, você não deve abusar de certas comidas gordurosas, contenha-se.

Farmácia

os problemas sérios por que está passando, logo terminarão, terá uma boa melhoria em relação aos momentos atuais, um apoio afetivo e solidariedade de amigos serão efetivos para sua recuperação.

Farofa

bobagens e pensamentos tolos; comer, um amigo seu está metido em uma farsa terrível; fazer, prepare-se para muitas visitas de parentes barulhentos; comprar, haverá barulhos muito intensos em sua rua da parte de fanáticos de times de futebol.

Farol

o grande cansaço devido a sua situação será atenuado pela ajuda de um amigo muito caro, os cuidados que está tomando para levar adiante a negociação dos seus assuntos evitará o pior; ver um ao longe, não se meta em situação arriscada, macaco velho não mete a mão em cumbuca; acender um, há muita esperança em seu coração, ilumine os amigos que querem ajudá-lo.

Farra

desordens, rixas, tumultos; estar numa, dificuldades conjugais e perdas financeiras; ver uma, cuide melhor dos seus, pois há problemas de vários tipos, inclusive com seus filhos.

Fascículo

notícias breves e ferinas; ler um, as notícias que seus colegas espalham sobre você não são nada elogiosas; comprar um, a sua cultura precisa de um aprimoramento e necessita de melhor capacitação profissional.

Fatia

porções, divisão; ver uma de pão, carestia, pobreza; comer uma, você precisa de uma boa dieta e de exercícios físicos para melhorar sua saúde; distribuir fatias a pessoas desconhecidas, falta-lhe generosidade e desprendimento, pois há muitos necessitados.

Fauna

vida, esperanças, alegria e amizade; estudar a mesma, é bom trabalhar para a proteção dela; ver, há muitos inimigos da fauna, e há os que querem vê-lo caído.

Favela

desordem, pobreza, crimes, infelicidade; ver uma, prepare-se para o pior no emprego e na família; entrar numa, perigo de assaltos, e alguém de sua família está gostando de drogas; construir uma, cadeia e processos judiciais; pintar uma, melhoria de sua situação precária.

Favo

alegria, saúde, polidez; comer um, muitas felicidades em sua vida conjugal e familiar; dar um de presente, um grande e inesperado amor em sua vida; partilhar um com alguém, terá ajuda decisiva em um pequeno problema que lhe surgirá.

Fax

receber um, você está perdendo oportunidades de novos negócios, novos empregos; mandar um, você ficará ligado aos seus familiares e cultivará melhor a amizade que mantém com muitas pessoas.

Faxina

ver uma, está na hora de organizar a sua vida e o seu local de trabalho; fazer uma, cuidado que a empresa pode fazer uma nos colaboradores e você não está com muita sorte; participar de uma, receberá uma missão especial para fazer um enxugamento na empresa, contudo, não enxugue demais.

Fazenda

ver uma , você tem uma preocupação muito grande com a natureza e saudade da vida campestre; comprar uma, está na hora de mudar de vida, buscar um pouco de lazer e dedicar-se à natureza , voltando um pouco às origens dos seus antepassados; ir a uma para passear, a família lhe pede mais tempo, e os amigos exigem sua presença, pois você é uma pessoa importante.

Fé

ter, está faltando direção em sua vida, envolvimento com assuntos espirituais; não ter, há muitos "ateus graças a Deus", no seu caso, descubra onde deixou suas crenças e religião da infância, estará recuperando momentos bons da vida e tornará a vida atual um grande momento de vivência.

Febre

contrariedades, graves inconvenientes na gestão dos negócios, ou nas relações com os seus familiares, decepções, obstáculos, riscos de doença; desejos extravagantes, mudanças radicais de vida.

Fechadura

forçá-la, conseguirá os objetivos com muito esforço; abri-la, conquistas fáceis; ver a própria, segurança; não conseguir abrir a própria, alguém o ameaça, e você tem dificuldades em conquistar a pessoa que ama, (se mulher) desejo de fugir de uma situação.

Feder

algo de errado com seu modo de agir e pensar, existe uma pessoa querendo prejudicá-lo em seus objetivos de trabalho, parentes acham que você está exorbitando e pondo os pés pelas mãos, apesar de tudo, deve de continuar firme.

Feijão

ver, mudanças em seu trabalho; comprar, novos negócios e novidades em sua família; comer, alguns amigos falsos trabalham contra você; pretos, azar no trabalho; brancos, pequenos reveses e azares; vermelhos, terá de lutar muito para impor-se; cozinhar, a situação financeira deve melhorar; vê-los crescer, bons momentos e horas de sossego com a situação financeira calma.

Feiticeiro

as ações serão sempre extremas; consultar um, decepções e obstáculos; conversar com um, perigo para sua família e morte de adversários; sofrer o feitiço de um, vitórias e melhoria de vida financeira e no emprego; ser um, doenças e trapaças de falsos amigos; ser casado(a) com um(a), perigo com pessoas estranhas que demonstram boas maneiras e fala suave.

Férias

momento de grandes esperanças, de projetos maravilhosos, de acordos promissores e entusiastas, mas com realidades muito diferentes, será fraudado e contrariado por acontecimentos imprevisíveis e incontroláveis, perdas de dinheiro, situação caótica, perspectivas futuras escurecidas por dúvidas e incertezas.

Ferida

em si, perda de prestígio e poder no trabalho; em pessoa da família, encrencas entre os familiares e parentes; em outras pessoas, os seus inimigos não descansarão até que o prejudiquem; em seus braços, perderá apoios e ajudas de vários amigos; na testa, é bom fazer uma consulta a um médico.

Ferradura

usada para espantar o azar, as bruxarias e maus olhados, auxilia as cavalgaduras para não machucarem os pés; encontrar uma, sorte em jogos, loterias, rifas e azar para o quadrúpede; colocar uma na entrada da casa, sorte e notícias agradáveis, sobretudo dinheiro; ter uma furtada por alguém, má sorte, doenças, obstáculos no trabalho; perda de uma, perda de um posto importante, desemprego, falta de apoio, desequilíbrio; encontrar uma, mas quebrada, problemas na família, perdas em um negócio, trapaças de um amigo próximo.

Ferreiro

muda o ferro, mudam os metais; ver um, grandes mudanças em sua vida; ser um, precisa se amoldar aos novos rumos de trabalho, comece a estudar e a aperfeiçoar-se.

Ferro

metal da dureza, firmeza; ser ferido por um, uma amizade falsa trará muitos prejuízos; quebrar um ferro, de qualquer maneira, superará as dificuldades presentes e obterá vitória sobre os obstáculos; tornar o ferro vermelho de calor, modificará o ritmo de trabalho e obterá frutos muito grandes nas atividades.

Ferro-velho

antigüidades, lembranças; ir a um, busque a sua genealogia, visite os parentes e passe horas muito felizes com eles; comprar em um, receberá novidades de amigos e parentes distantes.

Ferrovia

a bitola lembra uma direção determinada e única; obtenção de propósitos firmes e superarão de problemas atuais; andar por uma, estará disposto a mudar o rumo de sua vida; construir uma, será convidado para acertar a direção de um grande negócio.

Ferver

você está muito excitado, comece a moderar-se e reprimir os ímpetos carnais e mundanos; ver água a ferver, terá de enfrentar situações de revolta de colegas de trabalho; pôr algum líquido a ferver, preocupe-se com sua família, antes que perca o controle, a vida moderna é muito fervente.

Festa

gestões infrutuosas, negócios decepcionantes, problemas financeiros, situações difíceis; dar uma, problemas no trânsito, perigo; ir a uma, encrenca com a família e notícias ruins de parentes.

Fezes

sorte; tocá-las, você ficará rico; fazê-las, dê uma olhada no seu estômago, pois as dores têm origem no seu modo de se alimentar; levar para exame médico, muita saúde, mas lhe fará bem uma dieta.

Fiador

perigo, trapaças; ser um, amigos lhe darão um bote e perderá dinheiro; ter um para o seu aluguel, logo comprará uma casa e será muito feliz; pedir a um amigo para ser fiador, doença e dissabores com amigos.

Fiasco

participar de um, será convidado para dar uma palestra e obterá grande sucesso; ver um, pessoas de sua família têm muita timidez e fogem das responsabilidades, cabe a você uma ajuda boa.

Figo

comer muitos, muita alegria; secos, será acusado injustamente, terá de enfrentar processos longos e cansativos; colher, azar, dissabores de toda sorte; em calda, alegrias passageiras com amigos e parentes.

Fila

paciência, humilhação, desprezo; estar em uma, tenha paciência que o velho problema deve chegar ao fim; fila de banco, falta de dinheiro e muitas dívidas; fila do SUS, morte de parente e doenças respiratórias leves; em órgão público, mau atendimento de amigos e demora em obter documentos; no trânsito, acidentes e mortes de conhecidos.

Filho(a)

alegria, felicidade; sem filhos e ter um, muitas alegrias e poderá nascer um sobrinho afilhado; adotar um filho, sua família será muito abençoada e os filhos lhe darão grandes alegrias; ver os filhos trabalhando, terá muita sorte e ganhos muito grandes; brincar com os filhos, arrume tempo para divertir-se com os filhos, para jogar canastra, truco, passear, pescar...

Filme

fantasia, ilusão; ver um, notícias esperadas e sempre demoradas; através da tv, você trabalha demais e está muito cansado; em cinema, os amigos o levarão a um encontro muito gostoso.

Filosofia

materialismo e desconhecimento do ritmo da vida; discutir filosofia, você deve dedicar tempo aos conhecimentos gerais, não ouvir falar de Platão, busque saber o "dizia o filósofo"; ouvir tiradas de filosofia, será convidado para um curso de aperfeiçoamento e de desenvolvimento pessoal.

Filtro

busca de pureza, medo de poluição; usar um, doenças sérias afetarão a família e amigos; comprar um, é melhor prevenir que remediar, cuidado com o que come e onde; limpar um, está na hora de fazer uma faxina completa em sua papelada e organizar o escritório.

Firmamento

luminoso, cheio de estrelas, felicidade e serenidade, após momentos tormentosos e difíceis; todo azulado, muita sorte e alegria com os negócios; enluarado, você é muito romântico, leve uma flor à pessoa amada; com o sol vermelho do entardecer, sua vida sofrerá uma mudança radical.

Fisco

azar, problemas financeiros, acidentes e assuntos embrulhados; ser intimado, receberá notícias ruins de parentes próximos; ir ao, a sua viagem há tempo programada não mais sairá.

Fisionomia

entrada para a alma das pessoas; ver uma triste, obterá muita alegria na viagem que fará com a família; ver uma feliz, virão dias tranqüilos, mas um pequeno desprazer será passageiro; a sua, as preocupações não o deixam tranqüilo, acalme-se, pois tudo dará certo.

Flash

luz, exposição pública; ver, ficará conhecido e terá propostas de trabalho e de casamento; ser o motivo do mesmo, será muito falado, mas os adversários vão inverter os fatos.

Flechas

vê-las, dificuldades próximas, discussões, disputas, oposições, os interesses familiares poderão ser afetados, os projetos questionados e retardados; ser ferido, fracassarão as tentativas de solução; atiradas por você, seus planos terão sucesso, mas suas relações cairão e sairá muito machucado disso.

Flores

cultivar, promessa de felicidade e de uma vida muito ditosa; ver e colher flores belas, êxito afetivo e doçura familiar; presentear ou receber flores, encontros agradáveis e muita felicidade; flores murchas, tristeza, dor, uma separação afetiva muito cruel; flores feias, dor permanente, raiva, disputas, encrencas familiares; oferecer, afeto; ver muitas, uma vida serena.

Floresta

representa o inconsciente da pessoa; a vida secreta; encontrar inimigos nela, nem todas as surpresas são agradáveis; descobrir inimigos nela, insegurança; entrar em uma, haverá um período extremamente difícil em seu futuro; perder-se em uma, angústia e dissabores; passear em uma, busca de segredos do inconsciente; viver em uma, medo, fuga do convívio social, busca da solidão.

Fofocas

maledicência, problemas constrangedores, dúvidas; ouvir, terá muitas dificuldades com amigos invejosos; perceber nas pessoas, surgirão calúnias e indisposições com amigos fiéis.

Fogo

para se avaliar o conteúdo do sonho, faz-se mister ver todos os detalhes do momento; acender um fogo, notícias agradáveis e tranqüilizadoras; fogo pequeno, seus projetos e perspectivas serão medíocres; fogo enorme, desafogo financeiro, dinheiro, riqueza, prosperidade, você possui força de vontade, ambições e persistência; queimar-se, contrariedades no trabalho, projetos mal estruturados, erros na apreciação de suas idéias, perda de dinheiro; apagar o fogo, fracasso em seus negócios e projetos, decepção, amargura, doenças; ser pego pelo fogo, grande perigo ronda sua casa e família; fogo em mata, perigo para sua saúde e segurança da família.

Foguetório

ouvir, você fala demais, e ninguém o leva a sério, concentre-se e cumpra o dito popular, "é melhor ouvir do que falar"; você provocar um, terá problemas com vizinhos e torcedores de time de futebol diferente do seu.

Folclore

símbolo do passado, canal das tradições; ver um, você deve buscar as origens de sua família e montar uma árvore genealógica; participar de um, busque mais cultura e conhecimento de história que lhe trará momentos de alegria e satisfação pessoal.

Folhas

transitoriedade, atos passageiros, perda de alegrias; queda de folhas, doenças e incômodos, perda de bens; comer folhas verdes, você pode ser vegetariano, mas não exagere, esse ato lhe transmite que terá enfermidades e encrencas na família; de árvores do seu jardim, visitas de amigos e uma festa muito alegre; folhas outonais, vida longa e velhice tranqüila; folhas verdes caindo, pouca saúde; você varrer e juntar folhas, vida curta e cheia de imprevistos; folhas de ipê, muita saúde e vida longa.

Fome

sentir fome, sorte e excesso de apetite; ver pessoas com fome, sorte em alguns negócios e alegrias passageiras; ajudar pessoas com fome, sua generosidade é reduzida e limitada.

Fonte

vida, alegria, felicidade, novas perspectivas para o seu futuro, idéias felizes, ações construtivas, renascimento para uma vida diferente, de acordo com os seus desejos, sucesso amoroso, evolução de suas atividades, prosperidade; se de águas límpidas e borbulhantes, sucesso em seus negócios, abundância e prosperidade, felicidade, alegria na família; de águas turvas, aborrecimentos, contrariedades, decepções, problemas econômicos; sem água, doenças, azar, desgraças; de água quente, aborrecimentos e abalos financeiros; lavar-se em uma, momentos de muita paz e amizade com a parentagem.

Formigueiro

multidão, organização firme; ver um, crescimento social e no emprego; queimar um, prejuízos financeiros e brigas na família; pôr os pés dentro de um, dificuldades com colegas de trabalho e calúnias na família; com formigas trabalhando, receberá uma promoção no emprego; matar formigas, lucros pequenos; encontrar um vazio, desgraças na família e problemas de saúde.

Forno

riqueza; acender um, amor por uma mulher; apagar, acabou-se um amor; cozinhar alimento no forno, terá amor por sua família; queimar os dedos no forno, perigo iminente na rua, sofrerá um acidente sério; deixar a comida queimar-se no forno, terminarão logo as aflições que tem tido com parentes.

Fortaleza

local para defender-se, segurança; ver uma, solução próxima para problemas importantes e delicados; sitiá-la, ou entrar nela, obterá o apoio indispensável para suas atividades; estar seguro no seu interior, você resistirá aos ataques dos seus inimigos, hospitalidade, discussões, lutas, raiva e intenções violentas, a boa argumentação o ajudará a obter conclusões positivas; vê-la destruída, ou em chamas, fracasso de seus empreendimentos, azar, perdas financeiras, desamparo moral.

Forum

templo da justiça; ir a um, busca de justiça, luta por direitos, sorte com advogados bons; ser levado a um, terá problemas com a polícia e com a guarda-de-trânsito.

Fósforo

aceso, sorte, fortuna, rumo certo; apagado, enfrentará um período muito difícil; queimar fósforos, enfrentará problemas com amigos invejosos, ao mesmo tempo que terá momentos de sorte e alegria; comprar fósforos, notícias promissoras e alegres.

Fotografia

ver a própria, vida longa e muito tranqüila; de pessoas amigas suas, provocarão fatos que inviabilizarão a si mesmas, na maioria dos casos, os assuntos ficarão pendentes, subsistindo, porém, desacordos, ressurgem velhas rixas, será vítima de reprovações agudas; de pessoas desconhecidas, novas relações, cuja freqüência poderá criar vínculos profundos e duradouros; de pessoas mortas, muito afeto e doce solicitude, é possível que esses fatos venham a se ligar a outros futuros; fotos coloridas, fatos favoráveis; dar fotos a alguém, haverá quebra de qualquer relação com a mesma; receber fotos, iniciar-se-ão relações preciosas para seus sentimentos, confirmando laços duradouros.

Fração

resolver uma, seus problemas, aos poucos, serão solucionados de modo total e com lucro; não conseguir solucionar uma, os seus adversários arrumarão vários argumentos para derrubá-lo.

Frade

caridoso, você pode ser vítima de espertalhões ou do conto-do-vigário ou do bilhete premiado; frade que queira fazer de você um santo, enfrentará problemas sérios na família, sobretudo com o cônjuge; manter longo diálogo com ele, terá reconciliação com seus adversários e paz no trabalho; passear com, sua vida espiritual melhorará na medida em que se esforçar para rezar e meditar a presença de Deus em seus caminhos.

Frango

muito comum em nossa vida (e Platão disse que o homem "é um bípede depenado", dando como referência um frango); assado, trabalhos bons, resultados satisfatórios; no galinheiro, vida alegre e muitas excursões; congelado, não aposte muito, pois o seu azar é grande; comer frango, indisposição, dores estomacais e enjôos; cortar um frango, alguém na família terá uma doença súbita; frango de um goleiro, azar e raiva dos torcedores, briga com vizinhos e rixas de rua.

Freira

ver uma, situação desagradável; falar com uma, terá surpresas agradáveis com amigos, boas notícias; ver uma em um convento, solidão, vida reclusa, medo de grupos de pessoas; conversar com uma num convento, busca de isolamento e momentos religiosos para deixar seu espírito em paz com a consciência.

Frio

sentir fisicamente, as dificuldades de sua vida vão perturbar-lhe a saúde, estado físico deficiente, cansaço moral, deve tomar muitas precauções; ver uma paisagem invernal, passará por condições muito duras na gestão dos seus negócios, sendo-lhe propostos apoios e auxílios, estará em uma casa confortável e bem acolhente; ver pessoas com frio, pobreza e miséria; ver pessoa morrendo de frio, você precisa de mais sensibilidade e amor ao próximo, pois é dando que se recebe.

Fritar

carne, infidelidade, traição; peixe, viagens, boa saúde; ovos, separação, problemas cardíacos, excesso de colesterol; bananas, problemas sexuais; lingüiça, problemas sérios no trabalho e na família.

Frutas

desejo de riqueza; comer, prazer físico; comer uma azeda, uma ligação, no início, agradável, será um peso depois; colher, sensações agradáveis; pisá-las, brigas com o cônjuge; jogar fora, você está muito raivoso, descontrolado; comprar, quer ganhar em tudo, quer levar vantagem em tudo; cortar em fatias, a sua vida é tranqüila, mas pode torná-la melhor se souber dividir suas satisfações com os outros.

Fubá

comprar, desejo de comer bem, busca de uma satisfação ancestral; fazer a polenta, cuidado com a dieta, não exagere nos temperos da carne; colocar no tacho, os amigos vão ajudá-lo em sua empreitada, não precisa ficar desesperado.

Fuga

muitas preocupações, pressões dos superiores, temores diante da vida, medo do futuro, falta de um pouco de fé e confiança em Deus; estar numa de retirantes, perdas financeiras, quebra de velhas amizades e miséria, com fome e calamidades; ver uma de prisioneiros, problemas com a justiça e encrencas com vizinhos.

Fumaça

nebulosidade, indecisões; ver subindo, branca, felicidades; você sendo sufocado, perda de prestígio e de dinheiro em um negócio mal feito; muita fumaça na sua casa, cuide-se, pois enfrentará problemas com parentes e terá rixas com vizinhos.

Fumar

má saúde, desgraças, vida curta; fumar, mau sinal para sua saúde; ver alguém fumando, terá menção honrosa e lhe crescerá o prestígio; ver muitas pessoas fumando, doenças na família e no círculo de amigos; ver-se fumando, momentos de distensão em um período de muitas agruras e problemas, pequenas alegrias, curtas, mas suficientes para aliviar seu espírito.

Funeral

ver o próprio , terá sorte com amor e em negócios, com muita saúde; ver o de um amigo, perda de parentes; estar carregando o de um conhecido, será traído no amor e em negócios; estar carregando o caixão com vários outros, você receberá uma distinção muito importante; caixão levado por oficiais, você será , finalmente, reconhecido; levado por uma carroça, se souber agir, será muito importante; com poucas pessoas, pobreza, dificuldades financeiras.

Furgão

ver um, notícias iminentes de amigos e recebimento de livros; dirigir um, o seu negócio vai melhorar; comprar um, você precisa concluir tantas coisas já planejadas há tanto tempo.

Furto

ser vítima de um, segurança não faz mal a ninguém, é muito fácil ser furtado, e isso pode lhe acontecer a toda hora e a todos os seus; ver um furto de objetos da casa, perda de bens; praticar um, você tem certeza de sua integridade, receberá um pagamento inesperado; do seu carro, cuidado com acidentes e com o seguro .

Furúnculo

ter um, algo de dentro de si quer sair, você precisa abrir-se para os amigos e pedir ajuda, não é possível carregar tanta carga; ver nos outros, receberá uma confidência espantosa e deverá saber geri-la.

Futuro

ver o próprio, falta-lhe definição no que quer e pretende fazer; o dos filhos, a sua preocupação com eles é demasiada, deixe que conheçam a vida e a enfrentem.

Fuxico

ouvir, terá problemas de relacionamento com amigos e parentes; ser vítima, terá dificuldades para superar oposições no trabalho; você fazer, é muito feio até em sonhos, será vítima de acusações muito graves e terá dificuldades em provar a sua inocência.

Fuzil

possuir um, terá de apaziguar disputas diferentes, as soluções devem de se ater a compromissos não respeitados; usar e acertar o alvo, obterá sucesso em uma situação complexa; não poder usá-lo ou errar o alvo, sairá ferido no manejo de armas, fracasso em seus negócios, contratempos, vários obstáculos lhe farão perder dinheiro; outro usando um fuzil, os adversários se anteciparão na tomada de decisões, temores e angústia; se a arma estiver dirigida a você e o acertar, terá muito azar e momentos doloridos.

Fuzuê

ver um, rixas na vizinhança e confusões familiares por ciúmes de filhos; fazer um, será convidado para ser candidato a um cargo importante na política; sofrer um, os filhos não corresponderão a suas expectativas e ficará decepcionado.

G

Gado

muito, terá fartura, abundância e riqueza; vender, fará uma viagem e receberá visitas; comprar, notícias de pessoas distantes e cartões de velhos conhecidos; criar, sucesso no trabalho e sorte com um novo empreendimento; observar o gado, precisa cuidar mais dos negócios; ser perseguido no pasto, poderá casar-se, como poderá ser abandonado pelo amor; matar, enfrentará processos judiciais e investigação policial por acusações de seus adversários; conduzir uma boiada, melhore o método de chefia.

Gafanhoto

vivo, perfídia, lutas com os parentes ou com velhas amizades, desses podem vir rancores teimosos; uma nuvem de, doenças na família; pousados, fim dos campos, pobreza e racionamento de comida; atacando sua propriedade, faça uma boa dieta e cuide-se com as más línguas.

Gafe

cometer uma, a sua etiqueta está falha, terá dificuldades para explicar aos amigos seus últimos atos; ver alguém cometendo, refaça os projetos de trabalho e convivência familiar.

Gago

sua vacilação em tomar decisões pode trazer-lhe dissabores fortes; ser um, a família aumentará, e os amigos vão rir-se de você por causa de tantas preocupações inúteis; ver alguém gago, casamento, noivado, namoro firme, relacionamentos íntimos muito coesos; você fazer tratamento para curar-se de gagueira, muitas mudanças em sua vida profissional e amorosa.

Gaiola

perigo de pegar uma cadeia; ser prisioneiro, alguém quer enganá-lo; fugir de uma, desejo de liberdade, vontade de progresso; com pássaros, a situação familiar está muito grave; comprar uma, contratempos com as autoridades e rixas na vizinhança; possuir uma com ave presa, você não tem pena do pobre pássaro?, terá uma ligação amorosa muito estreita; soltar um pássaro de sua gaiola, obterá uma ajuda importante no trabalho, e seus filhos apresentarão pequenas dificuldades escolares.

Galho

estar num, dificuldades próximas e problemas com colegas e amigos; cair de um galho, traição e desavenças sérias com a pessoa amada; um galho quebrado, morte na família e dificuldades financeiras.

Galinha

sinal de felicidade e harmonia afetiva, alegria familiar, sorte e êxito nos afazeres da vida; ver uma cacarejando, compreensão mútua, boas relações familiares e conjugais; pondo ovos, boas notícias, a parentagem aumentará; com pintinhos, virá um evento muito agradável; sendo possuída por um galo, felicidade conjugal; comer carne de, desafogo financeiro, segurança e tranqüilidade; matar uma, fatos quebrarão a harmonia familiar e muita tristeza afetiva.

Galo

litígios, encrencas, disputas; comer carne de, receberá notícias boas; prender um, litígios, brigas e discussões; matar um, o momento de sorte passou; galo que canta, lucros, bom rendimento no trabalho; que ponha ovos, os seus desejos não se realizarão nunca; ouvi-lo cantar, momentos muito ditosos, sucesso nos negócios, concretização de projetos, sorte e um nascimento muito festejado; ouvi-lo cantar de madrugada no poleiro, uma moça da vizinhança sairá de casa, e algum filho seu quer viver sozinho, longe de seu poder.

Galpão

ver um, sorte nos negócios e em rifas; construir um, a família aumentará, e você terá bons ganhos no trabalho; ver um queimando, perdas financeiras e problemas no trabalho; um derrubado por vendaval, terá surpresas desagradáveis no trabalho, e seus adversários darão uma cartada muito forte contra você.

Gambá

ver um, sorte nos negócios e em loterias; prender um, doenças na família e muito nervosismo; comer um assado, sorte no trabalho e na vida familiar.

Gandula

ver um, você anda muito preocupado com o desempenho do seu time, prepare-se que vai perder, falta de apoio dos colegas em seus projetos.

Gangorra

ver uma, você está muito indeciso, e isso lhe dificulta o sucesso esperado; estar numa, a família espera mais empenho seu, e você fica esperando que os fatos falem mais alto, isso lhe será prejudicial.

Gangue

ver uma, perigo para a sua família; contatar com uma, assaltos e furtos em sua residência; ser atacado por uma, doenças na família e morte de ente querido.

Ganso

anúncio de sorte e dinheiro; matar um, acabará a ligação de amizade com um tipo babaca; ver um, bom período de trabalho; ver muitos, está cercado de pessoas muito superficiais; ganso que berra, muitas bobagens e encrencas inúteis; comer, poderá levar vantagem com a ingenuidade de alguém.

Garapa

muita saúde, vitalidade, vida longa; beber, saúde, amizade na parentagem; ver escorrer, notícias muito alegres e encontro com os melhores amigos; fazer, será convidado para uma grande festa e para padrinho de um casamento inesperado.

Garça

tranqüilidade, sorte e amizade; ver uma voando, conquistará várias amizades muito importantes; ver um bando, sua família está ótima e só terá alegrias e muita satisfação.

Garçonete

ver uma, você precisa comer mais em casa, fará economia, e seu estômago sofrerá menos; conversar com uma, terá um encontro amoroso muito forte que lhe trará dissabores e perda de dinheiro.

Garfo

os invejosos tentarão desafiar seus sentimentos e colocá-lo em posição de conflito; comer com um, sucesso em negócios e bom andamento de um velho projeto; quebrar, derrotará os inimigos; espetar-se com um, será acusado de algo que não fez, terá muitos aborrecimentos; comprar, dívidas e problemas com credores muito exigentes.

Gari

ver um, está na hora de rever suas amizades, para não ser apenas um suporte para as espertezas dos amigos; conversar com, terá muita sorte em novos empreendimentos, e seus filhos saberão ver a realidade da vida; cumprimentar um, será promovido e manterá contatos com pessoas importantes.

Garimpo

ver um, momentos difíceis e muita penúria, mas dias melhores virão, e superará tudo isso; estar num, dificuldades em superar a primeira etapa do negócio; de diamantes, as notícias nem sempre são verdadeiras; de ouro, a riqueza aparente não ajuda, não se deixe iludir por meras aparências.

Garrafa

prazer, alegrias, momentos de felicidade; quebrada, tristeza; cheia, sorte, riqueza e bem-estar; vazia, perdas em jogos e rifas; de vinho, uma situação alegre no início e depois lhe trará muito desprazer; de óleo, incertezas interiores; de vinagre, alegria; de licor, fará uma viagem longa a países exóticos; abrir uma, tomará uma decisão muito importante; beber da garrafa; você é realista e muito prático nos negócios; de cachaça, problemas com a família, sobretudo com a pessoa amada.

Garupa

estar na de alguém, ansiedade por uma relação amorosa firme; levar alguém, você precisa decidir o rumo de sua afeição, não se pode amar a duas pessoas ao mesmo tempo.

Gastrite

dores, azares; ter uma, terá de aceitar a promoção de um desafeto seu no trabalho, o namoro de um filho com alguém que não parece bom; ir ao médico por causa da mesma, muita saúde e tranqüilidade nos negócios; um amigo com gastrite, enfrentará atritos com colegas e parentes.

Gato

animal que representa a perfídia, a traição, a astúcia e deslealdade com os seus, dores afetivas, decepção conjugal; acariciar um gato, disputas, uma pessoa de seu círculo lhe prepara uma armadilha; lutar com um, será vítima de abuso de confiança, perda de dinheiro; ser arranhado, ou mordido, notícias tristes, pois você tem um adversário perigoso e tinhoso, infidelidade conjugal; vê-lo furioso, brigas violentas, crises afetivas, os adversários conseguirão dar-lhe uma grande rasteira; expulsá-lo de casa, enganos femininos, traições, perdas de dinheiro ou de bens por furto e abuso de confiança; vê-lo sobre um móvel, fuxicos, fofocas, intrigas; ouvi-lo miar, receberá notícias más, perfídias perigosas contra você; pegá-lo e matá-lo, conseguirá impor-se aos adversários; ver uma gata com os filhotes, perda de uma pessoa querida.

Gato-do-mato

ver um, notícias de muito longe a respeito de uma velha história, ressurgimento de uma antiga paixão; assustar um, azares em pequenos negócios.

Gaúcho(a)

ver, novidades na sua ascendência, um baile muito animado com muita música regional; conversar com, novas amizades e muito duradouras; homem que sonha com gaúcha, casamento próximo e uma sogra diferente, no começo.

Gay

ver um, ambigüidade em suas decisões, indefinição que lhe poderá custar caro; ser um, enfrentará restrições familiares e será discriminado por amigos; ser amigo de, na escola um professor lhe dará notas injustas e muito baixas.

Geada

sorte, êxito, mudança de vida; ver uma, muita tranqüilidade em sua vida profissional e afetiva; sofrer uma, muitas dificuldades em terminar um projeto arrojado; sentir o frio de uma, prepare-se mais para enfrentar os desafios da vida e do trabalho.

Geladeira

continuidade, prazer da gula; ver uma, espera inútil, desafetos de amigos, perda de bens; comprar uma, começará um novo projeto e vencerá todas as dificuldades do momento; mandar consertar, mudanças afetivas muito profundas em sua vida e na da família; levar uma para o ferro-velho, prepare-se para a velhice, acabará abandonado em um asilo de terceira categoria.

Gelatina

aparência irreal e enganosa, indecisões e enigmas, ambigüidades.

Gengibre

desacordos, prantos e lágrimas, inimizades com pessoas do seu círculo; doenças estomacais e abandonos de parentes e até de alguns familiares.

Genitais

vê-los grandes e de bom desempenho, muita saúde na família e bem-estar, mas lembre-se de que tamanho não é documento; com problemas, terá de enfrentar dificuldades e doenças na família; à mostra para todos, fofocas e intrigas revelarão detalhes íntimos seus e relacionamentos impróprios; pequenos, tamanho não é documento, mas nem todos o acham um grande profissional, nem o amigo especial que você se julga ser.

Genro

vê-lo, tranqüilidade na família e felicidade; conversar com, neto despontando, apesar de as aparências nada transmitirem; cumprimentar um, felicidades e muitas festas, mesmo que sejam torcedores por times adversários; ser genro de um desconhecido, haverá quebra nos seus afetos e sofrerá muito; ser genro de uma sogra doente, muita saúde e sorte em todos os negócios.

Gentalha

muitos elementos juntos, confusão em sua vida amorosa e dificuldades de relacionamento no emprego; gritando, terá problemas na educação dos filhos e gerenciamento de recursos humanos; em rixa, muita tranqüilidade entre a parentagem e família.

Gerânio

apoio afetivo, compreensão, harmonia conjugal, ternura e amor; pendurados na sacada, convite para um casamento e muita alegria.

Gesso

união, beleza, arte, um casamento muito feliz; moldar gesso, os filhos revelarão dotes artísticos e se dedicarão a trabalhos artesanais.

Gibis

desatenção, leviandade, irresponsabilidade; ler, mude seus roteiros de cultura e busca de informações; comprar, terá prejuízos em alguns projetos e empreendimentos.

Gilete

dor, feridas; usar, você é muito vaidoso, mas deve cuidar mais de sua saúde; comprar, os adversários são perigosos e podem machucá-lo profundamente; quebrar um, perderá um amigo muito fiel, desavenças afetivas e problemas com a polícia.

Ginásio

cultura, bem-estar físico, disposição, futuro promissor; entrar num, deve cuidar mais dos exercícios físicos e desenvolver suas forças; concluir o ensino fundamental, o caminho até o fim da faculdade é bem longo, mas não demais, estude e adquira sempre mais conhecimentos para si.

Gincana

ver uma, deverá enfrentar uma grande oposição de vários setores no tocante à sua promoção; participar de uma, você é um bom líder, mas deve exercitar-se mais para atingir o ápice; organizar uma, muitos lhe ouvem os conselhos, mas você fica indeciso, enquanto isso, perde tempo e dinheiro.

Girafa

altura, mansidão; ver uma, melhoria no trabalho e na situação financeira; fotografar uma, você deve olhar melhor as propostas que lhe foram feitas para mudança de emprego.

Girassol

ver uma plantação, seus conhecidos querem aparecer a qualquer custo; terá promessas que serão, todavia, apenas ilusórias, muito brilho e pouca realidade.

Globo

Terra, reflexões, idéias, projetos importantes, decisões bem estudadas em direção ao futuro, grandes mudanças; de cristal, notícias e encontros surpreendentes e imprevistos.

Gnomos

mundo fantástico, fantasias, mistérios; ver, terá notícias extraordinárias de um amigo seu; receber a visita de um, mudará muito sua vida com novos parentes e amigos; conversar com , alguns amigos lhe fazem mistério, mas receberá uma proposta de trabalho fora do comum.

Gol

vitória, êxito, sucesso, ganhos; ver um na trave do adversário, muita felicidade e alegrias, festas e ganhos de dinheiro; ver um na trave amiga, infelicidade, desgraças e desfavores.

Gôndola

romantismo, paisagens longínquas, novidades; ver uma em Veneza, notícias felizes de pessoas distantes; andar numa, casamento próximo e muitas felicidades enquanto durar a travessia; ver amigos andando numa, amigos viajarão e lhe mandarão cartões.

Gordo

volume, força, segurança, doença; ver um, grandes amizades e muita alegria; ser um, dias tranqüilos e de boa convivência; estar ficando gordo, medo, insegurança, verificar se a dieta que está fazendo é a correta; conversar com um, boas amizades e um futuro promissor.

Gorjear

alegria, felicidades, prazer; ouvir um pássaro gorjear, notícias muito agradáveis e muita felicidade; tratar os pássaros para ouvi-los, sua amizade aumentará e terá muitas atenções de pessoas importantes; ouvir durante a noite, surpresas diversas em sua vida.

Goteira

ouvir, enquanto dorme, há muitos perigos ao seu redor, certas pessoas tramam contra você, e você dorme como Jesus na barca, acorde logo; ver uma goteira no telhado de sua casa, sua segurança está muito precária, está sujeito a assaltos e furtos.

Grade

ver uma, a sua liberdade de agir está restrita, no trabalho será podado em diversos atos; ter a casa cercada, os amigos o adoram, mas você é uma pessoa muito fechada; quebrada, está na hora de proclamar a sua liberdade e começar um negócio próprio; grades nas portas e janelas, medo, insegurança, tristezas e perigo para você e sua família.

Grama

dificuldades de toda ordem, vítimas de certos atos de pessoas safadas, muita tristeza; cortar a grama, sua saúde está fraca e a da família pior; comer grama, pobreza, miséria; grama verde e viçosa, saúde, força, vida longa e muitas alegrias; secando aos poucos, sua saúde está ruim; plantar grama, sinal de vida, nascimentos, novos projetos e trabalhos maravilhosos.

Gramática

é sonho para estudante e professor, mas, quem sabe, caia para algum outro mortal; contudo reflete sempre muito estudo e afinco, pois nenhuma gramática é fácil; ver uma, veja como está a correção de sua linguagem, um pouco de estudo nunca fez mal; pegar uma para estudar, você carece de um aperfeiçoamento em várias direções e deverá empenhar-se, pois quem pára retrocede.

Granada

arma, explosivo, bomba, destruição, morte; manipulação do objeto, sinal de decisões irrefletidas, causadoras de conseqüências desastrosas, prejuízos financeiros, acidentes sérios e turbações de toda ordem.

Grande

importância, relevância social, destaque no grupo, política, liderança; ser um tipo alto, importância política; crescer muito, obterá muitas honras e prestígio; ser muito alto, prestígio, honras e, por vezes, dinheiro; ser vítima da sanha de um grande, cuidado com seus amigos, se persistir atingirá alguns objetivos, mas seja modesto;

estar sob a proteção de um grande, cuidado com a inveja dos demais que é perigosa e você acabará mal, pois os poderosos muito facilmente mudam de protegidos.

Granizo

destruição, azar, perigos; ver cair, se o seu vinhal estiver carregado, vai ser um desastre, mas, de qualquer maneira, você terá muita tristeza e preocupações; ouvi-lo bater no telhado, perigo de acidentes na família e pequenos problemas emocionais; sofrer as conseqüências de um, desavenças familiares, perda de dinheiro, questionamento sobre sua situação financeira, dúvidas e suspeitas.

Granja

possuir uma, perda de bens, dinheiro; estar em uma muito bela, desafogo financeiro, acréscimo aos seus bens, riqueza, sucesso profissional, êxito.

Grão

prosperidade; semear, o seu trabalho está direcionado para o seu sucesso; plantá-lo nos buracos, colherá os frutos do seu trabalho; campo de grão, a sua felicidade é duradoura e muito intensa; ver um monte de grãos, abundância, mas não abuse da sorte para não ser envolvido em um grande processo.

Gravador

memória, retenção, perigo para os faladores; possuir um, outros saberão de novidades que você nunca revelou a ninguém, exceto ao amigo de extrema confiança; ouvir um, não deve contar os fatos escabrosos do seu amigo; dar um de presente, saberá de fofocas e calúnias a seu respeito.

Gravata

um acessório arcaico ao pescoço do homem masculino, que muitas senhoras gostam de imitar, é sempre algo embaraçante; tirá-la, com bastante tempo se habituará ao ambiente; não encontrá-la, você teme não estar à altura da situação que enfrenta na vida real.

Graveto

lenha seca, fogo, chamas e calor; acender o fogo com gravetos, você tem muitas forças para superar as dificuldades, mas deve ser rápido, pois as suas forças estão pequenas; procurar no mato, quem procura acha, sempre há uma saída para qualquer problema.

Gravidez

momento feliz, alegria, vida nova; ver uma mulher grávida, inveja para com uma mulher casada; cumprimentar uma grávida, seu amor por uma mulher casada não é correspondido; se sonhar que sua esposa está grávida, é fato, terá um filho muito forte e inteligente; vendo uma senhora desconhecida grávida, examine as parentes, pois logo terá mais um parente, e muito formoso.

Graxa

viscosidade, sujeira; estar com graxa nas mãos, dificuldade em executar um projeto; alguém cheio de graxa, você deve ser mais positivo em sua luta contra a poluição; ver um local cheio de graxa, não precisa ser exigente quanto à limpeza dos ambientes, todo exagero é prejudicial.

Grego

presente de grego, cultura, filosofia, matemática; ver um grego, você precisa estudar mais e buscar cursos para aperfeiçoar-se; estar no meio dos gregos, dificuldade de entender as coisas, falta de clareza em seus projetos.

Greve

ver pessoas em greve, parada nos seus negócios, problemas com certos negócios seus, obstrução para o desenvolvimento de suas atividades, rancores, ciúmes, atitudes de contrariedades; fazer uma, terá aborrecimentos, perda de dinheiro, desentendimentos familiares e problemas com bancos.

Grinalda

o ar festivo não o deixa esquecer os obstáculos que ainda persistem com todas as conseqüências que se podem supor; ver uma, para mulher solteira: quebra da relação amorosa, será trocada por outra; para mulher casada: infidelidade, traição; mandar uma, será abandonada por uma grande amizade.

Groselha

fidelidade amorosa, harmonia conjugal, amizade franca e devota; alegria do coração, plenitude dos sentimentos; verdes ou azedas, contrariedades, desilusões, decepções; bem vermelhas, seu amor vai de vento em popa, mas, cuidado, muita alegria dura pouco.

Grua

apoio importante para a definição de seus projetos; ver uma, se souber agir, será promovido em seu trabalho; manejar uma, logo você será o chefe do trabalho, mas vá com calma, pois há os que o detestam.

Grota

perigo, dificuldades; ver uma, há um problema sério em sua vida passada, que pode voltar a qualquer momento; cair em uma, sofrerá um acidente sério, por ser teimoso; ver pessoas caídas em uma, sua vida sofrerá uma reviravolta, e ganhará muito dinheiro.

Gruta

você tem necessidade de ser entendido; viver numa, você quer uma situação tranqüila; entrar numa, evite as dificuldades, apesar de sua teimosia; refugiar-se numa, você não aceita as dificuldades; estreita, terá problemas financeiros; fotografar uma, você tem saudade da vida antiga, mas prefere as comodidades modernas e a “dolce vita”.

Guaraná

comprar pó de guaraná, você está preocupado com sua saúde, com seu desempenho sexual, mas nada a temer; beber, busca de algo mais puro e saudável, sua dieta está esquecida há muito tempo.

Guarda-chuva

você tem necessidade de ser protegido; abri-lo, está em dificuldades de toda ordem, fechá-lo, tranqüilidade, segurança; quebrado, deve resolver os seus problemas sozinho; para o sol, você é desconfiado.

Guarda-de-trânsito

confusão, azar, multas; ver um, cuidado com sua maneira de dirigir; ser abordado por um, problemas no seu emprego e intimações do fisco; discutir com um, você detesta essas autoridades, mas nem por isso pode enfrentá-las, terá dificuldade com seu superior; chamar um guarda em seu auxílio, receberá notícias alarmantes, ataques de seus adversários, necessita de proteger sua situação e seus interesses.

Guarda-pó

usar um, mania de limpeza, ordem e organização à sua maneira, respeite o modo de ser dos outros, realmente você é um perfeccionista exagerado; comprar um, mudará muito e terá nova função no seu trabalho e, em casa, será visto com muito mais carinho.

Guarda-roupa

embutido, tudo em sua vida está determinado, e as mudanças demoram muito; vazio, enfrentará aborrecimentos no trabalho e dificuldades na família; cheio, estufado, bons negócios, muitas alegrias; portas abertas, infidelidade sua, ou do cônjuge.

Guarita

proteção, segurança; de entrada de fábrica, você está sendo vigiado, examinado, cuidado com o que faz; de escola, pode sofrer assaltos, até seqüestros, pressões e intrigas; de cobrança de pedágio, sofrerá assaltos, perderá dinheiro e terá dificuldades financeiras.

Gueixa

ver uma, desejos sexuais reprimidos, ânsia por aventuras amorosas exóticas; contatar com uma, você está com muitas fantasias, e isso tende a ser uma lavagem cerebral.

Guerra

período de conflitos familiares, profissionais, discórdias, lutas violentas, clima passional, atos nocivos e prejudiciais para seus interesses, separações, rupturas, dores, aborrecimentos, doenças, desgraças, perseguições no emprego e na vida social.

Guerrilha

ver, perigo entre seus amigos, no emprego, alguém quer a sua cabeça; estar numa, você é pouco fantasioso, mas prepare-se, pois alguns parentes consideram você um tipo insuportável .

Guindaste

ver um, será promovido, terá uma grande alegria em sua família com o progresso dos filhos; ser elevado por um, poderá sofrer pequenos acidentes domésticos; ver o carro levado por um, será testemunha de um acidente grave.

Guitarra

encanto e sedução, prazeres amorosos, alegrias familiares, reuniões de amigos, lembranças felizes; com as cordas quebradas, rupturas afetivas, perda de uma amizade, desilusão, decepções.

Gula

uma vida feliz, mas não esqueça que o peixe morre pela boca, portanto a dieta não lhe fará mal, mesmo que, às vezes, deixe de encher o prato.

Guru

sabedoria, orientação, feliz vida; ver um, procure alguém para aconselhar-se antes de empreender algumas reformas em seus projetos; ser um, você precisa estudar e aperfeiçoar-se.

H

Habitação

ver uma, aconchego, amizade, segurança, carinho dos seus; ver a própria, você viverá em paz com todos, a família lhe dará muitas atenções e, com vagar, chegará a concluir alguns projetos já iniciados há tempo.

Hálito

sentir o de alguém, amizade, relação amorosa profunda; mau, você deve escovar melhor os dentes, romperá uma velha amizade por causa de uma ninharia, é melhor pensar duas vezes; perceber o seu, você é muito egoísta, egocêntrico e narcisista, pode não ser tudo isso, mas está na hora de mudar um pouco.

Hall

estar na entrada de um palácio, você é ambicioso e, um dia, alcançará os objetivos; a sua casa tem um amplo, sua família crescerá muito, mas a riqueza será sempre pequena.

Hambúrguer

ver, você está sempre faminto e com muito apetite; comer um, precisa de uma dieta e de uma seleção do que come, senão as suas formas serão muito avolumadas.

Hamster

sua preferência é pela solidão, a discrição, a intimidade do lar, do aconchego familiar, você, na verdade, é muito ciumento dos seus afetos.

Hangar

desejos, vontades, ânsias; estar em um, uma viagem muito deliciosa.

Harém

ver-se num, desafogo financeiro, sucesso social, alegria de viver, circunstâncias favoráveis, corre o risco de sofrer abusos que lhe comprometerão a situação atual e a financeira; viver num, apesar de muita ânsia, enfim, conseguirá o amor da pessoa amada e será feliz.

Harmônica (gaita)

alegria, dança, felicidade rápida; tocar uma, alegria passageira, momentos de descontração; comprar uma, mudança em sua vida social e amorosa; aprender a tocar, seu curso de aperfeiçoamento lhe será muito útil na promoção que receberá.

Havaí

ver, desejo irrefreado de lazer, precisa de um repouso; ver-se lá nas praias, pare um pouco, descanse, e saiba usufruir os bons momentos da vida, a sorte lhe será muito favorável.

Helicóptero

a modificação dos acontecimentos o favorecerá em sua situação; militar, os litígios que lhe vão contra modificar-se-ão favoravelmente a seus interesses; civil, evolução positiva de seus negócios, se de cor clara, logo se definirão, senão, espere um pouco.

Hemisfério

amplidão, espaço imenso; ver, seus projetos alcançarão os objetivos, e terá muita sorte nos negócios; voar pelo hemisfério, prepare-se para grandes momentos em seu emprego e em tudo o que empreender.

Herança

recebida, contrariedades, lutas, inimizades, preocupações com dinheiro, dívidas financeiras, separações, processos judiciais; recusá-la, mudará em seu favor uma situação delicada e penosa.

Hérnia

estar com, solucionará uma velha pendenga com a família e se reconciliará com a sogra; ser operado, atritos com colegas no trabalho e com o superior.

Hiena

ver em filmes, medo, insegurança, os amigos, vão preparar-lhe algumas surpresas, os desafetos lhe serão um grande empecilho para seus projetos e empreendimentos.

Hino

nacional, receberá notícias boas; religioso, dor e lágrimas por um parente próximo; cantar, visita de uma pessoa conhecida; ouvir, viagem a um país europeu; cantar um hino para uma autoridade, receberá proposta de cargo público com muito prestígio.

Hipertensão

ter, faça uma boa dieta e vá a um médico o mais cedo possível; saber de que um amigo padece desse mal, uma doença na família deixará a todos preocupados.

Hipnose

ser submetido a uma, serão revelados segredos de sua família, e terá problemas com parentes; ver alguém da família sendo submetido a ela, saberá de segredos espantosos da família e de amigos, o que modificará bastante o seu modo de viver.

Hipódromo

incertezas sobre recursos financeiros, a parada de suas atividades poderá trazer-lhe contrariedades, caso não saiba discernir as oportunidades certas; ir a um e apostar, azar nos negócios e filhos mal na escola, com notas baixas.

Hipopótamo

força, robustez, sua calma é aparente, pois poderá explodir como um vulcão furioso, isso poderá prejudicar sua carreira, mais ainda que o relacionamento com os superiores.

Hipoteca

deverá analisar bem os negócios nos quais se meterá, pois deve ter plena certeza de poder pagar a todos; perda de dinheiro, disputas, controvérsias com poucas soluções.

História

ouvir uma, momentos agradáveis, notícias de parentes, felicidade, vida familiar muito aconchegante; contar uma, é bom ler e estudar um pouco a História da Humanidade.

Homem

vê-lo, não se preocupe com nada se ele for bom; se mau, a desconfiança estará presente em você, em seu modo de ser; afetuoso, você necessita de ajuda e proteção; desconhecido, para uma mulher, prováveis aventuras sentimentais; vestido de branco, você terá as suas riquezas (as que tiver) aumentadas; vestido de preto, perdas econômicas; de terno e gravata, será convidado para uma solenidade política; de bermudas, receberá convite para passar um fim de semana com amigos e parentes.

Homossexual

ser, você carrega muitas repressões dentro de si; ver um, você precisa ter julgamentos mais honestos e justos; conversar com um, sua amizade com alguns parentes é muito falsa; dar apoio a um, no seu círculo de amigos há quem queira puxar-lhe o tapete.

Horas

veja se lembra a que horas teve o sonho; está provado que há uma relação muito estreita entre a hora do sonho e o significado para a sua vida, terá sucesso nos anseios de sua vida; perder a hora, as horas perdidas não se recuperam, pois o tempo não volta.

Horário

chegar atrasado, perderá uma boa oportunidade de trabalho por desleixo; chegar sempre no horário, os amigos o acham muito exigente e, por vezes, teimoso em demasia; ver dois horários para uma partida, sua indecisão pode custar-lhe muitas perdas, inclusive de dinheiro.

Horóscopo

consultar, os prognósticos que você estabelece, mediante vários meios, vão ser-lhe muito úteis, terá oportunidade de confirmar um dos mesmos em breve e apreciar-lhe o conteúdo; alguém ler para você, terá notícias desagradáveis sobre uma pessoa muito conhecida e amada.

Horta

más notícias, alguém lhe prepara safadezas; terá de enfrentar longo período de dores e doenças; terá de suportar grandes sacrifícios e notícias ruins.

Hortelã

amenidades, bons odores e gosto suave; ver, notícias agradáveis de amigos; plantar, começo de um período de horas agradáveis e muito prazer; colher, seu apetite retornará, aos poucos, e sua saúde melhorará.

Hortênsia

ver com flores azuis, muita paz e esperança em sua vida; cor rosa, haverá um casamento em sua família e um nascimento, junto de muita alegria e felicidade; plantar, iniciará um trabalho bastante produtivo para si e para a sua família.

Hóspede(s)

ter, amizade sincera; expulsá-los de casa, alguns amigos o trairão; ser hóspede, alguma coisa na sua vida mudará; ser hóspede indesejável, tem medo de ser excluído do círculo de amigos.

Hospício

ver um, ou estar num, abandono afetivo, ruptura, dor, desamparo, miséria; ver um amigo lá, alguém de seu círculo precisa de ajuda, e você não pode esquecê-lo.

Hospital

você tem demasiada preocupação com sua família; ver um amigo, você se preocupa demais consigo mesmo e somente consigo; visitar, você está temeroso com a saúde de sua família; estar num, preocupações inúteis.

Hóstia

calma de espírito, felicidade; receber, momentos de oração e dedicação ao próximo com muito amor; levar alguém para recebê-la, você deve lembrar-se de que muitos não têm o pão de cada dia; acompanhar quem leva a um parente moribundo, há muita saúde em sua família.

Hotel

repouso, tranqüilidade, prazer, lazer, paz; ver um, dificuldades, tormentos, preocupações; confortável, período feliz e gostoso; noturno, o seu entusiasmo cairá muito; reservar um, deverá tomar decisões que influirão em sua vida; sair de um, enfrentará momentos muito duros com doenças e contratempos em sua família.

Humorista

descontração, sossego; ouvir um, nem todas as notícias são tristes, haverá boas novidades na família; conversar com um, você precisa de algo mais leve, de quando em vez, para repousar a mente.

I

Ianque

ver, o mercado pode dar-lhe surpresas, a bolsa pode cair, e os seus dólares podem não valer quanto você desejaria.

Iara

ver uma, a sua fantasia é muito grande, mas isso o avisa de que terá muita sorte em suas atividades e mais ainda se comprar um sítio para repousar.

Iate

ver um, sorte no trabalho e em todos os negócios; andar em um, muita sorte na vida amorosa; desembarcar de um, perderá dinheiro em um negócio mal feito.

Icebergue

problemas no trabalho e nas finanças, encrencas com as autoridades legais; processos, prejuízos nos seus bens e no dinheiro; ver um, contrariedades e aborrecimentos; estar num, perigos e morte na família.

Idade

maturidade, crescimento; ver a sua, não se assuste, viverá muitos anos; ver a de uma pessoa da família, pode até jogar na loteria, mas, dificilmente, será o número da sorte; ver a de seu avô, você chegará lá.

Identidade

ver a própria, você anda muito preocupado com o que fazer em relação a decisões mais drásticas no emprego, mas só há uma saída; ver a de um amigo, perigo de assalto na família e perda de bens.

Ídolo

ser, satisfará alguns desejos fortes, mas logo sofrerá um revés lamentável; ver um, aborrecimentos, incômodos, dissabores; falar com, terá dificuldades financeiras e de convivência com parentes; escrever uma carta a, terá notícias de uma pessoa que lhe povoa a mente infantil e adolescente.

Iglu

ver um, muita solidão em sua vida, embora você saiba viver sozinho; estar em um, pobreza e necessidades materiais e espirituais; construir um, você precisa pedir ajuda aos amigos e parentes.

Igreja

construir uma, alegria, satisfação, honra pessoal; estar em uma, paz, tranqüilidade de alma; consagrada, o seu matrimônio é feliz; não consagrada, tem muitas dúvidas, atrozes dúvidas; ir a uma, seja generoso e abra a mão aos necessitados, terá alegria e felicidade, além de um futuro muito promissor; vazia, na família sofre de solidão e abandono; rezar em uma igreja, alegria e consolação; vê-la iluminada, felicidade próxima, alegria no coração; em chamas, situações funestas, perigos e muitos incômodos; ser expulso de uma, sofrerá vinganças e humilhações, terá momentos muito tristes.

Iguarias

sua gula é forte, precisa de uma dieta e de um pouco de domínio sobre os impulsos; comer muito, problemas estomacais e dores de cabeça.

Ilha

refugiar-se ali, necessidade de solidão e paz, consolo e introspeção, meditação proveitosa e necessária; momentos de grande felicidade e intenso gozo; ir a uma deserta, amigos e a pessoa amada poderão deixá-lo, e sofrerá muito a ausência deles, mas nem as lágrimas o consolarão; estar preso numa, não adianta berrar, procure um bom amigo e reconstrua a sua vida, passo a passo.

Ímã

você não julga com exatidão as influências de algumas pessoas , das quais devia precaver-se com mais insistência; não se deixe levar por conselhos velhacos.

Imagem

religiosa, bom sinal; de uma pessoa, a lembrança de uma pessoa por quem você sofreu ainda está viva no seu âmago; dos pais, você ainda não é independente; do companheiro, ficará separado por muito tempo; de um herói, em você as lembranças do passado são muito fracas, e os amigos não o valorizam como deveriam.

Imbecil

ver um, nem todos os amigos o apreciam; conversar com um, é bom você estudar mais e superar os obstáculos que se opõem à sua promoção; passar por imbecil, as aparências enganam a todos, mas um dia a realidade surge.

Imensidão

ver uma, seus desejos são bem maiores que as possibilidades de progredir, terá muita paz e momentos de grande felicidade com a família.

Imperador

poder, majestade, grandiosidade; ver um, terá acesso a um cargo muito importante; falar com um, não conseguirá convencer os amigos de um negócio que lhe seria muito útil.

Implante

de rim, sua saúde está muito boa; de um outro membro do corpo, você deve ter mais cuidado com o que faz, pois os perigos são grandes, tanto no mar, quanto na terra.

Implosão

de um prédio baixo, perdas pequenas em dinheiro, dificuldades afetivas; de um arranha-céu, grandes perdas financeiras e aborrecimentos familiares, filhos indo mal na escola e cônjuge doente.

Imposto(s)

ter de pagar, incômodos, transtornos no trabalho; estar a pagar, encrencas e brigas; receber de volta, azar no jogo, pouco dinheiro para as necessidades mensais; ser intimado a pagar, dificuldades com sócios e com amigos em um negócio urgente.

Impostor

ver um, há um falso amigo em sua roda, poderá ser muito prejudicado; ter contato com um, terá surpresas com um aval e terá de pagar uma soma alta.

Impotência

estar com, felicidade no amor e família numerosa, abundância; ver um parente com, surgirão novos amores e até fugas por amor; alguém lhe dizer que sofre de, será convidado para um casamento muito feliz.

Imunidade

ver alguém com, será cometida uma grande injustiça contra você, ou alguém de sua família; saber que um político abusou por tê-la, um parente seu vai exagerar em suas atitudes e prejudicará a diversas pessoas, obrigando-as a se defenderem em processos judiciais.

Incêndio

ver um, será afetado por acontecimentos imprevisíveis e desastrosos com prejuízos para os bens e saúde da família; todo incêndio é sempre destruidor e arruinador de bens de muitas pessoas, surgirão conflitos entre os parentes, por bens comuns, havendo perdas de dinheiro; ver pessoas se queimando, conflitos e encrencas entre a parentagem e amigos seus.

Incesto

ver um, perigo para sua família com doenças e agressões de vizinhos e estranhos;

você ser o autor, possivelmente ainda não se libertou do complexo de Édipo, vai ter problemas com a polícia, rixas com vizinhos e acusações infundadas contra você.

Indenização

terá lucros em um negócio inesperado, haverá dinheiro de sobra para fazer algumas obras sempre adiadas.

Indigência

ver, receberá ajuda de amigos para efetivar os projetos; ver um conhecido na, terá lucros bons em negócios comuns com amigos; ver pessoa desconhecida na, seja generoso e ajude a tantos desempregados.

Indigestão

alimentícia, vive com certo exagero no comer, e isso lhe traz problemas de digestão, deverá impor-se um regime mais severo; ver alguém morrendo de, terá um desafogo econômico e desenvolverá todos os projetos traçados.

Índio

ver um, terá muita sorte com um projeto novo; conversar com um, mudança de residência e maior desenvolvimento dos filhos na aula; ler sobre índios, seus conhecimentos de História do Brasil não correspondem à realidade histórica.

Indústria

dirigir uma como chefe, terá um período de muitos lucros e prosperidade em suas atividades; uma empresa abandonada, com locais e materiais deteriorados, perda de um negócio e azar nos projetos.

Infâmia

ser vítima de uma, promoção no emprego e recebimento de um bom salário; ouvir uma de alguém, a parentagem quer unir mais a família e obter uma convivência melhor para todos.

Infância

ver, boas idéias e muita amizade na família e no emprego; brincar com, a paz vai reinar na família e haverá um longo período de tranqüilidade.

Infanticídio

cometer, a família aumentará; ver alguém cometendo, aborrecimentos, incômodos com parentes e pouco dinheiro.

Infecção

ter uma, muita saúde para você e para a sua família; ir ao médico por causa de uma, será socorrido por um amigo numa necessidade financeira; ser operado, mudanças no seu trabalho, será promovido.

Inferno

ver o próprio, mudança desfavorável na sua situação, dificuldades graves e importantes em um futuro próximo, doenças e brigas; entrar nele, seus inimigos o hostilizam, dores, temores, angústias, tristezas, solidão, doenças, desamparo; sair do inferno, fugir, você vencerá a adversidade, superará as dificuldades, suas preocupações desaparecerão, desde que tenha melhores condições de trabalho.

Inflação

sofrer em longo período, você deve cuidar-se para prever resultados que se tornarão ruins, embora pareçam ser bons.

Inflamação

sofrer uma, terá contrariedades na vida afetiva, ou profissional, será necessário buscar a solução adequada, terá também problemas de saúde.

Informática

ver, você precisa atualizar-se para exercer melhor a sua função; estudar, o seu emprego depende muito da habilidade desenvolvida por você; tornar-se instrutor de, de fato, precisa de muito aperfeiçoamento para melhorar seu desempenho.

Infração

cometer uma, seu curso de legislação vai ser-lhe muito útil no trabalho, mas tome cuidado porque muitas pessoas poderão usar da lei para vingar-se de você; ser multado por uma, cuidado com o estado do seu carro e com a saúde de sua família.

Injeção

tomar uma, terá muita ajuda e auxílios de amigos; aplicar uma em, um amigo lhe pedirá um favor simples que você não pode negar; ver alguém recebendo uma, um parente vai ajudá-lo em suas dificuldades financeiras.

Injustiça

cometê-la, você age sem olhar as conseqüências, surgirão alguns problemas nas suas relações, as quais terminaram mal devido ao seu modo de agir; sofrê-la, azar, aquilo que você achava que seria a seu favor, agora favorece aos adversários.

Inseminação

ver uma, fertilidade, nascimento na família; fazer uma, os projetos terão sucesso e muito proveito; preparar uma, haverá progresso em sua carreira, e seus filhos melhorarão o desempenho escolar.

Inseto

dificuldades, preocupações, as relações com as pessoas ficarão arruinadas com desavenças e encrencas; ser picado por um, contrariedade financeira menor, será trapaceado no desenrolar de um negócio.

Insígnia

ver uma, você deve buscar seus antepassados e fazer uma árvore genealógica; receber uma, terá notícias muito boas e promissoras para a sua profissão.

Insulto

receber um, quebra de laços, amizades e encrencas; dizer a um amigo, paz e tranqüilidade, reatamento de laços antigos; ver alguém insultando a outros, seus amigos o estimam muito.

Intestinos

se tiver doença neles, terá aborrecimentos pessoais, as dificuldades serão muito grandes com os bens e dinheiro, dívidas, relações com os parentes, esses invejosos procurarão prejudicá-lo, querem tirar-lhe as vantagens de que você goza, saúde deficiente, mal-estar e doenças.

Intimação

receber uma judicial, tudo bem com a justiça, você está livre das acusações que lhe faziam e é inocente; ver um amigo receber, você receberá um convite muito produtivo para seu trabalho.

Intoxicação

sofrer uma, sua saúde vai bem, mas os adversários não param de soltar venenos contra seu trabalho e projetos; ver um amigo receber uma, suas relações sociais melhorarão muito, e terá bons ganhos em dinheiro.

Inundação

perda do autocontrole; ser vítima de uma, você perde a paciência com todos aqueles que gostam de ironizar as pessoas, terá perdas de dinheiro, doenças, prejuízos nos negócios.

Inválido

ver-se inválido, perdas de dinheiro, de posição, de bens, perderá um processo, sofrimento moral, cansaço, desânimo; ver um inválido, advertência para uma próxima ameaça que poderá sair-lhe muito cara.

Inventar

você tem capacidade criativa; uma história, muita fantasia; uma solução, atravessará um momento difícil; uma mentira, você quer defender-se a qualquer custo; uma desculpa, a sua personalidade é ambígua e polivalente.

Inventário

proceder a um, você atravessa uma fase de espera e reflexão para exame das circunstâncias momentâneas a fim de poder corrigir a qualidade dos seus projetos.

Inverno

momentos difíceis, paradas, sofrimentos exagerados; fora de época, sofre de solidão, falta de amigos, falta de quem conviva com você.

Ioga

você fazer, está precisando de concentração, meditação, análise dos seus passos e movimentos simétricos para ajustar a mente; ver outros a fazer, amigos vão convidálo para um curso de aperfeiçoamento espiritual, ser-lhe-á muito útil.

Ipê

ver um, alegria, felicidade, crescimento em seu trabalho; com flores amarelas, sucesso em sua vida profissional; com flores roxas, cura de doenças que o incomodam há tempo, ou de pessoas da família.

J

Jabuticaba

colher do pé comendo, surgirá um grande amor e realizará alguns desejos; fazer suco, obterá um favor muito grande do seu superior; fazer licor, terá uma surpresa muito agradável com os amigos; dar jabuticabas de presente, será ajudado por uma pessoa importante.

Jacaré

ver um, os inimigos o cercam e estão prontos para liquidá-lo, sofrerá traição e muito perigo; matar um, terá muita sorte em suas atividades; usar sapatos de couro de jacaré, apesar de ser muito caro, logo sentirá uma mudança muito boa; criar jacaré, ganhará muito dinheiro.

Jacinto

amor e ternura, sentimento profundo e sincero de uma pessoa que muito o(a) ama; branco, pureza e sinceridade; rosa, amor e dedicação.

Jacutinga

ser-lhe-ão desvendados alguns mistérios de sua família, receberá notícias de um parente distante, será visitado por parentes que há muito não vê.

Jaguar

medo e desconforto, seus inimigos lhe preparam ações desleais para tirar-lhe as vantagens de um trabalho que você realizou e, apesar dos seus méritos, corre o perigo de sofrer perdas; se for um carro, o sonho é muito lindo, e ganhará uma fortuna inesperada.

Jamanta

ver uma, há uma viagem em sua vida; andar numa, fará uma viagem muito cansativa e receberá notícias de alguém que mora muito longe; ser atropelado por uma, isso é só um pesadelo, pois sua vida será muito longa e proveitosa.

Janela

abrir uma, sucesso nas atividades, alegria e felicidade; vê-la fechada, preocupações, choros, tristeza e solidão; entrar em uma casa pela janela, pendências, disputas, más intenções, aborrecimentos; sair por uma, prejuízos financeiros, humilhações, ofensas; uma cheia de sol, esperanças, expectativas felizes, muita alegria; ver pela janela os vizinhos, estes o invejam e lhe desejam mal; limpar os vidros de suas janelas, receberá uma ajuda importante que lhe permitirá restabelecer os negócios arruinados.

Jangada

andar numa, enfrentará muitos perigos e doenças na família; construir uma, deverá ser muito criativo para sair de uma situação difícil; ver a família numa, você está se esquecendo dos seus.

Jantar

fazer um, a sua dieta está esquecida; preparar um para visitas, enfrentará dificuldades financeiras e problemas com o estômago; ser convidado a um, alguém quer aproveitar-se de você.

Jararaca

perigo, traição, infidelidade; ver uma, cuidado com alguns amigos, pois querem acabar com você; ser picado por uma, um parente está querendo destruir sua vida e perturbá-lo. (ver cobra)

Jardim

com flores, a sua vida vai tranqüila e cheia de trabalho; com capim, você é muito egoísta; passeando nele, a pessoa que ama, não quer nem vê-lo; coberto de neve ou geada, não seja tão pessimista, as coisas mudarão, depois da tempestade sempre vem a bonança.

Jarra

simplicidade e modéstia, serenidade familiar; de cristal, muitas alegrias na família, de vidro, você vai perder algo de que gosta muito; de plástico, vida simples e pobreza.

Jasmim

simplicidade, alegria e paz na vida; ver, felicidades com a pessoa amada; oferecer um ramo florido, receberá notícias muito boas de uma pessoa a quem ama; sentir o perfume, você terá um longo período de felicidades e tranqüilidade; plantar, uma ajuda para um emprego muito bom.

Jazz

movimento, ruídos, mudanças; ouvir uma banda, irá a uma festa muito movimentada e ficará muito feliz; tocar numa, terá grandes mudanças em sua vida profissional.

Jeans

ver, simplicidade, alegria, esportividade; usar, passeios e excursões com amigos; comprar, precisa mudar um pouco seus hábitos conservadores e preparar-se melhor para uma nova empreitada.

Jibóia

ver uma, vida tranqüila com a família e com os amigos, amizade reforçada e muita ajuda de parentes e amigos próximos.

Jipe

ter um, passeios e excursões com amigos; andar num, será convidado para uma viagem de turismo e pescaria; comprar um, você precisa de um pouco de lazer e repouso, esquecendo o trabalho fatigante.

João-de-barro

ver um no ninho, muito amor e fidelidade conjugal; ver construindo um ninho, haverá uma mudança de casa sua , ou de um parente; ouvi-lo cantar, terá notícias muito auspiciosas de parentes.

Joelho(s)

ferido , perdas financeiras; colocar-se de joelho, será humilhado; quebrado, perderá uma grande amizade; dolorido, uma doença o deixará de cama.

Joga

ganhos financeiros, lucros; você jogar, um pouco de exercício físico faz bem a todos, procure exercitar-se de qualquer maneira; jogar cartas, será muito eficiente na arte da persuasão dos adversários; um jogo de azar, você é muito indeciso e deixa que os outros façam o que você deveria fazer; jogos de criança, você não está vivendo toda a realidade, foge da responsabilidade e do dever de assumir a sua parte.

Jóia

mau agouro, seus desejos não serão satisfeitos, má gestão, azar, gastos, problemas financeiros, ciúmes, invejas, angústias, remorsos; perder as jóias, obterá um relacionamento muito útil para sua profissão, desenvolvimento de novos projetos, obterá um grande sucesso.

Jóquei

ver um, sofrerá uma traição e terá problemas com um membro da família; ver um correndo e perdendo, ganhará um dinheiro inesperado; ver um ganhar a corrida, terá perdas pequenas de dinheiro e dificuldades em seu trabalho profissional.

Jornal

novidades, decepções, desgraças, tristezas; comprar, ler, terá notícias que podem modificar certas decisões de sua existência, deverá avaliar algumas ações importantes para aumentar seus bens e suas posses, ou para proteger-se em uma situação desfavorável, mudanças importantes; vender um jornal, rasgá-lo, azar, falsidades, trapaças, enganos; escrever para um, desenvolvimento intelectual, pressão de censura e grupos dominantes.

Jovens

esperança, nova vida, projetos; ver jovens, novos horizontes, muita fé no futuro; ser jovem, caso não o seja fisicamente, seu espírito é muito jovem, seus projetos serão realizados com muito êxito; conversar com jovens, começo de uma nova carreira promissora.

Judô

autodefesa, luta, domínio de si mesmo; ver uma luta, sorte e fortuna em projetos envolvendo dinheiro; participar de uma luta, você deve ser mais decidido e persuasivo em seus atos; apanhar em uma luta, a sorte está desfavorável a você, porque está muito hesitante e medroso.

Juiz

trabalhar com um juiz, complicações em seu trabalho e nas relações familiares, discussões; conversar com um, desacordos familiares, problemas financeiros e disputas legais inúteis; ser amigo de um, sofrerá a inveja e o ciúme de alguns parentes, os quais tentarão prejudicá-lo; dar presentes a um juiz, cuidado com a corrupção, cuidado com os bajuladores, querem agradar-lhe, mas vão apunhalá-lo pelas costas.

Julho

mês de férias e de muito frio no Sul; estar em julho, felicidade, relações familiares muito gostosas, boas leituras e muito lazer, visitas, excursões.

Juramento

dúvidas, acusações de falsidade; estar prestando um juramento, muitos duvidam de suas intenções e do sucesso de seus trabalhos; assistir ao juramento de um amigo, você está sendo enganado por amigos e deve haver infidelidade em sua vida.

Júri

julgamento, sentenças, definições; você ser do júri, suas decisões devem ser secretas, mas definitivas, deve buscar a justiça plena, deve ser persuasivo; ser o réu do júri, há muitas acusações contra você, sua vida deve ser coerente para não permitir que os adversários o prejudiquem.

Justiceiro

você praticando a justiça com as próprias mãos, o crime não compensa, tire essas idéias da mente, não se pode definir os rumos do que é justo; ver alguém, acho que está vendo muito filme americano, pois a prática da justiça é restrita ao judiciário, cuidado com certos amigos bajuladores.

Juventude

a canção diz que a juventude não voltará nunca mais; ser ou encontrar-se com, terá momentos de muita liberdade, alegria, despreocupação e satisfações pessoais; aproveite e tire as férias sempre adiadas.

K

Kardecista

estar nele, suas necessidades são espirituais, pois o dinheiro compra apenas o material, leia algo de espiritual, abra o seu coração para a luz divina e sentirá quanto é doce viver com o Bom Pastor.

Kart

corrida, aventura , prazer; estar num, não abuse da velocidade, terá muitas alegrias e felicidade com a família; comprar um, mudanças em sua vida, uma viagem com a

L

Lã

desfiar lã, desafogo financeiro com ganhos de trabalho; preparar a lã, ganhos financeiros e prosperidade; vestir roupa de lã, alegria, comodidade, conforto, segurança financeira; queimar lã, reveses financeiros, problemas com dinheiro.

Lábios

vermelhos, boa saúde; pálidos, fraqueza, anemia; roxos, doenças; feridos, doenças e também traições; morder os mesmos, arrependimento; secos, período difícil, problemas familiares; beijar, sobretudo os de uma mulher, alegria e satisfação; beijar os de um homem, esperteza, sagacidade; grossos, muita saúde e grandes amores próximos; muito finos, cuidado com traições amorosas.

Labirinto

encontrar-se em um, grande confusão mental, desorientação; não conseguir sair, a maior dificuldade que você enfrenta é que não consegue organizar-se a si mesmo; encontrar uma saída, conseguirá superar as dificuldades e realizará o projeto sempre adiado, conseguirá libertar-se de muitas cadeias do passado.

Laço

fazer um, reatará com velhos amigos e obterá muito conforto; ser preso por um, não adianta fugir dos velhos amores, eles sempre voltam mais fortes; desmanchar um, conseguirá sair de um embrulho e acabará uma doença na família.

Lacre

ver um, há um segredo muito grande em sua família; quebrar um, aos poucos você conseguirá libertar-se dos pesadelos do passado e chegará a uma vida muito tranqüila com a família; colocar em um cofre, estão roubando em seu local de trabalho e vão acusá-lo de ser o autor.

Ladainha

coisa longa e monótona; recitar uma, você é muito monótono, aborrecido, como se diz na gíria, você é um chato, melhore; ouvir uma, você está precisando reciclar-se e amadurecer novas idéias.

Ladrão

amizades falsas, traições; ser um, azares, desgraças, doenças e processos; ser vítima de um, certo amigo vai largá-lo; ver um, sobrevêm dificuldades financeiras, gastos exagerados, mensalidades do colégio muito altas; matar um, obterá vitórias sobre adversários, mas, cuidado, o processo que lhe moverão será muito longo e caro.

Lagarta

paciência, tranqüilidade na família; ver uma devorando folhas, sorte e sucesso nos novos empreendimentos; tocar numa, receberá muito apoio dos amigos e, até, de um adversário; que se metamorfoseia em borboleta, sua vida mudará, mas a sorte durará muito pouco.

Lagartixa

paciência é a sua virtude, contudo, os adversários querem vê-lo no buraco.

Lagarto

sossego, astúcia, violência contra os perturbadores do sossego; ver um, terá surpresas com a família e parentes; ser assustado por um, você está muito preocupado com tudo, acalme-se e redirecione seus projetos; pegar um, o impossível também acontece, os problemas que advirão serão muito complexos.

Lago

você está com diversos assuntos pendentes e é importante que se decida logo; um com águas límpidas, suas esperanças se confirmarão, terá sorte e promessas de êxito; com águas turvas, sujas, lamacentas, terá dissabores dores, hipocrisias, maldades, covardias, traições, perdas de dinheiro e saúde; atravessar um lago sem acidentes, mudanças felizes, sucesso, sua situação melhorará , recebimentos de dinheiro e um futuro melhor; ver um lago com tormentas, sem água, tudo são ruínas, desgraças.

Lagoa

tranqüilidade, lazer, prazer; pescar em uma, sua vida será muito tranqüila, está na hora de você tirar alguns dias para si e para a sua família; se não conseguir pegar nenhum peixe, dificuldades no trabalho e perdas financeiras; uma rasa e barrenta, dificuldades na família, problemas de saúde.

Lágrimas

no próprio rosto, você gosta de se fazer de vítima; na face de outrem, você provocou um desgosto a alguém; vê-las caírem, surgirão muitos momentos de alegria em sua vida.

Laje

ver uma, sorte no trabalho e firmeza nos seus atos profissionais; ver a de uma casa, certeza no que faz e bons negócios futuros; ver uma caindo, terá problemas com os superiores e poderá perder o emprego por falta de atualização em suas atividades.

Lama

problemas de locomoção, traições, trapaça; caminhar na lama, doenças, falta de dinheiro; limpar-se da, você precisa colocar ordem em si mesmo e no seu trabalho; ver lama, diversos colegas seus são pouco confiáveis; cair na lama, sofrerá calúnias e desaforos de falsos amigos.

Lambada

receber uma, sentirá encrencas na família, e um parente lhe fará diversos desaforos; dar uma, sofrerá de doenças imprevistas e longas.

Lambreta

ver uma, sorte no trabalho e em rifas; andar numa, alegrias passageiras; dar carona a pessoa do outro sexo, perderá o amor tão sonhado; ganhar carona, alguns amigos falam em ajuda, mas nada fazem.

Lamentação

própria, será convidado para padrinho de um casamento, muitas alegrias; ver a de outrem, alguns amigos pedirão que ajude a um amigo necessitado, seja generoso.

Lâmpada

você tem compreensão para com os outros; acender uma, busca afeto e carinho; apagar uma, deve renunciar a algumas amizades que o(a) envenenam; carregar uma, você quer ver com clareza uma situação, mas faz-se necessário que faça um esforço maior.

Lamparina

acesa, esperanças em um período muito agitado, tumultuoso; acender uma, nascimentos na família, novos projetos serão concluídos; apagar uma, doenças, dificuldades e mortes na família; andar com uma acesa na mão, você deve procurar entre os amigos quais são fiéis e quais falsos, pois alguns querem vê-lo na pior e liquidá-lo, procure um amigo sério.

Lampião

a gás, você é saudoso, amante de serestas e, um pouco, preso ao passado; um aceso, terá alegrias e momentos de festa; apagar um, enfrentará oposições muito fortes na família porque você é muito teimoso.

Lança-perfumes

pode dar cadeia; você precisa de festas leves e de um período de descanso, com lazer completo; você sonha com festas , mas acha que o trabalho é a única razão da vida.

Lancha

ver uma, há uma viagem em sua vida, mas está sendo adiada demais e vai perdê-la; passeie com a família e os amigos; ter uma, os sonhos devem tornar-se realidade para apaziguar o seu espírito, organize-se e não se deixe abater; andar em uma, terá sorte, mas deve insistir na execução dos projetos.

Lanche

fazer um, você é um pouco guloso e deve observar a dieta que se impôs, afinal , come-se para viver e não se vive para comer; comprar um, será convidado para uma grande festa, não exagere nem na comida, nem na bebida; ver alguém fazendo, receberá um convite para um trabalho muito importante.

Lanterna

você vencerá as dificuldades; mágica, terá uma desilusão, pois não há mais os gênios das Mil e Uma Noites; apagada, tristeza, pobreza, miséria, calamidades; procurar alguma coisa com, tentativas inúteis; acesa, alegria, felicidade, momentos alegres.

Lápis

usá-lo, receberá notícias dolorosas, grandes tristezas, poucos recursos para enfrentar as dificuldades que se lhe apresentam; apontar, sofrerá inveja e ciúmes de amigos; quebrar a ponta, perderá um amigo de velhos tempos, por causa de sua teimosia e pouca sensibilidade.

Lar

paz, amor, tranqüilidade; estar no próprio, será benquisto pelos familiares e parentes; ver um amigo no dele, suas amizades estão muito firmes, mas não se acomode; ver a mãe no lar, muitas felicidades.

Laranja

chupar, feridas, dores e dissabores; tomar uma laranjada, você quer sempre o melhor, mas não faz o esforço devido; comprar laranjas, o seu amor é correspondido; colher, você é muito prepotente e carece de um pouco de diplomacia; admirar laranjas maduras no pé, você deve treinar-se, pois será um grande pintor e poeta, mas para isso é necessário um grande esforço.

Lareira

fogo, calor, afeto; ver uma, alegrias na família, reunião de todos e muito afeto; uma apagada, doenças e morte; uma quebrada, morte e calamidades para toda a família; uma acesa com um fogo alegre, muitas felicidades, alegrias na família.

Larva

alguém vai prejudicá-lo em seu trabalho e lhe fará calúnias por ciúme.

Lasanha

ver uma, sua fome está demais, controle um pouco os olhos e a gula; comer, olhe a dieta e as dores de estômago; fazer uma, o seu trabalho depende um pouco de sua dedicação e persistência; comprar uma, a família que come unida, permanece unida.

Laser

ver um raio laser, você está muito preocupado com o futuro, mas deve preparar-se melhor e capacitar-se; usar um, sua ansiedade é grande, mas ainda lhe falta muito treinamento; ser atingido por um, será submetido a uma cirurgia muito grande, mas terá pleno sucesso.

Lata

ver uma jogada, o lixo é reciclável, é uma atividade de todo cidadão; muitas latas, há muita confusão e desperdício em sua atividade; jogar latas pelo chão, falta-lhe organização em seu trabalho e em sua vida.

Latim

ouvir falar, você pensa em estudar muito, mas pouco faz, precisa de muito estudo; você estudar esse idioma, realmente você carece de um bom esforço para atingir a capacitação ideal, o saber não ocupa espaço, nem em momento algum será demasiado.

Lava

incandescente, sofrerá uma situação passional violenta contra a qual não terá nenhuma possibilidade de influência ou domínio, afaste as preocupações, pois evoluirão e se tornarão muito graves, terá perdas financeiras, por muito tempo sentirá as conseqüências afetivas e financeiras de tudo que lhe advirá.

Lavabo

usá-lo, as várias preocupações e aborrecimentos logo se afastarão, cessarão algumas atividades nocivas e perniciosas para a sua pessoa.

Lavadeira

ver trabalhando, obterá notícias agradáveis e visitas de amigos muito alegres; um parente soltará fofocas insignificantes contra você, não lhe dê importância, pois as mesmas se voltarão contra ele mesmo.

Lavar

o rosto, honestidade, seriedade, respeito; as mãos, renúncias, desistência, fuga de alguma realidade; a cabeça, terá um encontro muito valioso e de importância para sua carreira; os pés, espírito de iniciativa e liderança; a barba, tristeza, desconforto; os cabelos, inquietudes, preocupações, dissabores; alguém da família, você precisa ser mais presente e ajudar aos que lhe suplicam um favor, seja generoso.

Lavrador

ver um, a vida no sítio o atrai, mas suas ocupações exageradas lhe impedem de usufruir um pouco de lazer; ser um, você sonha demais e deixa a família sem a sua presença; visitar e conversar com um, para apreciar a vida do campo, não precisa ter um sítio, basta boa vontade e tirar o tempo necessário para usufruir a vida.

Laxante

tomar um, a sua saúde está boa, você apenas exagera com certas comidas; dar um a alguém, você não suporta um amigo, mas tem medo de romper com ele, ou de esquecê-lo.

Lazer

tirar tempo para si, você acha que a vida é somente trabalho e que a família não é importante, suas preocupações e demasiado empenho no trabalho podem prejudicar-lhe a saúde.

Leão

vencer um, vencerá uma dura batalha, um trabalho duro; na jaula, será descortês com um amigo e com um parente; ser atacado por um, discutirá com alguém muito orgulhoso e prepotente; que lhe avança, cuidado com seu instinto; rugindo, perigos e situações emergentes; ver um, sentirá o orgulho de uma conquista e de estar cada vez mais maduro; que morre, desgraças na família e morte de um grande amigo; cavalgar um, uma pessoa poderosa o ajudará, mas não abuse.

Legislar

ver alguém fazendo, poderá ser prejudicado por uma determinação do seu superior, conheça melhor seus direitos; ler nova legislação, sofrerá um acidente de trânsito ou alguém de sua família, você terá problemas com normas de trânsito.

Legume(s)

comer, boa saúde, tranqüilidade e muita amizade na parentagem; comprar, um parente seu doente terá melhora significativa; plantar, faça uma dieta e busque melhoras de saúde com um regime alimentar, pois nunca se pode exagerar, visto que se morre pela boca.

Leite

riqueza, saúde, bem-estar; beber, terá um lindo amor em seus dias; derramar, enfrentará um período difícil, com muitos reveses e problemas de ordem sentimental e financeira; comprar, vai tornar-se rico de bens materiais, mas sobretudo de sabedoria e espiritualidade; coalhado, ouça mais e fale menos, pois nem sempre o mar está para peixe, seja prudente.

Leitura

fazer uma, você tem interesse por cultura, mas está muito acomodado e pouco faz para obtê-la; ver alguém fazendo uma, os amigos querem ajudá-lo, mas você é muito orgulhoso e não lhes permite tal ato; alguém lhe aconselha a fazer uma, volte a estudar e cuide de sua capacitação para os trabalhos profissionais.

Lenço

tristeza, viagem, despedida, doenças; perder um, sorte, boas novidades; de seda, soberba, vaidade, orgulho bobo; de linho, doença séria, dissabores; dar de presente, fará chorar a pessoa presenteada, terá desencontros com a pessoa amada; emprestá-lo, um amigo terá problemas por sua causa; usar um sujo, você precisa organizar a sua vida e acertar uma porção de desencontros surgidos com amigos.

Lençol

conservado em bom estado, sucesso em suas atividades, seus atos se pautam na reflexão e na sinceridade; usados, sujos, remendados ou rasgados, maus negócios, negligências, calúnias, má vontade; recém lavado, afastar-se-á de maus conselhos e de maus conselheiros nocivos para seus interesses; terá sucesso somente graças a sua boa vontade; ver-se envolto em um lençol, doenças, acidentes, morte de um amigo, ou parente.

Lenha

recolher lenha, boas oportunidades, bons negócios, momentos de muito prazer, boas amizades; rachar, terá todas as razões em uma discussão, seus argumentos serão superiores em um debate; queimar, a sorte é muito passageira; apagada no fogão, há desgraças em seu caminho, o azar será muito grande.

Lente(s)

você usando, é o único que não vê como alguns amigos se aproveitam de você e o usam para servi-los; ver alguém usando, abre os olhos e examine tudo que o rodeia.

Lentilhas

sorte, dinheiro, ganhos de capital; comer, receberá um bom dinheiro inesperado; cozer, espere que a situação evolua e assim possa dominar os acontecimentos.

Leopardo

agressividade, momentos de tensão, caos; matar um, você se baterá com um amigo traiçoeiro; ver um, sorte em seu trabalho; ser atacado por um, alguém não suporta o seu sucesso e quer destruí-lo.

Lepra

boa saúde, sorte e bons negócios, alguns falsos amigos se comprazem em difamá-lo; ver um parente com lepra, há parentes que o invejam, pois não conseguem fazer tudo que você faz.

Leque

conforto, situação agradável; usado por outros, falta de franqueza, deslealdade, maldades, perfídia, intrigas, encrencas, sentirá a falta de amizades para solucionar um problema muito delicado, decepção e amargura com familiares e amigos, parentes lhe farão alguns desaforos.

Ler

livros, você está sentindo falta de preparo intelectual para o trabalho profissional, precisa de uma capacitação mais acurada; cartas, receberá boas notícias de várias pessoas; revistas, sua formação é muito pequena diante das necessidades profissionais; com dificuldade, insegurança, medo, preocupação; em voz alta, você pretende despertar o interesse dos outros nos seus problemas pessoais; ler placas, você não precisa provar nada a ninguém, basta que melhore sua capacidade de ação.

Lero-lero

ouvir familiares, você anda um tanto estressado e muito preocupado; ouvir amigos, muitos acham que você está ultrapassado, desatualizado; você mesmo, sua preocupação é importante, mas aja logo e melhore.

Lésbica

todos os cidadãos têm os mesmos direitos, você deve dar o devido respeito a todos; se for de sexo masculino, encontrará um grande amor e obterá muitas amizades sinceras.

Lesma

algumas pessoas relacionadas a você não hesitarão em interferir em negócios duvidosos e, também, envolvê-lo, causando-lhe prejuízos, caso não se previna, e mais: trapaças, logros, safadezas, embustes.

Letargia

mostra que pode chegar-lhe logo um período no qual suas idéias, pensamentos, decisões, atos serão influenciados por acontecimentos estranhos muito agradáveis, você se sentirá despreocupado e feliz, mas seja prudente; faz-se mister que você combata um pouco a sua calma, o excesso de sossego.

Letra(s)

de câmbio, perdas, gastos inúteis, dívidas, contrariedades que vão indispor você com pessoas de quem é credor, encrencas muito sérias, lutas, prefira um acordo, pois mais vale um mau acordo que um bom processo; escritas com tinta colorida, terá notícias agradáveis de sua parentagem; escritas em cor preta, haverá doenças na família e lhe morrerá um parente e amigo muito achegado.

Leucemia

ter, sua saúde é mais forte que uma rocha; uma pessoa querida ter, você viverá muitos anos com uma saúde ótima, mas todo cuidado é pouco; alguém desconhecido ter, receberá notícias da boa saúde de amigos e parentes.

Levitação

estar em, você precisa repensar sua carreira e ver os rumos necessários a tomar; ver um familiar, alguém está atrapalhando sua vida e a de sua família; um parente, na parentagem sempre há invejosos.

Libélula

inconstância em suas decisões e nas atividades que realiza, sua idéia não consegue ficar fixa em um único objetivo até que consiga realizá-lo todo, você deve mudar completamente.

Licor

muito forte, a sua energia se acabará logo; beber licor, momentos rápidos de alegria; derramá-lo, você quer e deve manter-se de olhos bem abertos; ver uma pessoa bebendo, maus negócios e momentos de dificuldades; fabricar e presentear, muitas felicidades e muitos amigos sinceros.

Lima

excentricidade, fatos imprevistos, momentos de alegria e tristeza ao mesmo tempo, paradoxos; colher uma, terá surpresas com os amigos que poderão traí-lo; chupar uma, doenças na família e muitas dores em seu corpo; comprar, terá de vender um bem para pagar dívidas de uma doença séria na família.

Limão

amarguras e algo de gostoso; ver um pé carregado, festas na família e muita alegria; chupar, dores estomacais e recebimento de um dinheiro inesperado; comprar, receberá uma visita que o incomodará muito; ajuntar limões do chão, perdas de dinheiro e oportunidades de melhoria no emprego.

Limonada

você sabe enfrentar com coragem as adversidades; tomar muita, encrencas com amigos e parentes; fazer para os outros, alguém está preparando uma arapuca para você.

Limusine

ver uma, você é muito fantasioso e sonhador; andar numa, terá surpresas agradáveis em sua profissão e na família, um casamento inesperado; comprar uma, você fará um mau negócio de que logo se arrependerá, devido aos prejuízos grandes.

Lince

enfrentará adversários inteligentes e muito espertos; ver um, seus inimigos não dormem de touca, estão esperando que lhes dê uma oportunidade para prejudicá-lo; ter um domesticado, realmente, você tem muita fantasia, mas muitos sonhos são realizáveis.

Língua

comunicação, falas, intercâmbio; longa, você não consegue manter os segredos; presa, você pode falar livremente, deve ter cuidados; ver uma, maledicências, falatórios; inchada, ficará doente e terá longos problemas de saúde; sadia, sorte nos negócios e no trabalho; com pêlos, seja discreto, cuidadoso e muito precavido; morder a mesma, está arrependido de algumas safadezas que praticou com amigos e familiares; mostrá-la a alguém, receberá ofensas leves de colegas e amigos; falar uma língua estrangeira, você é uma pessoa disponível, rápida, solícita; ouvir uma língua estrangeira, você está desorientado, perturbado; falar e entender diversas línguas estrangeiras, você precisa rever sua situação emocional e ler melhor o evangelho.

Lingüiça

ver pendurada, alguns negócios seus ficarão em suspenso porque você está com muito medo; comprar, você tem tendência a aventuras extraconjugais, mas poderá dar-se mal; comer, terá pequenas dores estomacais e será obrigado a ficar de repouso.

Liquidação

ver uma no comércio, você terá dinheiro e bens, amigos procurarão enganá-lo num negócio; ir a uma , não faça o negócio que alguns conhecidos lhe propõem, pois será um desastre.

Lírio

candura, sinceridade, simplicidade; sentimentos puros, sinceridade nas relações afetivas e sentimentais, lealdade, desinteresses, caso não seja fiel a isso, sofrerá um baque muito grande.

Lista

telefônica, tenha mais carinho com os seus amigos, receberá apelos de ajuda de um parente necessitado; lista de compras para supermercado, sua dieta está defasada, precisa voltar a praticá-la e deve ter mais cuidado com o que gasta nas compras, se não o orçamento doméstico vai estourar.

Livro

aberto, receba os conselhos que lhe são dados; fechado, é igual a túmulo, você tem uma limitação mental que deve ser corrigida; publicar um, terá aborrecimentos e contrariedades; comprar um, novos conhecimentos, novos cursos de capacitação; livro agradável, consolos e paz na família e com a parentagem; religioso, prosperidade espiritual e material, leia mais livros de formação; de culinária, receberá convites importantes, mas não se exceda na comida, nem na bebida; queimar um, você está recusando conselhos que lhe serão muito úteis; perder um, você está ficando esquecido e isso poderá trazer-lhe sérios prejuízos.

Lixa

você lixar suas unhas, cuidado com a aparência pessoal, gosto por ordem; você lixar as unhas de outra pessoa, essa sua mania por limpeza nem sempre terá boa aceitação; faltar a lixa, organize-se melhor.

Lixo

ver lixo, você está muito preocupado com a ordem e limpeza ao seu redor; ajuntar lixo, organize melhor o seu trabalho e determine para subordinado seu o que deva, realmente, fazer; reciclar lixo, todas as pessoas devem de integrar-se a esse trabalho , a fim de salvar o nosso planeta.

Lobo

ver um, sorte em seu trabalho e novos negócios; ver uma alcatéia, muitas notícias confusas a respeito de parentes e amigos; ser atacado por lobos, os seus adversários não descansam, cuide-se pois estão tramando contra você e querem vê-lo por terra.

Loira

ver uma original, terá sorte nas atividades e em jogos de loteria e rifas; conversar com uma, alguém gosta de você, mas por timidez não se manifesta; namorar uma, as mulheres acham você muito sedutor e têm medo do seu modo de agir; você ser rejeitado por uma, é natural que poucos gostem de sua vaidade.

Loiro

ver um, cuidado com alguns amigos recentes que querem aproveitar-se de você e enganá-lo; conversar com um, novas amizades lhe farão muito bem; você ser um, você tem problema de não gostar de si mesmo, mas tem de conformar-se , pois esse processo é muito lento.

Lombada

eletrônica, você terá problemas com seu carro, se procurar táxi terá dificuldades em encontrar um; você sofrer um impacto em uma lombada na rua, haverá uma mudança em sua vida e em sua família.

Lona

ver muitas lonas, haverá uma enchente muito grande, e pessoas de sua parentagem serão prejudicadas; lona em caminhão, mudanças de residência na parentagem; ter uma lona no quintal, poderá mudar de residência e construir uma casa nova, conforme os sonhos da família.

Losna

ver, sua saúde anda com problemas e seu estômago apresenta problemas sérios; tomar chá de, deve cuidar mais do que come e o quanto, pois tudo tem medida; colher losna, mude a dieta e controle a boca.

Loteria

ver a extração, novidades boas, bons momentos, felicidades, jogar com determinados números, é difícil ganhar , mas terá muita sorte em uma atividade nova; receber os números de um defunto, terá muita sorte, e é bom aproveitar; ganhar na loteria, ajude a um amigo que está necessitado, pois você deve descobrir o lado maravilhoso da caridade.

Louças

quebrar algo, sorte no trabalho e em rifas; atirar um prato em alguém, acalme-se, seu nervosismo pode prejudicar muito; comprar louças, felicidades, visita de amigos e terá convite para uma grande festa; espalhar a louça, você é um tanto avarento e conhecido por "mão-de-vaca"; limpar louça, sua mania de limpeza não lhe dá folga, assista mais a tv e descanse.

Louro

ver um pé, sua comida está muito temperada, e o estômago está pedindo uma trégua; colher folhas, precisa de fazer uma boa dieta e controlar o que come; colocar folhas na comida, tome bastante chá para que seu organismo se adapte a um ritmo tranqüilo de comida.

Lua

você receberá notícia de que terá uma grande mudança em sua vida; lua-cheia, sucesso, muita luz, ganhos financeiros, gozos afetivos, promessa de uma união muito feliz, amizades sinceras e devotadas; Lua com um círculo luminoso, infelicidades, incertezas e preocupações afetivas, relações profissionais duvidosas; crescente, seus projetos obterão uma conclusão favorável para seus interesses, fidelidade afetiva; minguante, decepção em suas atividades, os projetos não conseguem realizar-se, fracasso, azar; assistir a um eclipse da Lua, dissabores sentimentais, pesares, dores no coração, separações; vermelha como manchada de sangue, um grave perigo o ameaça e a sua família; a lua se refletindo sobre uma água calma, terá bons frutos profissionais, esperança e ganhos de dinheiro; sobre uma água agitada, dificuldades, perdas de dinheiro, saúde abalada, acidentes domésticos e de carro.

Lua-de-mel

se você é casado(a), saudades e insatisfação com o atual ritmo matrimonial; se solteiro(a), você bem que gostaria de casar-se, mas tem medo de perder a sua grande liberdade; ver a de alguém, logo sentirá mudanças afetivas profundas em sua vida.

Luminária

ver uma, você precisa de luz em suas idéias, procure alguém que possa dar-lhe bons conselhos; instalar uma em sua casa, falta um pouco de tranqüilidade em sua família e você está muito ausente das atividades familiares, seja mais presente.

Lupa

examine cuidadosamente cada detalhe dos projetos que está fazendo; busque uma orientação segura antes de tomar qualquer decisão; quebrar uma, será humilhado e sofrerá doenças na família.

Lustra-móveis

comprar, mania de limpeza e brilho, você gosta de ser visto e é muito vaidoso; passar, melhore os móveis de sua casa aos poucos e não exagere na decoração.

Luta

vencer uma, superará os obstáculos; perdê-la, será vítima de rancores e invejas; com um amigo, divergências pessoais e intrigas; com uma criança, azar, má sorte nas atividades profissionais; com um parente, encrencas, discussões e rixas; com um desconhecido, não adianta cultivar raivas, rancores, desfaça isso no seu coração; com animais, você está em uma encruzilhada muito decisiva e a decisão é unicamente sua; corpo a corpo, há um projeto muito importante, vital para você, e deve vencer custe o que custar.

Luto

ficar de luto, muita felicidade e bem-estar na família; ter um parente de luto, haverá uma grande festa na parentagem; ver pessoas de luto, você terá problemas com a saúde e dificuldades financeiras.

Luva

de boa qualidade, uma surpresa feliz, convites e encontros agradáveis, consideração e respeito dos demais, alegria, satisfação; rasgadas, decepções, trapaças, menosprezo de seus amigos e parentes; esquecer as mesmas, desejo de mudanças e de tornar a viver mais de conformidade com sua maneira de ser.

Luxo

seus desejos são irrealizáveis, sua fantasia é demasiada; viver no luxo, você é pouco prático, sonha muito e pouco faz para realizar a vida real.

Luz

forte, intensa, melhoria em sua vida, sucesso nas atividades, futuro promissor, alegrias familiares e carinhos; fraca, incertezas, inquietudes, desacertos, dissabores afetivos, perdas financeiras e problemas de saúde; que está se apagando, desgraças, azar, fracasso, desacertos de toda ordem.

M

Maca

usá-la no interior de uma casa, condições de vida difíceis, preocupações financeiras, privações, os amigos o enganam, incompreensão afetiva; usá-la no exterior, despreocupação, prazer, repouso, projetos de viagens a fazendas e sítios (com muito sucesso); você carregando uma maca e sobre ela um desconhecido, terá um encontro com um indivíduo antipático e desabusado.

Maçã

decepções amorosas; colher, logo lhe chegará o momento de fazer a sua obra-prima; comer, seu consolo será pequeno e mesquinho; comer uma azeda, desprazeres, nojos, aborrecimentos; podre, uma surpresa desagradável; cortar uma, fará a sua separação conjugal; esburacá-la, começará a conhecer, realmente, um amigo; cozidas, a saúde vai de mal a pior; madura, casamento à vista; caída sob a árvore, receberá uma grande herança a ser partilhada com muitos herdeiros.

Macaco

adversários hábeis, espertos, rápidos e trapaceiros, se não tiver muito cuidado seus projetos futuros serão um desastre por causa dos outros; vai enfrentar muita deslealdade, safadezas, armadilhas, roubos, perdas de dinheiro, perturbações, dissabores, terá momentos tristes e terríveis.

Macarrão

prepará-los, mesmo as coisas pequenas são importantes para você; comer, muita saúde e felicidade; comprar , terá notícias de amigos e receberá alguns postais de amigos viajando.

Machado

ver um, perigo vizinho, desgraças, fatos contrários aos seus projetos, inimizade, raiva, covardia, seus adversários levaram vantagem nas disputas e vão prevalecer-se disso, encrencas, rixas, brigas violentas, momentos dolorosos, maledicências; usar para cortar lenha, segurança, bem-estar e sossego graças ao seu empenho, boa vontade, coragem, sorte, êxito em suas atividades.

Machismo

prepotência, abusos, arrogância; ser vítima de, encontrará uma pessoa extraordinária que lhe fará esquecer todas as agruras passadas; ser adepto, infidelidade conjugal e desprezo do amigos.

Macieira

florida, amizades sinceras; carregada de frutas, prosperidade, êxito, sucesso nas atividades e encontro com amigos; com galhos tortos, ficará muito rico e terá muito amigos.

Maconha

problemas sociais, dificuldades com a lei; ver, tenha muito cuidado com as companhias que tem e com as de seus filhos; comprar, poderá ser preso a qualquer momento, pois sua vida está devendo à lei; vender, processos judiciais, intimações policiais, e a saúde piorando sempre mais.

Macumba

mistérios, medos, superstições; ir a uma sessão, receberá convites interessantes para festas; ver uma sessão, um amigo importante vai dar-lhe uma mão; fazer, cuidado: alguém quer derrubá-lo.

Madrasta

ser, problemas de saúde e desgraças na família; ter uma, problemas com a parentagem.

Madrinha

muito afeto, amor, carinho, suporte e apoio nos momentos difíceis e tristes; bons conselhos e acompanhamento de amigos íntimos.

Madrugada

começo de novo período de vida, muito feliz e tranqüilo; ver a madrugada, seus novos projetos serão um grande sucesso; uma madrugada com sol no horizonte, a vida está mudando e você terá forças para, realmente, superar todos os obstáculos que se apresentam no trabalho e na vida.

Mãe

símbolo da dependência, do indivíduo amarrado ao umbigo; vê-la, segurança para você somente dentro das paredes da casa; vê-la longe, você tem medo de ser abandonado pela família; que te abraça, você precisa de um empurrão, de alguém que lhe diga com quantos paus se faz uma canoa; que amamenta, riqueza, bens, saúde; que brinca, você está muito ligado à infância e sofre muitas saudades; com criancinhas, você ainda cultiva ciúmes dos tempos da infância em relação aos irmãos; moribunda, desgraças, distúrbios, desastres; que chora, enfrentará um período muito difícil; que sorri, há uma pessoa com a qual pode contar sempre; se sonha sempre com ela, você não consegue tornar-se independente.

Magia

símbolo do impossível, fantasias totais, conquista do impossível; você fazer magias, você gostaria de ser diferente, mas tem medo de enfrentar a vida; alguém faz com você, coloque os pés no chão e trace projetos reais que o levem a um final feliz.

Mago

o mentor e executor das magias; ver um, você acredita demais no que lhe contam e acaba se perdendo no que deve fazer; ser um, as coisas são conseguidas com muita luta e empenho, sem varas de condão.

Maiô

nudez, beleza, banho, lazer; ver uma pessoa de maiô, você busca erotismo, mas se sente seguro por uma moral falsa; ver a mulher amada de maiô, seus desejos eróticos não são satisfeitos; você (mulher) estar de maiô, gostaria de seduzir alguém, mas teme as conseqüências.

Mala

você está pronta para qualquer novidade que lhe chegue; arrumar as malas, uma atividade está concluída; segurar uma com a mão, chegarão mudanças no trabalho, ou na família; perder a mala, sofrerá um baque financeiro devido a doenças; cair a alça da mala, você pode perder o posto que detém no emprego.

Malagueta

sabor forte e picante, dissabores, gostos exóticos; ver, você gosta de novidades na boca, mas deve observar uma dieta rigorosa; comer, o seu estômago não está bom, sofrerá dores e perdas de apetite.

Malha

usar, sua saúde está muito bem, pode continuar a dieta; comprar, mude alguns planos e suas atividades terão um incremento muito grande.

Malhação

corpo esbelto, força, beleza, narcisismo; você fazer, há necessidade de exercícios físicos para conservar suas forças e boa saúde; ver outros fazendo, há uma necessidade premente de controlar o que faz e o que come , a fim de manter uma forma física boa sem problemas.

Malva

flores, sorte, boas novidades; perfume, enfrentará uma situação delicada; beber uma infusão de, o seu equilíbrio psicológico é precário; plantar malva, um familiar vencerá a doença e logo estará curado.

Mamas

cheias de leite, período feliz com muitas satisfações por realizar seus desejos; melhoria em seu emprego, desafogo financeiro, segurança no trabalho e felicidade familiar.

Mamão

colher, melhoria em sua saúde e na de sua família; comer, sua dieta é correta e deve prosseguir; comprar, receberá a ajuda de um amigo importante e terá melhorias muito auspiciosas no trabalho.

Mancar

ver alguém mancando, sofrerá pressão de colegas no trabalho, para o rebaixarem; você mancar, está na hora de recomeçar os estudos, capacitar-se para enfrentar os concorrentes cada vez mais afiados.

Manchas

maledicência, calúnias, fofocas, diz-que-diz; encrencas ao seu derredor; desavenças, o seu comportamento com os outros é desleal, descortês e desonesto; no peito, doenças sérias e transtornos afetivos; no rosto, sua saúde está de mal a pior.

Manequim

vaidade, frivolidades; você ser um, bem que você gostaria de ser mais notado(a) e aplaudido(a); ver pessoa conhecida, no seu círculo de amigos você é tratado com certo menosprezo, prepare-se mais e enfrente essa situação.

Manhã

vitalidade, vida nova, início de novos projetos e muita força para superar todas as dificuldades.

Manjericão

usar, você gosta de comidas refinadas e exóticas; comer, sua saúde estará muito bem e terá forças para superar as dificuldades no trabalho; preparar uma receita com manjericão, os amigos acham que você é um bom cozinheiro, pena que não saiba lavar a louça.

Manteiga

você está refeito, recondicionado, tudo melhorará; bater, você será interrompido em seu descanso; espalhar, está procurando um equilíbrio interior; comer, sua saúde exige mais cuidados, embora tenha sorte em suas atividades; misturar manteiga com mel, terá felicidades junto de muitos problemas.

Manuscrito

um antigo, sua curiosidade é boa, mas deve ser direcionada a um estudo proveitoso e útil; de sua família, receberá notícias de parentes afastados e novidades para a sua árvore genealógica.

Mão

simboliza o seu trabalho, a sua atividade; direita, equilíbrio e correção; esquerda, irracionalidade, estupidez; possuir as mãos sãs, conseguirá terminar o seu trabalho com todos os projetos; mãos sujas, a sua consciência está inquieta, pois deve a vários amigos; mãos ensangüentadas, conseguiu o que tanto queria, mas os outros pagaram por você; ter as mãos cortadas, profundos danos financeiros; mãos inchadas, doenças, dissabores, complicações de toda ordem; belas, terminará um negócio com êxito; com uma mão levantada, fará uma promessa solene e todos serão testemunhas; com as duas levantadas, você desanimou e se entregou, mas não pode fazer isso, deve lutar sempre e sempre mais.

Mapa

ver, viagens, chegada de amigos distantes, notícias de parentes de países distantes; desenhar um, você deve melhorar seus projetos e adequá-los à realidade presente.

Maquiagem

disfarce, embelezamento artificial; fazer em si, você não está satisfeito com a vida que leva e quer mudar, mas não exagere; ver alguém fazendo, você quer esconder defeitos e cacoetes, mas todos sabem e não dão importância a isso.

Mar

calmo com ondas suaves, terá sorte, sucesso, serenidade de espírito; agitado, incertezas, angústia, sofrerá diversas contrariedades, dores e pesadelos afetivos, choques familiares, cuide das finanças para refrear gastos imprevistos, problemas com a saúde; cair no mar, fracasso, azar, situação crítica, mudanças desfavoráveis e desastrosas; afogar-se, desgraças, perigo, muito azar em tudo; nadar facilmente nas águas do mar, as circunstâncias são boas e o favorecerão em suas atividades; nadar em águas turbulentas, obstáculos, transtornos, momentos difíceis no trato com seus negócios; detestar o mar, período de euforia, com muitas condições propícias para realizar seus projetos; águas profundas, as perspectivas de sua situação serão mais confortáveis na mesma medida em que a visão seja profunda e rasa.

Maracujá

tranqüilidade, sossego; ver florido, busca de mais paz e tranqüilidade com a família; preparar um refresco de maracujá, felicidade, sorte, novos amigos e progresso no emprego, filhos indo bem na aula.

Marajá

riqueza, poder, luxo; ver um, terá problemas financeiros e perda de bens; ser um nacional, poderá ser acusado de desvio de verbas e enriquecimento ilícito; conviver com um, você gostaria de possuir muito dinheiro, mas pouco faz para aumentar a conta bancária.

Marcenaria

trabalho metódico, organização; estar numa, precisa organizar seu trabalho, ordenar como agir e levar adiante os seus projetos; possuir uma, você deve lutar por um negócio próprio e rever todos os projetos já traçados; ser empregado de uma, você é um artista inato, mas esconde os dons maravilhosos.

Maré

mudanças constantes, retorno ao que era, tudo passa; ver, haverá muitos transtornos em sua vida e sofrerá mudanças muito grandes.

Margarina

momentos de azar, preocupações financeiras, obrigações para com os amigos próximos, mas tudo será leve, nada muito grave.

Maricas

ser um, você deve deixar de ser tão machista, você não é o dono do mundo, é apenas mais um prepotente dos muitos que existem; ver um amigo ser, na sua família há alguém que possui tendências a ser.

Marido

para uma mulher, desejo de ser conduzida; para um homem, você tem um concorrente para o seu amor; para as solteiras, desejos intensos de casamento; para os solteirões, você quer tornar-se independente da família; que parte, surgirão muitas preocupações na família; apanhar do marido, gosto por desgraça, vontade de proteção e todos os cuidados do mundo, desejo de ser possuidora absoluta do ser.

Marimbondo

perigo, situação difícil; ver, há muito perigo em sua vida e na de sua família; ser atacado por, você tem muitos adversários que querem derrubá-lo, tenha cuidado com o que faz; ver alguém sendo vítima deles, um parente sofrerá um acidente muito grande.

Marinheiro

fatos perturbadores lhe trarão mudanças inesperadas, você deve analisar bem suas decisões e resistir a pressões externas; ser um, terá oportunidade de viagens longas, leia algumas histórias, porque seu ego está com sede de muitas aventuras, nunca acontecidas.

Marmelada

doce, êxitos no amor, e nos negócios problemas de organização; passar no pão, você deve ser mais diplomata e agradar às pessoas quando deseja favores, mas sem ser bajulador; uma na política, não atenda aos pedidos para ser candidato, pois perderá muito dinheiro e ainda rirão de sua atuação.

Marmita

ver, economize mais, pois o desperdício em sua casa é muito grande; cheia, obterá fartura, muitas festas e muita comida, mas cuidado com o regime alimentar; aberta e vazia, perda de dinheiro e economia forçada; buscar para a família, você está muito preocupado com a família, fique calmo.

Marquise

ver uma vazia, alguém olha para você com desprezo e se prepara para prejudicá-lo; você estar numa, os amigos acham que você está muito arredio e solitário; você se ver numa com muitas pessoas, a sua família deseja que você esteja mais presente e seja tudo aquilo que quer ser e se faz ver.

Martelo

ver, paixões, suspiros, amores intensos; usar, impulsividade, gestos violentos, ímpetos, falta de domínio dos seus ataques sentimentais.

Máscara

astúcia, esperteza, dissimulação; tirar, desejo de sinceridade, ser o que realmente é, vontade de contar alguns segredos a um amigo; colocar, você está escondendo algo; trágica, você gosta de dramatizar tudo; de beleza, mudanças efêmeras e superficiais; de diabo, quer parecer sempre pior do que realmente é.

Massa

prepará-la, sabe com certeza quais são os problemas; estirar, conseguirá resolver uma situação; comer, superará pequenas dificuldades; doce, seus anseios ainda estão por satisfazer; cozer, dificuldades em sua vida, mas conseguirá contornar um problema familiar.

Masturbar(-se)

alguém, problemas sexuais, desejos reprimidos; você praticar, insatisfação sexual, solidão, fuga de sua realidade existencial, abandono espiritual.

Matar

uma pessoa, você quer ter sempre razão em tudo; um bandido, os seus princípios morais são por demais rígidos; um indivíduo importante, desgraças, azares, processos judiciais; um chefe, não adianta querer vingar-se, pois o retorno será muito pior; um animal, azar, perdas financeiras; uma criança, não consegue agüentar as responsabilidades que assumiu, você é um fraco; uma cobra, separação conjugal; um parente, você é prepotente e vaidoso e ninguém o suporta na família.

Matemática

estudar, terá um encontro com pessoas muito sábias, obterá muita colaboração em seu trabalho, você pode orgulhar-se da perfeição dos conhecimentos, está bem informado, mas não durma, pois o mundo anda e anda depressa.

Mato

andar no mato, lazer, descanso, vida familiar intensa, proveito nos negócios; queimado, problemas de saúde, problemas respiratórios, escassez de água; cortar, problemas com a justiça, intrigas na família.

Matrimônio

casar-se com alguém desconhecido, desejo de fuga do próprio ambiente; civil, você é dos que detestam cerimônias; religioso, você é tradicionalista e gosta de ser filmado; de conveniência, insensibilidade, rigidez, dureza de sentimentos; viver em matrimônio sem ser casado, momentos rápidos de alegria; ver o cônjuge casar-se, o seu casamento se acabará logo; com viúva, abundância e ganhos financeiros, mas muito ciúme; com irmã, perigos, suas idéias têm vínculos com o complexo de Édipo, recomponha-se psiquicamente.

Mecânica

promessa de uma boa evolução em sua situação financeira, visto que terá uma promoção social muito substanciosa; seu curso de atualização será muito útil.

Medalha

de honra, é muito apreciado em seu ambiente social; religiosa, paz em sua alma, mas deixe uns minutos para seu lado espiritual, antes de afogá-lo; usar, sofrerá os ciúmes e invejas de pessoas; ganhar numa competição, o esporte não é seu forte, mas nem por isso deve ficar sempre sentado, ou deitado.

Médico

ver, falar com ele, você tem problemas insolúveis, pessoas estranhas a suas atividades lhe darão uma grande ajuda em suas reflexões, você deve sentir-se livre para tomar suas decisões pessoais; ser médico, cessarão os vários problemas que o perseguem, todos o aplaudirão pela maneira como superará os problemas que o envolvem nesse momento.

Meditar

está na hora de parar e ver qual o rumo desejado; reveja todos os projetos e analise os objetivos a serem alcançados; faça cursos de atualização e volte a treinar-se para continuar a ser o profissional que precisa ser de fato.

Medo

ter, insegurança pessoal, interior falta de equilíbrio, busca de amparo em amigos íntimos; de morrer, sua saúde está muito bem, seu espírito é que está cansado e debilitado por falta de repouso.

Mel

sorte e ganhos, suas atividades serão muito positivas e proveitosas para seus interesses; prosperidade e sorte; saúde de ferro para você e sua família; convalescença rápida para os parentes doentes; muitas alegrias com amigos e familiares; comer muito mel, terá surpresas agradáveis muito boas e proveitosas.

Melancia

inúmeras contrariedades que provocarão problemas de saúde e uma fadiga espiritual, que deverá enfrentar com coragem; cortar uma bem vermelha, uma paixão violenta e estonteante, mas tão passageira como a água da própria melancia.

Melão

comer, você se deixa enganar pelas aparências; colher, terá uma decepção muito grande; ver uma plantação, você está esgotado, precisa de férias e de um bom e longo descanso; ganhar um de presente, alguém quer enganá-lo e usará de todos os meios para atingir os fins propostos.

Memória

perdê-la, existe algo em seu íntimo que deseja esquecer; reavê-la, conseguirá superar um conflito; do passado, há toda uma história que lhe atravessa a vida, mergulhando no passando e o deixando preocupado, visite seus parentes mais velhos e ouvirá coisas bem diferentes.

Mendigo

muito breve sofrerá necessidades que transtornarão suas condições de vida e prejudicarão seus recursos financeiros. As desavenças por interesses acabarão de modo desagradável; perdas de vantagens e de bens.

Meningite

estar com, terá pequenos problemas de solução rápida, no mais sua saúde está ótima; alguém da família estar com, todo cuidado é pouco, pois a saúde dos filhos é frágil.

Mentira

perfídia, safadeza, traição de pessoas por quem tem muito afeto, decepção, pesar; você estar contando mentiras, um amigo lhe dará uma força muito grande.

Mercado

ver um, perderá dinheiro; comprar, ou pechinchar em um, conquistará novas amizades; trabalhar nele, você deseja desenvolver negócios; com estoque baixo, momentos desfavoráveis; estar sozinho nele, problemas com aquisições e negócios; de animais, fará negócios muito bons; de frutas e verduras, terá pequenas despesas; de peixe, concluirá logo os seus negócios; negro, desonestidade, safadezas, trapaças, problemas com a polícia; de ações, perderá dinheiro em um negócio com parentes.

Mercadorias

ver, há alguma coisa no trabalho que o preocupa; não vendidas, seus ganhos serão muito pequenos; pechinchar, procure salvar o que for possível; embrulhar, sorte em negócios e atividades gerais.

Merengue

promessas duvidosas o levarão a colher ilusões amargas, será traído por amigos que considerava fiéis, enfrentará altercações de baixo nível.

Mesa

representa, por assim dizer, a existência de quem sonha, englobando as relações afetivas, familiares, a estabilidade do ser, as mudanças felizes, ou infelizes; uma mesa bem posta, guarnecida com uma bela toalha branca, alegria, felicidade, promessa de formação de uma nova família, reconciliação, união próxima, perspectivas de um nascimento; uma mesa desorganizada, com a toalha suja, manchada, desavenças, disputas, intrigas, brigas, preocupação, preocupações financeiras; uma mesa estragada, velha, roída, desgraças, azares, problemas de toda ordem.

Meteorito

ver sua queda, enfrentará momentos muito difíceis e perigosos em sua vida, em suas relações afetivas e familiares, perdas financeiras, dores, sofrimentos, doenças.

Metrô

pegar um, sentirá várias mudanças rápidas em sua situação, essas modificações dependem das condições em que fará uma viagem, da necessidade de estar presente em outro local, da atmosfera, das pessoas, da ordem e limpeza do local; de modo geral , a circulação deste meio de transporte por um túnel faz antever situações incertas e pouco atraentes.

Milho

vida, pujança, força; ver uma espiga, riqueza, abundância, reunião com muitos amigos; debulhado em grão, dinheiro, sorte e felicidade; colher espigas, muita sorte no trabalho e promoção; cozinhar e comer, muita saúde, prosperidade e sorte em rifas; distribuir milho com as mãos aos animais, ganhará um bom dinheiro e será generosamente recompensado por um amigo; você comer milho seco, sua fome é demasiada e lhe convém retomar a dieta e controlar a boca.

Milionário

ser um, você tem muito medo de ser roubado, assaltado, enganado por amigos; deixar de ser um, sofrerá desvantagens sérias e terá problemas financeiros muito sérios; ter amigos milionários, seus amigos o exploram, e você acha que fazem isso por mera amizade, por favor, abra os olhos.

Mina

obterá êxito em virtude de seu empenho no trabalho; momentos difíceis, sacrifícios, necessidades, mas depois lhe virá o desafogo financeiro, a tranqüilidade no trabalho e o bom entendimento na família.

Ministro

ver um, alguma prosperidade passageira, sofrendo sobretudo com a inveja dos adversários; ser um, pura ilusão o negócio que lhe oferece um parente, quer apenas livrar-se de você; conversar com um, não vale a pena brigar por pouco, nem expor a saúde para ser falado.

Miopia

ser portador, todos vêm o que lhe acontece, menos você, precisa estudar mais e atualizar-se, pois muitos o consideram ultrapassado; ver alguém míope, sua liderança está sendo questionada.

Miosótis

saudades de horas felizes; recordações de tempos bons; alguém da família que o ama muito lhe dará notícias extraordinárias.

Miragem

ilusão, decepção, notícias desconcertantes; ter uma miragem, seus negócios melhorarão, descobrirá que alguns amigos passam adiante tudo a que você se refere como segredo.

Missa

ir a uma, satisfação interior; estar na, alegria, felicidade, momentos de calma; missa solene, comunicações importantes, visitas de amigos inseparáveis; cantada, momentos de alegria e satisfação; negra, sofrerá prejuízos e contrariedades com amigos e parentes ciumentos; ver através da tv, você precisa de momentos de espiritualidade mais intensa e momentos de reflexão.

Moços(as)

muita alegria, vitalidade; ver, você está com medo de ficar velho, pois não preparou seu espírito, não adianta usar alguns termos de gíria para parecer o que não é, o seu espírito é que carece de um rejuvenescimento, e as idéias encalhadas muitos anos atrás também.

Moda

ter interesse por ela, necessidade de sair de seu mundo costumeiro, habitual, precisa modificar seus costumes, seu modo de ser, mude sua visão dos fatos e do que deva fazer.

Moeda

encontrar moedas, pequenas vitórias; gastar, preocupações, contrariedades, incertezas; de ouro, sonhos irrealizáveis, impossíveis; de prata, mediocridade, falta de luta, pouca agressividade; de cobre, melancolia, tristeza; antiga, seus projetos se acabaram em nada; falsas, sabe que você foi enganado e não quer admitir; muitas, terá notícias de muitos bens, mas será alarme falso.

Mofo

ver , você está muito desatualizado e precisa de novos cursos para enfrentar os desafios do emprego; encontrar na comida, não adianta economizar de um lado e esbanjar do outro.

Moinho

de água de vento, em atividade, boas perspectivas para o futuro, promessas de felicidade, ganhos financeiros, riquezas, sucessos em seu trabalho, desafogo financeiro, alegria familiar; parado, estragado, obstáculos em sua vida, nos seus negócios, contrariedades diversas e preocupantes, precisa encontrar soluções, solidão moral e melancolia.

Moldura

gostar de ser visto, vaidade, aparências enganosas; grande, prazer limitado e problemas com manutenção da residência; pequena, você não é tão importante quanto se acha.

Molho

pôr na comida, seu apetite não está baixo como diz sempre, uma boa dieta não fará mal; ver molho diferente, você precisa variar um pouco a sua comida e buscar mais vitaminas .

Mongolóide

problemas de saúde física e mental; ver um, não se assuste, sua família está ótima, e o futuro herdeiro terá muita saúde e força; filho de parentes, alguns parentes não gostam de como agem seus filhos e eles acham que você não sabe educá-los.

Monstro

muito perigo , morte na família; reúna todas as suas experiências para enfrentar o que o atacará, pois será muito difícil sair dos problemas que sobrevirão, terá dificuldades financeiras e na saúde; ver um monstro uivar, as dificuldades cessarão em breve.

Montanha(s)

um parto difícil; subir a uma, já que tomou decisões firmes não precisa temer os novos obstáculos que lhe venham contra; estar no cume, sucesso, alegria, felicidades; descer, perdas financeiras, desgastes físicos; muito alta, terá a impressão de que não conseguirá vencer as dificuldades, mas insista que tudo é possível; coberta de neve, obterá um favor valioso; que queima, um sinal ruim, virão muitas dificuldades para perturbar-lhe a vida.

Morango

comer, alguns detalhes do seu caráter têm imaturidade visível; colher, viverá uma aventura sentimental , mas muito breve.

Morcego

dificuldades, mortes na família, azares nos negócios, angústias, tristezas, solidão moral, pouca saúde; ver morcegos, azares e má saúde na família, perda de amigos e dinheiro.

Mordida

ser mordido, os adversários vão mostrar toda a sua audácia, maldades, ódios, rancores, enfrentará humilhações e prejuízos para com os seus interesses; morder uma pessoa, agressividade poderá favorecê-lo contra os adversários, mas não escapará de reações violentas; homem ser mordido por mulher, será traído e largado pela pessoa amada, pois não está muito aborrecido.

Moringa

ver uma, seu medo é muito grande, mas deve desfazer-se dele para viver em paz; quebrar uma, romperá uma relação muito antiga e que parecia sólida; comprar uma, sua insegurança o leva a cometer bobagens, pois teme tudo.

Morte

ver a , bom sinal, muita sorte e saúde de ferro; falar com a mesma, você está vencendo seu medo, sua angústia, preocupações; procurar a morte, graves conflitos interiores, crise existencial; ver a própria morte, casamento próximo e saúde total; morte do cônjuge, você abandonará a família e sumirá do mapa; dos filhos, você tem demasiadas preocupações com a saúde dos filhos, você parece ser um pai muito coruja, quem está doente, logo terá uma melhora total.

Morto

beijar um, além de mau gosto, terá muito desprazer; falar com um, conseguiu vencer seu medo e temor; ver diversos, sorte, sinal de momentos bons e felicidades; velar um, você cultiva alguns sentimentos de culpa que só o perturbam; um que caminha, perderá dinheiro e bens; no caixão, você escapou de um grande perigo; na cama, insegurança, distúrbios, mudanças para pior; que ressuscita, sentirá os efeitos de um fato do qual muito se falará e que você lembrará sempre; você morto, terá muita saúde e vida longa.

Moscas

representam as pessoas insolentes, ciumentas, invejosas, desonestas, terá de suportar propósitos mal intencionados, fofocas, maledicências, aborrecimentos; pegar e matar moscas, você conseguirá livrar-se de alguns adversários comprometedores; ver em grande quantidade, será vítima de muitas fofocas, estará sujeito a uma separação amorosa.

Mosquito

seus relacionamentos logo se tornam inimizade; será hostilizado com atitudes ásperas e deseducadas, pois há muitos cheios de rancor que querem vê-lo humilhado e rebaixado; ser picado por, sentirá como os adversários procuram de todos os modos prejudicá-lo e humilhá-lo.

Motel

encontros amorosos; ir a um, terá surpresas com uma pessoa que pouco conhecia e se revela apaixonada por você; sair de um, alguém muito amigo vai abandoná-lo; estar num com outra pessoa, anda insatisfeito com sua atuação sexual.

Motocicleta

andar numa dirigindo, amizades sinceras e amores muito promissores; levar alguém do outro sexo na carona, uma relação amorosa muito intensa , mas de pouca duração; comprar uma, encontrará um grande amor e viverá uma paixão incontrolável; ter uma roubada, perderá um bom negócio e, também, sentirá as dores de ser abandonado por uma pessoa a quem muito ama.

Muamba

azar, problemas financeiros; ver, você está implicado em algumas denúncias judiciais e enfrentará um longo processo; negociar, o perigo pode agradar-lhe, mas tenha muito cuidado, pois enfrentará problemas muito sérios e graves.

Mula

teimosia, persistência, rudeza; ver uma, encontros desagradáveis, encrencas com parentes; montar numa, os adversários não lhe darão trégua, ainda mais que você obteve um ganho de causar inveja; ser escoiceado por uma, os adversários conseguirão atingi-lo e prejudicá-lo; ver uma correndo, sofrerá no emprego, perderá dinheiro e a saúde da família será abalada.

Mulher

símbolo da doçura, do amor, da paixão; para uma mulher, feminilidade; para um homem, doçura, afabilidade; bela, desejo intenso de beleza (para uma mulher), desejo de ter uma (para um homem), de ser o amado dela; grávida, boas notícias, novidades e muitos ganhos; com cabelos longos, lucros, muitos ganhos; feia, medo nas relações com o outro sexo; desconhecida, desejos de aventura, vontade incontrolável de aventuras amorosas; ver muitas, para um homem, timidez, medo; para uma mulher, ciúme; homem abraçando uma, desejo intenso de manter uma relação com uma mulher; uma nua, sofrerá grandes aborrecimentos na família e com a parentagem; tirar as roupas de uma, seus desejos sexuais andam muito pouco satisfeitos, é bom analisar-se e , sobretudo, controlar tais ímpetos.

Multa

ver-se multado, será promovido no trabalho e receberá um dinheiro inesperado; contestar em juízo uma multa, você deve reagir mais às provocações e não ser cordeirinho de todos; pagar uma, perda de dinheiro e encrencas com amigos e vizinhos.

Múmia

velhas impressões, recordações de outrora; falar com uma, você quer falar com alguém que não quer ouvi-lo de modo algum; ver uma, conflitos, encrencas, litígios; ser uma, você é mosca morta, todos fazem com você gato e sapato, está na hora de tomar uma decisão e dar um soco na mesa.

Munição

ver ou ter, seus sentimentos de reivindicação podem levá-lo a excessos pouco compatíveis com a sua posição, sobretudo com os seus propósitos escritos; usar, azar e mau sinal para suas atividades.

Muro

branco, segurança, tranqüilidade, boa vizinhança; preto, opressão, isolamento; pular um, alegria, liberdade; estar em cima, prosperidade, riqueza, domínio; ver um, você sabe das dificuldades que enfrentará; andar em volta, você conseguirá uma solução para os seus problemas atuais; trepar a um muro, tudo tem solução, inclusive os seus problemas; derrubar um, a sua determinação é fundamental para conseguir sucesso, você será um vencedor; de sua casa, você aprecia proteção e busca segurança em tudo; de madeira, seus objetivos são muito frágeis e de pouca duração.

Músculos

força, comando, imposição; ver grandes, você deseja muito ser forte e dominador; ver os seus, você gostaria de ser forte, mas nada faz para obter isso; murchos, medo e insegurança diante de amigos.

Museu

seu mundo se ampliará para maiores dimensões, o estudo lhe será muito útil para poder discutir com os amigos outros assuntos; ver-se num, sofrerá difamações e fofocas no círculo da parentagem.

Musgo

tranqüilidade, humildade, isolamento; ver, você gosta de coisas incomuns e de conversas reservadas com poucos amigos; colher na mata, deve ler livros de ajuda pessoal e buscar ajuda com amigos mais íntimos; cultivar, seu gosto é refinado, apurado, mas deve de evitar que outros se sintam inferiores a você.

Música

muita sensibilidade, gosto refinado; ouvir, felicidades, momentos de intensa alegria; produzir, você gosta de aparecer e quer porque quer ser o centro das atenções de todos; ouvir de longe, bom sinal, boas notícias e novidades promissoras; ouvir bem, muita tranqüilidade, muita paz, amor na família e amizades sólidas; ouvir mal, enfrentará dificuldades no relacionamento com amigos e parentes; fúnebre, receberá uma herança inesperada e muito valiosa; popular, você está precisando de um baile animado e de virar a noite.

N

Nabo(s)

decepção e amargura, infidelidade conjugal, perdas de amizades, solidão moral; plantar, ganhos fáceis e mudanças de rumo na vida profissional; sopa de nabos, saúde muito boa e bom apetite.

Nadar

em águas mansas, circunstâncias favoráveis para a evolução de suas atividades, promessas de êxito, riqueza, ganhos, prosperidade, alegrias no coração; em águas revoltas e limpas, dificuldades a vencer, riscos, mas perspectivas interessantes para melhorar a sua situação; em águas revoltas e turvas, contrariedades, sofrimentos, numerosos problemas, incertezas; não conseguir voltar à costa, ameaças de um perigo, enfrentará sofrimentos que serão maiores à medida que aumentam seus esforços; afogar-se, fracasso, azar, desgraças, infelicidades; praticar mergulho submarino, apesar de seus esforços e vontade de vencer, os adversários o obrigarão a respeitar suas decisões; em uma piscina, vida tranqüila, tire aquelas férias e tenha muito lazer para refazer suas forças.

Naftalina

ver, você tem muitos medos e receios desde criança; colocar no guarda-roupa, seu guarda-roupa precisa atualizar-se e pede roupas novas.

Namorado(a)

ter, decepção, separação amorosa, solidão, desejo intenso de ter alguém com quem partilhar os anseios; romper com, logo terá relações sólidas e poderá sair um casamento; ter um loiro(a), traição e infidelidade, encrenca com a pessoa amada, ou com familiares.

Nc morar

desejos de obter uma relação amorosa; com desconhecido(a), busca de novidades, anseios por festas e distração; um objeto, impulsividade, descontrole dos nervos; com velho amigo(a), insegurança, falta de apoio de alguém, desejo de ter com quem abrir o coração.

Nanico

insatisfação, vergonha; ser um, você se sente em desvantagem ante seus adversários; ver um, você tem compaixão por pessoas fracas e medo de pessoas fisicamente fortes; tornar-se, perderá várias oportunidades de trabalho e ganhos; de circo, a sua fraqueza faz rir os outros e você só sente vergonha.

Nariz

muito grande, vaidade, prepotência, curiosidade desmedida, importunador dos outros; machucado, problemas na família e na profissão, conflitos, disputas, brigas; não conseguir respirar, perdas, obstáculos nas negociações, ou na finalização de um negócio; inchado, calúnias, fofocas, maledicências; arranhado, dificuldades de decisão ante um ponto muito importante; colocar os dedos no nariz, será vítima de uma vulgaridade, objeto de desprezo de colegas e "gozação" de todos.

Nascimento

momento de alegria, felicidade, bem-estar pessoal; de um filho, esperança, felicidade, tranqüilidade; de uma pessoa doente, mau sinal, morte, desgraças, doenças; ver um, terá momentos de muita felicidade e satisfação; de gêmeos, muita sorte, prosperidade; de uma flor, sua sensibilidade é intensa, e você é uma pessoa que se destaca sempre por sua maneira suave de ser.

Natal

paz familiar, amor, tranqüilidade de alma; festejá-lo, presentes inesperados, sinais de muita prosperidade e muita paz interior; esperar pelo Natal, você é muito sentimental e o que mais deseja é ver a família reunida; cantar na noite, sua paz interior é deteriorada, medite e reze para sentir que a maior paz que o ser humano pode almejar é a que vem de Deus.

Naufragar

mau presságio, perigo de vida e saúde abalada; você a naufragar, prepare-se para enfrentar os adversários e vencê-los a todos; ver alguém a, alguns amigos lhe darão uma ajuda preciosa e, finalmente, poderá deslanchar o velho projeto de um negócio próprio.

Navalha

perigo, acidentes; usar, quer prejudicar a alguém, cuidado com seu ciúme, com aquela ponta de inveja que, por vezes, desponta em seu coração; ferir-se com, discussões, encrencas em família; fazer a barba com, você se preocupa muito com a aparência externa, mas deve cuidar também do seu espírito.

Neblina

insegurança, medo, hesitação na tomada de decisões; perder-se nela, você possui vários negócios inconclusos; procurar alguém nela, alguém está lhe criando problemas e só pensa em prejudicá-lo; que se vai, logo conseguirá superar momentos difíceis e trabalhosos.

Necrologia

notícias alarmantes, muitas dificuldades, desgraças, acidentes e mortes na parentagem.

Negro

complicação em seus negócios, dificuldades nas relações afetivas, alguns desafetos seus vão mostrar os dentes e tentarão, de todos os modos, prejudicá-lo, use de todos os recursos disponíveis para enfrentar traições, decepções, brigas, momentos delicados e penosos.

Neto

prosperidade, alegria; possuir um, você se preocupa com a continuidade de sua família pelos séculos; ver um, muita saúde e felicidades na família, paz e tranqüilidade entre todos.

Neve

brancura, pureza, sinceridade, castidade; ver, terá uma aventura amorosa; ver cair a neve, está chegando a sua hora, não a deixe passar; afundar na, foi lembrado por um amigo importante; caminhar na, suas atividades sofrerão uma puxada de freio; ser sepultado pela neve, enfrentará um período muito difícil, mas, se conseguir sair da neve, as dificuldades passarão logo; amontoar, ganhos de dinheiro, liberdade para agir; que se dissolve, momentos favoráveis aos negócios; brincar na, conseguirá neutralizar os adversários e dar a volta por cima; fora de estação, haverá diversos imprevistos em sua vida.

Ninfa

ver, seus sentimentos para com uma pessoa que aprecia muito estão se tornando fortes, seu coração está muito feliz, mas há um longo caminho a percorrer; ver desaparecer, dissabores sentimentais, fracasso.

Ninho

amor dedicado à família, alegria, muita felicidade; vazio, a família não o satisfaz e você está muito ausente; de passarinhos, alegria e muitas festas; de cobras, preocupações, traições, doenças; de vespas, vai enfrentar algumas pessoas muito perigosas; construir um, gostaria de ter uma família, mas para isso é bom fazer tudo que lhe seja possível; destruir um, quer acabar com a sua família, e a fuga lhe parece o melhor meio de sair disso; colocar um em sua casa, seu amor pela família é muito grande, mas você é muito dependente.

Nó

na gravata, você quer ser elegante e ter boa aparência; em barbante, sucesso em algumas atividades e dificuldades em outras; numa corda, suas afeições serão retribuídas, mas sempre haverá desconfianças; não conseguir desfazer um nó, enfrentará problemas familiares e decisões contrárias ao que esperava.

Noite

clara, brilhante, tranqüilidade de espírito, paz interior, prazer, satisfação pessoal; escura, momentos perigosos, dias agitados e necessidades momentâneas sem solução.

Noivar

para cônjuges, existe o perigo de morte de um dos dois; ver (para uma mulher), muita alegria e felicidades; ver (para um homem), terá uma atividade muito importante e trabalhosa; casado que noiva, romperá um amor antigo e terá encrencas com amigos por motivos fúteis.

Nômade

situação precária, sentimentos instáveis e incertezas; ver um, sua falta de decisão vai prejudicá-lo; ser um, você ainda guarda no fundo o sentimento de que é preterido na família e pensa que a fuga lhe será uma libertação; ver um grupo de, na sua parentagem alguns o acham esnobe e querem humilhá-lo, cuidado.

Nora

reconciliação familiar, retomada de antigas amizades, afetos leves e suaves; ter uma, mudanças na vida familiar e na residência; ver uma futura, problemas de relacionamento na família, pois o ciúme é muito grande nos membros do grupo.

Notícias

espera, ansiedade por coisas novas, você está esperando algo que muito o aflige; receber, alguém fala de você, se for otimista, será bem, se pessimista, será mal; dar notícias, você é muito curioso, e a curiosidade mata os sentimentos; ler uma, há algo que o assusta, e você anda muito assustado com tudo.

Novela

instabilidade emocional, carência de um lazer sadio e estável; você precisa de distração e divertimentos para suas horas de folga; terá uma longa e duradoura temporada de paz para os sentimentos; ver, procure lazer, repouso, alegria familiar e comunicação com as pessoas que o cercam.

Novilho(a)

segurança, proteção, seus bens só aumentam e estão cada vez mais seguros, prosperidade e riqueza; ver um feroz, haverá uma mudança muito ruim em sua vida com prejuízos sérios para sua saúde; ver no pasto, terá muita sorte; gordo, abundância e fartura; magro, enfrentará dificuldades financeiras e de emprego; de ouro, você é muito avarento, é o autêntico “mão-de-vaca”.

Nozes

ambição, ganância, desejos de mais ganhar e sempre; encontrar algumas escondidas, riqueza, fartura e muita sorte; quebrar, terá dificuldades para realizar negócios encetados; colher, os seus desejos serão ouvidos e terá muitas felicidades; dar de presente, farão a sorte das pessoas que as receberem; comer muitas, terá muita riqueza e abundância em sua vida; comer somente algumas, terá pequenas alegrias e raros momentos de felicidade.

Nu

ver-se, sorte nos negócios e mudança de profissão; andar nu, terá muita sorte em atividades novas e resolverá as questões familiares, porém modere a ambição um tanto desmedida, terá uma ajuda afetiva muito eficaz; nu em sua casa, sente muita liberdade de ação; caminha nu, é a pessoa franca, que gosta de mostrar todas as facetas do caráter; ver o cônjuge nu, traição, infidelidade conjugal, ciúmes exagerados; ver-se nu em uma revista, desejo intenso de ser visto, notado, admirado, vaidade.

Núpcias

dificuldades próximas a tal ponto que seu ambiente ficará desestabilizado, peça o apoio da família para enfrentar os momentos mais terríveis; segundas núpcias, ilusões e decepções amargas.

Nuvem(ns)

no íntimo representam o seu estado de alma, algo irreal e inatingível, por ser muito passageiro; baixas, muitas preocupações, contrariedades; altas, as dificuldades estão longe, mas estão chegando; cair das nuvens, descobrirá uma realidade dura e cruel, esteja preparado; caminhar nas nuvens, sua fantasia é imensa; que correm no céu, você é lunático, é maluco, e todos o acham criativo; negras, enfrentará problemas muito sérios, difíceis, tristes; brancas, serenidade, sossego, tranqüilidade; vermelhas, momentos de raiva, de ódio, de rancor; de cor cinza, a melancolia lhe domina a alma, e o seu espírito vaga incerto na busca de um ombro onde derramar lágrimas, alguém perto de você está esperando; rosas, doçura, afabilidade, paz e muito amor.

O

Oásis

momentos de grande felicidade, apesar de atravessar um período de muitas incertezas e angústias, fará uma viagem a um lugar próximo, embora projetado há muito tempo; sair do oásis, voltam as dificuldades e as carências primeiras; estar num oásis em boa companhia, realização sexual amorosa, há muito tempo almejada; ir a um sozinho, seu desejo de solidão é muito grande, mas deve controlar-se, pois os amigos o desejam em seu meio.

Obedecer

a uma pessoa, controle-se bem, pois você tem muita expansividade, e isso pode ser um entrave a um acerto com seus superiores; você mandar alguém obedecer-lhe, está muito inseguro no que deve de fazer.

Obesidade

sua situação enfrentará uma evolução que irá depender de todas as suas esperanças, ganhará um desafogo financeiro através de um aumento salarial, prosperidade, sorte; você ser obeso, prepare-se para enfrentar momentos de tensão entre os colegas de trabalho.

Obras

ver em edifícios, você está querendo muito mais do que lhe será possível conquistar; sofrerá decepções e fracassará, caso não modifique seus planos, perdas de dinheiro, encrencas e rixas; construir, em sua casa, ou na parte profissional, sentirá uma constante perda em suas atividades, enfrentará questionamentos contínuos de opositores, contratempos aborrecedores.

Oculista

ver um, alguns amigos seus procuram prejudicá-lo, e você não percebe; ser um, terá de enfrentar doenças sérias; ver amigo no oculista, sua situação financeira está periclitante e ficará pior.

Oceano

ver, incertezas quanto ao futuro; atravessar, ao fim de uma longa viagem terá uma vida totalmente diferente da atual; suas atividades serão completamente diversas.

Óculos

usar, você tem de analisar bem suas idéias, pensamentos e projetos, exija que se cumpram suas ordens com toda exatidão; quebrar, qualquer erro nos cálculos poderá ser muito desastroso; alguém com óculos, seus adversários não valorizam suas ações e farão esforços para anular todo e qualquer esforço seu; você comprar óculos, comece a ver melhor tudo que o cerca a fim de não ser surpreendido.

Odalisca

ver, seus desejos amorosos necessitam de complementação, você está ansioso por um amor que não lhe vem; abraçar uma, seus desejos sexuais estão reprimidos.

Ódio

ter contra alguém, várias mulheres possuem interesse por você, mexa-se; ser objeto de ódio de outros, muitos desafetos seus o detestam, mas, se você souber agir, logo os superará e terá muitos trunfos contra eles; ver ódio nos outros, receberá muito amor de amigos e familiares e sentirá pleno bem-estar.

Ofensa

receber, promoção no emprego, uma viagem e reconhecimento de todos quanto ao seu trabalho; receber ofensa de uma mulher, encontrará um grande amor e se sentirá um rei; receber ofensa de parentes, nem todos o amam, mas tenha cuidado, pois há os que abusam de sua confiança, está na hora de ver o que fazem e dar-lhes a devida correção.

Office-boy

ver um, você precisa comunicar-se mais e melhor; ser um, além da necessidade de comunicar-se melhor, o estudo está esperando por você, sua capacitação, sempre adiada, não mais pode esperar.

Oficina

ver uma, prosperidade, abundância e muita riqueza; fechada, perderá dinheiro e outros bens, pois a doença é muito grande em sua família; levar o carro a uma, ganhará dinheiro extra; ser dono de uma, ganhos extras, recebimento de uma herança.

Óleo

tomar, doenças, problemas estomacais; de oliva, sorte, sucesso, felicidades, bem-estar; de qualquer semente, a simplicidade de um amigo é apenas aparente, pois usa máscara; comprar, se souber tratar os amigos, terá uma grande ajuda; vender, seus dias de sorte estão se acabando; derramar, coisa ruim pela frente, azares e problemas sérios; ajuntar, em vão buscará reaver a sorte; santo, sua vida será tão longa como a de Matusalém; para motores, você enfrentará dificuldades sérias durante uma viagem, mas nada demais para a sua habilidade.

Olhar

você a olhar, tenha cuidado com certos amigos bajuladores, pois querem apenas enganá-lo; alguém olhar para você, está sendo vigiado pelos adversários e querem derrubá-lo; uma pessoa do outro sexo olhar para você, surgirá um grande amor em sua vida e se deixará envolver totalmente.

Olhos

abertos, tensões, nervosismos, traumas; não conseguir abrir, você vive muito nas nuvens; fechados, não se oponha aos acontecimentos; doentes, decepções nos negócios e problemas na família; feios, cometerá erros sérios; belos, sucesso, felicidade e muitas vitórias; perder os olhos, desgraças, doenças, infelicidades; ter apenas um, julgamentos sérios quanto à sua atuação, você demora muito a entender o que lhe dizem e fazem; lacrimejantes, enfrentará muitos dissabores, doenças; dor nos olhos, você cultiva uma paixão dolorosa e não tem correspondência; azuis, alegria, tranqüilidade; verdes, traição, infidelidade; pretos, pobreza, necessidades materiais; vermelhos, doenças, desgraças; um de cada cor, indecisão, existência de muitos que o detestam e tramam a sua queda.

Olho-d'água

nascimento, vida; ver um, começará uma nova e proveitosa atividade; beber num, você está no caminho certo quanto aos seus estudos e preparação profissional.

Oliva (oliveira)

felicidade, harmonia, afetividade familiar, relações amigas, paz de espírito; ver um galho de, suas relações com as pessoas melhoraram, distensão de ânimo, tranqüilidade.

Ombros

largos, você é uma pessoa muito correta e justa; magros, você necessita da ajuda de amigos e tem medo de buscá-la; estreitos, você nem sempre avalia as conseqüências dos seus atos e, por isso, sofre muito; caídos, o seu desânimo é conhecido e o prejudica bastante.

Omelete

comer, problemas financeiros, carestia; fazer uma caprichada, você procura enganar com falsa aparência, mas todos desconfiam de suas atitudes; pedir em bar, você está com muito azar.

Onça

ver uma, vai enfrentar problemas no trabalho e em seus negócios; encontrar uma no mato, enfrentará problemas sérios com colegas de trabalho, mas, sabendo agir, tudo ficará bem; matar uma, é proibido pela lei, e isso lhe trará muito azar e perdas, traições, infidelidades; presa, conseguirá superar todas as dificuldades e começar os novos projetos; ver onça bebendo água, lembre-se da hora de onça beber, você está sendo vigiado por diversos desafetos.

Onda(s)

suaves na areia, sua vida será muito tranqüila e feliz na família; fortes e violentas, enfrentará muitas traições e decepções; surfar nas ondas, você é imaginativo, mas deverá ser mais hábil ao tratar com pessoas desconfiadas; batendo em navio, poderá perder o emprego se não for compreensivo com os superiores; quebrando em rochas, seja forte e inabalável, persistente e conseguirá vencer as dificuldades, pois "água mole em pedra dura tanto bate até que fura".

Ônibus

vontade de viajar, desejo de conhecer outras terras; cheio de pessoas, livre-se de amigos indiscretos e fofoqueiros; vazio, fará uma longa viagem sozinho; em chamas, terá muita sorte e ganhará dinheiro.

Operação

passar por uma, situações cruéis e dolorosas, os momentos lhe serão muito adversos, será ajudado por pessoas sinceras e amigas, problemas sérios de saúde; assistir a uma, sério conflito familiar, humilhações, prejuízos morais e financeiros, denúncias policiais e judiciais, doenças.

Oração

estar fazendo uma, sua espiritualidade está em baixa, você precisa orar e ler muito sobre espiritualidade, não adianta dizer que é amigo de Deus, os amigos fazem sacrifícios uns pelos outros; ser convidado a uma oração, de fato, sua necessidade espiritual é imensa, há um grande vazio em sua alma, os amigos o vêem como um ser seco; ver outros em oração, seja amigo sincero e desprendido e terá respostas a suas indagações.

Orador

ouvir um, sua sinceridade é interesseira e ligada apenas a favores; ser um, nem sempre você é sincero com as pessoas, nem tudo o que diz é coerente; ver um, os amigos desconfiam de que você é um tipo de dupla personalidade, pois com eles sorri e, por trás, os apunhala.

Orégano

sua falta de apetite é devida à falta de lazer e repouso, não exagere nos temperos, pois o seu estômago não é feito de ferro.

Orelha(s)

saudável, você é uma pessoa de coerência; doente, os seus julgamentos são apressados, ainda mais que você está mal informado; cortada(s), desgraça, encrencas, doença; ferida, uma pessoa quer vê-lo mudando de idéia; comprida, você precisa ouvir melhor os outros e mudar um pouco as idéias ultrapassadas; perdê-la(s), enfrentará negócios ruins; limpá-la(s), precisa entender melhor uma situação; tapá-la(s), não quer reconhecer a realidade, por isso muitos o acham estúpido.

Órgão

ver o instrumento musical, nem todos os sonhos podem ser transformados em realidade; tocar um, a música é muito importante na vida, e todos precisam dela.

Orgasmo

a sua vida sexual não satisfaz os desejos eróticos; faça uma análise séria de suas atividades e descobrirá furos em sua vida sentimental, porém passíveis de serem sanados logo.

Orgia

excesso de prazeres, você tem ligações muito efêmeras com pessoas de baixa qualidade, isso vai prejudicar os negócios, alguns amigos começam a detestá-lo e logo serão inimigos ferrenhos.

Orixá

ver um, sua vida espiritual está muito falha, vazia, desprovida do essencial; conversar com um, os amigos lhe dão bons conselhos, mas você acha que está acima de tudo e ouve ninguém.

Orquestra

ver uma, precisa de organizar-se para que o trabalho corra bem e seja produtivo; tocar em uma, os amigos são verdadeiros, você é que está sempre contra eles e lhes faz pouco caso; ouvir uma, ouça mais os conselhos dos familiares, pois todos querem o seu bem.

Orquídea

beleza exótica, matas profundas, segredos, excentricidade; ver uma, descobrirá logo um grande amor bem perto de si; colher uma, receberá um grande presente, ou será sorteado em uma rifa; colocar uma num vaso em casa, sua permanência em casa é muito valiosa para o bem-estar dos filhos; ser presenteado com uma, os amigos lhe darão uma grande ajuda, mas deve corresponder à confiança depositada.

Osso(s)

humanos, muita tristeza, morte na família e doenças; de animais, encontros perigosos, encrencas com a família, amores clandestinos; recolher ossos, enfrentará contrariedades com negócios e amigos; examinar os próprios, vida longa e muita saúde, mas correrá perigo profissional, pois alguém quer o seu cargo; enterrar ossos, esqueça as amarguras do passado e comece vida nova.

Ostra

ver, alegria, felicidade, convivência familiar muito boa, desafogo financeiro, prosperidade; comer, sucessos nos negócios, sorte com rifas e recebimento de uma pequena herança.

Otário

ver um, cuidado com certos amigos que querem passar-lhe a perna, pois julgam que seja um grande babaca; ser um, sua esperteza é conhecida, mas tenha cuidado, pois todos a conhecem; conversar com um, ouça os conselhos dos amigos e procure segui-los.

Ouriço

ver um, sorte nos negócios, bom desempenho em suas atividades; ser ameaçado por um, não adianta fugir de seus deveres, será sempre cobrado por isso e, a qualquer hora, deverá assumir os deveres.

Ouro

comprar , alguém fala de suas dificuldades financeiras; perder, maus negócios, péssimo desempenho profissional; encontrar, perderá tudo, ou quase tudo que possui; fundir, você é muito indeciso na condução dos negócios; mostrar a outros, insegurança, hesitação, medo de errar; presentear, você é muito hábil nos negócios e esperto na condução dos trabalhos; receber de presente, você tem de procurar aliados para levar adiante os negócios e obter o que deseja; em lingotes, a sua riqueza é grande e duradoura, muita firmeza nos negócios; carregar ouro, sorte em tudo, com muito dinheiro; ouro falso, riqueza, bens e bem-estar; cavar para tirar ouro, boa saúde e ótima disposição para o trabalho; dentes de ouro, saúde boa.

Outdoor

ver um, você gostaria de ser mais conhecido, mas não se esforça para isso; ver o seu nome em um, vaidade, vontade de aparecer, de ser visto; fazer um, com bom trabalho e honestidade todas as pessoas são reconhecidas e recebem elogios.

Outono

felicidade, alegrias familiares, lembranças, não enfrenta dificuldades momentâneas, contudo, não fique dormindo, pois a direção dos ventos está mudando, e sua sorte se acabará logo.

Ovas

ver, muita sorte, felicidade, nascimentos na família; comer, muita saúde, vida longa e paz na família, comprar, receberá uma ajuda importante para resolver um velho problema.

Ovelha

resignação exagerada, deve sacudir o pó e reagir com firmeza; preta, mau sinal, azar muito grande nos negócios e, sobretudo, problemas com os filhos; possuir uma, perderá em jogos e não terá sorte em rifas; perder uma, um filho deixará a casa e irá para longe; comer carne ovina, problemas de saúde, dores estomacais e dores de cabeça; ser a ovelha perdida, ore sempre, e o Bom Pastor resgatará a ovelhinha.

Ovo(s)

ovos frescos numa cesta, momentos de sorte, felicidades, prazeres, festas na família, finanças boas, harmonia conjugal; chupar ovos, sentir intensamente o prazer da vida; cozer, momentos de grande satisfação, mas após virão dificuldades, carências e muitos contratempos; ovos duros, sofrerá perdas e dissabores; brancos, muitas alegrias, horas de prazer na convivência com amigos; quebrar ovos, encrencas, desavenças com parentes e amigos; encontrar um ninho com ovos, muita sorte e recebimento de dinheiro inesperado; ovos podres, maledicências, calúnias, sua reputação ficará seriamente prejudicada; alguém lhe atira ovos, ofensas, maledicências, doenças; comer ovos crus, lascívia, luxúria, sensualidade.

Oxigênio

ver-se no oxigênio, sua saúde está muito boa, mas nem por isso é preciso abusar, alguém na sua família sofrerá um acidente grave; ver outra pessoa desconhecida no oxigênio, um parente seu precisa de sua ajuda, e você o ignora totalmente.

P

Pá

usada para obter bons fins, evolução favorável dos negócios, ganhos, progresso em sua carreira profissional; ver uma jogada, doenças, morte na família e azar com pequenos negócios; com o cabo quebrado, problemas de relacionamento humano no trabalho e pequenas rusgas na família.

Paca

ver uma, surpresas no seu relacionamento afetivo, você é muito retraído; matar uma, problemas com a lei e atritos com vizinhos invejosos; comer carne de, prazeres rápidos e muitos problemas com a parentagem.

Padaria

entrar em uma, ganhos e recebimento de dinheiro, boas amizades; ser dono, dificuldades nos negócios devido à concorrência e à pouca produção; tomar café numa, receberá muitas visitas para uma festa em família.

Padiola

muita saúde na família; ver uma levando um familiar, alguém na sua família acha que você fala mais do faz; levando um desconhecido, tenha mais cuidado na direção de carros e ao atravessar ruas, pois pode acontecer-lhe um acidente muito triste e doloroso.

Padre

que abençoa, uma doença chegando devagar e demorando para ir; ser um, você não dizer o que pensa , nem o que realmente deseja; conversar com um, seu desejo de espiritualidade é muito restrito e medroso.

Padrinho

proteção, carinho, amor; receber um, calma e muita paz na família; ser um, amizades na parentagem e família, muitas visitas de amigos e encontros agradáveis; ser convidado para ser, os amigos lhe apreciam a sinceridade e honestidade.

Pai

vê-lo, consciência de segurança, coragem; morto, quando menos espera, receberá ajuda de alguém; na agonia de morte, você tem muitas angústias, ânsias, medos e fobias; encrencar-se com ele, azar, problemas financeiros e de relacionamento; muito autoritário, você se sente ofendido, mas não sabe reagir com firmeza; que bate em você, você recebeu uma punição injusta de alguma pessoa importante e até hoje não se libertou da mágoa; doente, você espera muito para tomar decisões; tornar-se pai, você acredita no casamento e, se estiver solteiro, logo estará casado.

Pai-de-santo

ver um, terá problemas de saúde e receberá notícias imprevistas e pouco agradáveis; conversar com um, um amigo vai ajudá-lo, mas um parente procurará prejudicá-lo.

Paisagem

apreciar todo um conjunto de plantas, flores, animais, acidentes geográficos, um panorama completo, você é uma pessoa que tem premonições, possui uma intuição aguçada e vê longe, deve cultivar essa virtude e usá-la para o bem de todos; você está no cume de um monte e contempla uma paisagem deslumbrante, terá muita alegria e felicidades imensas; você nota uma paisagem feia, sofrerá preocupações e desilusões com amigos e parentes.

Palácio

ver um, sofrerá ataques de colegas por inveja, não conseguirá realizar os desejos; estar em um, alguns parentes vão ajudá-lo financeiramente, mas terá muitas dificuldades com a família; em chamas, os seus sonhos são impossíveis e cada vez mais difíceis; em reforma, você precisa rever suas atividades e mudar o rumo dos trabalhos; em demolição, um grande amor desaparecerá, e você sofrerá muita amargura.

Palanque

ver um, sua vontade de concorrer a um cargo público é muito forte, por que não ver o que dizem as urnas?; estar num discursando, muitos amigos acham você um "chato", portanto não se meta a grande orador, nem a pregador, é difícil convencer alguém quanto a nossas idéias.

Palavrão

ouvir, sua delicadeza está meio áspera, e você esconde a falta de argumentos com palavrões; dizer um, muitos colegas acham que você é um tanto rude, seja diplomata e obterá muito mais.

Paletó

de lã , você é friorento até sonhando, mas receberá um apoio importante; de linho, é independente e sabe agir com firmeza; manchado, você carrega culpas em seu âmago; fora de moda, você possui um complexo de inferioridade que assusta a todos; vestir um, segurança, firmeza, certeza do que deve fazer; segurar na mão, todos sabem que gosta de ser visto com um ar esnobe e petulante.

Palhaço

mostra sempre tristeza, dissabor; num circo, não adianta procurar escusas, não conseguirá esquecer os problemas que lhe tiram o sono; ser um, você é um tipo muito alegre, mas não exagere, nem todos gostam de aplaudir, está sendo suportado, apenas isso.

Palhoça

ver uma, gosto romântico por coisas simples, mas só na fantasia, na realidade, nada como a boa vida; viver em uma, terá problemas financeiros e carestia; ver amigos numa, receberá ajuda importante de alguém da parentagem que lhe dá muito valor.

Palito

numa caixa, azar e insucesso nas atividades e no desempenho da função; palitando os dentes, é perigoso, dissabores e dificuldades; ver-se palitando os dentes, seus amores serão muito curtos e pouco satisfatórios; ver outra pessoa palitando os dentes, será traído na própria família.

Palmeira(s)

ver, muita glória, sucesso, progresso na carreira; ver um palmeiral, terá muitos filhos e sobrinhos com muito sucesso; descansar à sua sombra, sua vida será muito tranqüila e feliz; ver as folhas caírem, haverá um pequeno acidente em sua família; derrubar uma, seus adversários se acalmarão; cortar as folhas de uma, receberá ajuda forte de um amigo e conseguirá realizar o velho projeto.

Palmito

comer, muito sucesso, sorte, ótima saúde; comprar, será sorteado em festa pública de escola, ou igreja; derrubar, problemas com justiça e briga com vizinhos; plantar, seus negócios serão um sucesso muito grande e logo conseguirá realizar todos os desejos.

Pálpebras

ver, você precisa descansar mais; fechadas, não vê o que se passa ao redor e, por isso, todos se aproveitam de sua ingenuidade; piscando, há um grande amor bem perto de você, é só abrir os olhos.

Pamonha

ver, está com saudades dos tempos em que era criança e não tinha responsabilidades; comer, seu estômago está meio desajustado e não é de ferro, cuidado com o que come.

Pancadaria

ver uma, você enfrentará problemas de ordem econômica e encrencas com vizinhos barulhentos; estar numa, problemas com a justiça por causa de vizinhos e parentes; chamar a polícia ao ver uma, será intimado para ser testemunha de problemas judiciais; fugir de uma, sofrerá um acidente no trânsito.

Pandeiro

ver um, você gosta de festas, mas custam muito, e sua verba está curta; tocar um, você tem muitos amigos e deve aproveitar sua amizade alegre e prazerosa; ouvir um, alguém vai convidá-lo para uma festa muito animada, não deixe de ir.

Pandorga

ver uma, alegria, liberdade, satisfação na vida com a família; soltar, muitas alegrias e convites para um casamento muito comentado; enroscar uma, terá problemas sérios com colegas de trabalho, devido ao fechamento de contas, nas quais houve safadezas.

Panela

é o símbolo da família e da dona de casa especialmente; vazia, decepções no casamento, dissabores na família; cheia, tranqüilidade, harmonia, paz na família; no fogo, você está esperando algo, um milagre para resolver um problema, ponha as mãos na massa; com água fervente, algo imprevisto lhe sucederá, e enfrentará alguns problemas; ter diversas no fogo, visitas inesperadas de parentes famintos e muito alegres; tirar a tampa, vive procurando algo, mas não sabe bem o que é, aí se torna difícil alcançar o objetivo; furada, você desperdiça energias e boas oportunidades; derramando água, você deve economizar e evitar tantos gastos inúteis que lhe atrapalham a vida.

Pano

de algodão, há uma pessoa infiel perto de você; de seda, alguém lhe agrada muito, mas esconde as reais intenções que tem; de lã, conforto e bem-estar na família e na parentagem; velho, deve apresentar-se melhor, pois isso conta muito para todas as funções públicas.

Pão

comer pão fresco, branco, saboroso, desafogo financeiro, segurança material, felicidades, prazeres na família; ver alguém comendo pão velho, seco, duro, dificuldades, dissabores, muitas preocupações, negócios em queda, dificuldades financeiras, desavenças; comer pão quente, saúde ruim, cansaços, mal-estar, indisposição; cozer pão, ou ver, sucesso nos negócios, nas atividades, sorte, situação financeira boa; possuir grande quantidade de pão, dívidas, falta total de dinheiro, preocupações financeiras; quebrar o pão, ciúmes, discórdias, inimizades; distribuir pão a pessoas, sua caridade é limitada, você pensa muito pouco nos outros e é visto como um pão-duro; migalhas de pão, miséria, falta de meios de sobrevivência; pãezinhos duros, pequenos ganhos, mas muitas dificuldades no trabalho; receber pão de presente, muitas pessoas querem ajudá-lo e sabem que nem só de pão vive o homem, precisa de algo espiritual também.

Papa

ver, consolo, satisfação, paz de espírito, amor entre os seres humanos; ser abençoado por ele, receberá a ajuda importante de um amigo; conversar com ele, uma autoridade lhe negará audiência, e você perderá um bom negócio, se não souber agir politicamente.

Papagaio

símbolo do falador inconsciente, do repetidor; ver um, briga na família, encrencas com parentes; na gaiola, infelicidade no lar, desarmonia conjugal, problemas com os filhos; falar com um, sofrerá muitas intrigas na família, fofocas e calúnias; matar um, infelicidade, desgraças e doenças.

Papel

estampado, sua expressão escrita e oral é muito desenvolvida, aproveite essa qualidade no desenvolvimento de sua carreira; ver, você deverá providenciar certificados, documentos para regularizar sua situação; encontrar papel, sorte, receberá um empréstimo a juro zero; queimar, desfará um contrato e conseguirá uma ajuda do serviço de proteção do consumidor; colorido, gosta muito de tudo o que é novo, mas não esqueça: o que hoje é velho já foi novo, novo em folha.

Parabéns

ver sendo cantado a alguém, receberá convites para uma festa e terá surpresas; cantado para você, os amigos lhe dão muita estima e querem vê-lo bem, desmanche um pouco essa cara de brabo; você cantar a uma pessoa desconhecida, surgirá um grande amor em sua vida e esquecerá todos os sofrimentos por que passou nos últimos tempos.

Pára-brisa

quebrar o do seu carro, será atingido por um golpe baixo de colegas e sofrerá muitas calúnias; ver o do carro de um amigo, cuidado com assaltos e roubos em sua residência; você atirar uma pedra no pára-brisa de alguém, sua raiva não conhece limites, por isso pode fazer besteira, controle-se.

Paraíso

estar num, seu desejo de felicidade é muito grande, mas deve construí-la para poder usufruí-la; ver a pessoa amada nele, está sendo traído, e o seu ciúme explodirá, mas nada adiantará; alguém o levar para um, há uma pessoa que o ama muito, e você procura ignorá-la.

Paralisia

você estar com, precisa agir e derrubar as barreiras que o seguram no desenvolvimento de seus projetos; ver um amigo com, muitos querem dar-lhe uma mão, mas temem suas reações violentas.

Pára-quedas

ver um caindo, melhoria em suas finanças, novos amores e vida nova; saltar em um, você precisa de coragem para enfrentar os desafios e até algumas inimizades de invejosos; comprar um, você deve aprontar-se para o que der e vier, pois forças e condições intelectuais você as tem de sobra.

Pára-raio

situação conflitante que você deve resolver, sem esperar que outros intervenham e transformem tudo em uma confusão total; ver o raio cair, algumas pessoas querem a sua ruína, mas deve ser mais forte que tudo e ignorar as ameaças.

Parede

ver uma, você se sente impedido de agir, tem medo, insegurança, enquanto isso os adversários se aproveitam de tudo; bater em uma, são muitas as dificuldades, mas deve pensar e prosseguir, você é por demais teimoso, deve, contudo, ouvir os conselhos dos amigos.

Parente(s)

saudáveis, tranqüilidade na família; doentes, há uma herança chegando, aproveite-a bem; mortos, todos terão uma vida longa; falar com eles, problemas familiares eternos, nunca são resolvidos; brigar com eles, muita paz e harmonia entre todos.

Parque

lazer, repouso, tranqüilidade, momentos de reflexão para redirecionar os rumos da vida, os trabalhos, os projetos de atividades.

Partida

há novas experiências esperando por você; partida de um amigo, você está sempre com medo de ser abandonado, de ficar sozinho; de um inimigo, você quer que desapareça, que suma, mas deve ignorá-lo, pois não é de nada; a sua própria, no fundo, quer abandonar a família e viver uma grande aventura, mas lhe falta coragem; a do cônjuge, você é ciumento, desconfiado e acha que está sendo traído, a dúvida é terrível.

Parto

ver um, para o homem, sentirá desgraças atacando um familiar, separação, rompimento com a esposa; para uma mulher, muita sorte com a família; assistir a um, êxito, alegria, felicidade; parto de um menino, muita sorte e felicidades na família; de uma menina, casamento à vista, perdas de dinheiro e novidades boas.

Páscoa

renascimento interior, nova vida, muitas palavras de amor e convivência com amigos, sua espiritualidade está ressequida, convém reavivá-la; festejar, haverá mudanças substanciais em sua vida, e notará que vale a pena viver, quando se tem objetivos e visão de um mundo melhor.

Pasquim

ver um, sua vida está muito falada, colegas de serviço gostam de falar mal de você; escrever em um, nem sempre faz bem dizer o que se pensa; ler um, seria interessante você tomar conhecimento de todos os fatos que ocorrem em sua empresa.

Passeio

sozinho, seus problemas são muito graves, está na hora de você se libertar das numerosas obrigações para com os outros e dedicar-se apenas às atividades próprias, seu desejo de mudança está chegando; passeio com uma pessoa amada, reencontros, reconciliação, muito afeto, promessas de um futuro feliz; com pessoas de sua família, prazer, alegria, satisfação, bem-estar; com pessoa desconhecida, enfim, obterá as mudanças sempre desejadas.

Pastagem

ver uma, você busca a tranqüilidade, que deve encontrar em seu interior; caminhar por uma, o apoio de que tanto precisa vem de um amigo muito afetuoso e ligado , há muito tempo, a você.

Pastel

comer, relação amorosa profunda, sensualismo e volúpia; fritar, problemas com suas mãos; preparar, problemas de saúde na família e com um amigo muito próximo; oferecer a alguém, o suborno não é seguro, sempre haverá alguém que descobrirá as intenções; comer muitos pastéis, uma boa dieta lhe vai bem, sobretudo se quer manter a forma atlética tão desejada.

Pastor

alegria na família, felicidade entre os familiares todos; ser um, você se considera, apesar de tudo, um bom pai; que procura uma ovelha, um filho seu deixará a casa para fazer sua vida independente; com muitas ovelhas, terá uma família numerosa, mas não como as areias da praia; com poucas ovelhas, a sua família será pequena, muito pequena; que luta contra o lobo, você é fiel e lutador, mas não deve esmorecer nunca.

Patê

ver um, você anda com muito apetite, mas deve manter a dieta; fazer um, todos lhe elogiam os dotes de cozinheiro, mas também falam mal de sua atuação; comer um, desenvolva seus dons e domine todos os pontos fracos para realizar plenamente seus projetos.

Patíbulo

ver um, você é uma pessoa muito preocupada e com muito medo do que a vida possa apresentar-lhe; construir um, para superar os adversários deve-se usar a inteligência, não a força; ser colocado num, terá vida longa e muita paz com todos, vivendo muito feliz com a família.

Patinar

alguns fatos vão obrigá-lo a tomar decisões apressadas e perigosas, deve guiar-se pela intuição para vencer a parada; cair ao patinar, azar, doenças e problemas no relacionamento com colegas de trabalho; ver conhecidos patinando, as iniciativas indispensáveis para a gestão dos negócios não seriam suas, mas se você não fizer algo, ninguém mais o fará; aproveite a oportunidade e mostre a todos quem é que sabe tudo.

Pato

mau sinal, decepções, safadezas, intrigas, maledicências, calúnias; vê-lo voando, seu medo diminuirá, suas preocupação vão desaparecer; matar um, reconciliação com o amor, esperanças de melhoria financeira, sucesso; comer um assado, sorte no amor, mas problemas estomacais.

Patrão

ver o próprio, você deve saber expor seus pontos de vista e mostrar os dois lados da situação; conversando com ele, você é muito tímido, mas o patrão lhe aprecia o trabalho; ser um, é bom ter bastante precaução, pois alguém quer dar-lhe o golpe e certeiro.

Pau-de-sebo

ver um, as dificuldades são muitas, mas nada que não se resolva com um pouco de jeito; tentar subir a um, seu estado físico necessita de mais preparo e exercícios; subir num instante, sua fantasia é grande, mas você gostaria de fazer uma porção de coisas, sem o devido esforço.

Pavão

ver um, você tem muita satisfação com o trabalho atual; que mostra o rabo colorido, qualquer um gosta de se vangloriar dos próprios feitos; comer um assado, seu gosto por excentricidades é conhecido, mas não exagere, pois vão achar que é esnobe.

Pavê

ver, sua gula é grande e deve lembrar-se de que o peixe morre pela boca; fazer um, você é muito hábil e deve saber como se fazem as coisas, sem depender de colegas menos preparados; comer um, não precisa exagerar nas ordens, todos lhe conhecem a competência.

Pé(s)

espírito de iniciativa, prontidão para a ação; sadios, você pode enfrentar toda e qualquer dificuldade; um doente, você precisa diminuir um pouco as atividades e repousar mais; nus, mesmo que enfrente alguns riscos, conseguirá agir bem melhor; sujos, surgirão problemas na família; amarrados, uma pessoa adversária vai obrigá-lo a largar alguns planos; coçar os mesmos, a produtividade no seu trabalho sofrerá uma esfriada; ter dores nos pés, você se arrisca demais e é muito ousado; lavar, está arrependido e com bastante humildade, mas não deixe que o façam de tapete; lavar os mesmos em um chafariz, há uma doença chegando .

Pé-de-cabra

ver um, sua casa poderá ser assaltada, você será roubado; usar um, não adianta usar da força, deve usar argumentos para convencer as pessoas; comprar um, mude os métodos de trabalho.

Pedra(s)

símbolo da dureza, da insensibilidade; ser uma estátua de pedra, você possui um coração insensível, frio e duro com todos; grande(s), haverá um grande sofrimento em sua família; pequenas, momentos de alegria momentânea e incômodos passageiros; caminhar sobre as pedras, enfrentará muitas dificuldades de todo tipo em seu trabalho; ser atingido por uma, enfrentará uma pessoa muito dura e teimosa ao extremo; atirar uma, a sua melancolia é uma constante desastrosa para seu caráter; carregar pedras, faz muito trabalho inútil e não tem o objetivo correto; cair em cima de uma pedra, alguns adversários vão tentar esmagá-lo, busque ajude de amigos, evite, porém, os políticos.

Pedreira

ver uma, muitas dificuldades na família com a educação dos filhos; problemas no trabalho para que seus projetos sejam aprovados e postos em prática; estar numa, com dificuldade superará os problemas no serviço e colocará ordem na casa.

Peixe(s)

ver, uma pessoa desaparecerá de sua vida, sem deixar vestígios; pequeno, aborrecimentos, contratempos, incômodos; grande, sucesso, muito êxito no trabalho; colorido, momentos de muita alegria e prazer em sua vida; ver muitos, logo terá um sucesso imenso e proveitoso; ver na água, sorte no amor e início de um relacionamento amoroso profundo; morto, más notícias, azar, doenças, desgraças; comer, logo terá aventuras amorosas; comer muitos, terá uma vida sentimental muito farta e muitas aventuras; ver fora da água, enfrentará uma situação altamente perigosa; salgados, terá de enfrentar a pobreza que o atingirá, saiba, porém, que a matéria vai, mas o espírito fica; fritos, problemas, dificuldades; assar um, vem um casamento em seu caminho; ver nascendo, muita alegria, muita satisfação.

Pele

branca, casamento, se já casado, alegrias na família; morena, muita sedução e amores; preta, novos amores e até um novo casamento; queimada, acidentes graves, queimaduras e problemas com a lei; sardenta, um filho vai incomodar na escola; com riscos, sua saúde está precária.

Pelego

deitar-se num, a vida macia , por vezes, oferece muitas dificuldades imprevistas e desagradáveis; comprar um, apesar de todas as aparência enfrentará doenças na família e muita dor.

Pelicano

suas relações são frutíferas às vezes, mas podem ser muito desastrosas; ver um alimentando os filhotes, receberá um aumento no trabalho e uma boa promoção.

Pêlo(s)

muitos pêlos, parto, nascimento de gêmeos; poucos pêlos, dissabores no amor, infidelidade conjugal; curto(s), você gostaria de levar tudo na maciota, mas terá de enfrentar problemas com os colegas de trabalho que não vão muito com sua cara.

Pena(s)

de aves, azar, desgraça; ver voando, você precisa largar um pouco muitas coisas; brancas, riqueza, sinceridade e muita amizade; comer, amarguras, dores e contratempos; pretas, os seus negócios vão sofrer contratempos; ficar todo emplumado, receberá grande ajuda e afeto de amigos; de escrever, você precisa escrever as tantas idéias que lhe vão pela mente.

Pênalti

ver um, alguém vai querer dar-lhe cartão vermelho no trabalho, resista e mostre que você é bem melhor que ele; você é o goleiro e pega a bola, sua sorte é grande, mas pode desanimar se não pegar, procure mudar de amizades; você cobra o pênalti, seja rápido com os adversários, não lhes dê espaço.

Pêndulo

oscilação, insegurança; ver um, você deve decidir como fará o trabalho e como mandará os demais realizarem o mesmo; você regular, não seja duro por demais com os colegas.

Pênis

ver o próprio, sua preocupação com o desempenho sexual é visível; ver o dos outros, você é muito crédulo em tudo que lhe dizem e fica preocupado em ser igual aos outros.

Pente

ver um, discórdia, rompimento de relações amigas, encrencas, calúnias, fofocas, traições; pentear-se, suas pendências terão solução a seu favor, o clima de compreensão lhe favorecerá um entendimento muito amplo, e recomeçará as relações afetivas com todos, sua preocupação será menor e terá mais tranqüilidade; cabelo difícil de pentear, enfrentará alguns transtornos até que logre chegar a uma boa solução.

Pentelho(s)

ver os próprios, você deve melhorar o seu nível moral; lavar, não adianta sentir-se culpado, deve de remediar as safadezas que já fez e reconciliar-se com as pessoas ofendidas.

Pepino(s)

ver, abundância, boa saúde; comer, boa saúde, boa camaradagem; colher, sorte em rifas, em loterias; comprar, terá solução para um velho problema; cozidos, a solução de um problema com os vizinhos logo chegará ao fim.

Perambeira – ver uma, você é muito medroso, ainda conserva medos infantis; cair numa, você deve evitar comidas pesadas antes de dormir; ver um amigo caindo dentro, você gostaria de se livrar de certos amigos muito trapalhões, mas não sabe como agir.

Percevejo

dificuldades de saúde e financeiras; ver um, um amigo vai pedir-lhe dinheiro emprestado, e você sabe que ele não paga ninguém; matar um, ficará livre de um parente aborrecido que se mudará para outra cidade, bem distante.

Perda(s)

de dinheiro, conseguirá uma ajuda de amigos muito providencial; de saúde, estará muito bem, e toda a sua família também; perda de um ente querido, todos gozam de ótima saúde.

Perdoar

por causa de sua própria ingratidão e da má vontade dos demais, sofrerá dores e desgostos por muito tempo; a um amigo, você está em paz total com sua consciência; ser perdoado pelo cônjuge, livre-se desse complexo de culpa, o tempo já correu, e você não tem nada de que se arrepender.

Peregrinar

ver alguém, você sente o convite para a espiritualidade, mas o seu comodismo o impede; você peregrinar para um local sagrado, comece a ler a Bíblia e livros de formação, pois somente Deus pode dar-lhe segurança e paz.

Perereca

ver uma, mudanças em sua família, os filhos já não aceitam sua autoridade, você não precisa ficar com depressão, isso passa logo; uma pular em você, não desmaie, não se assuste tanto, alguém vai atirar-lhe farpas, mas inofensivas; pegar uma, haverá uma pequena doença na família.

Perfume

perceber, não se deixe tentar, nem seduzir; perfumar-se, você enganará o cônjuge; derramar, não conseguirá esconder, nem desmentir uma história de amor; perceber o cheiro de alguém conhecido, seus desejos são muito fortes, declare-se; gostar de um em alguém, muita paixão.

Perguntar

dúvidas, incertezas; alguém lhe faz perguntas, você está sob suspeita, e muitos desconfiam de suas atitudes; você estar perguntando, há muitas dúvidas em sua mente, você é muito desconfiado, mas pode ficar calmo, muitos acreditam em você e o acham competente.

Periquito

ver, ilusões, esperas inúteis, tudo o que esperou, logo se acabou; preso na gaiola, você é muito dominador e prepotente; voando, seus projetos devem de ser modificados, pois estão tortos; um que assobia diante de você, haverá novidades em sua vida, receberá notícias de parentes distantes.

Periscópio

ver um, alguém está interessado em você e quer conhecê-lo bem; você usar um, procure conhecer bem as pessoas que trabalham com você, pois há alguém que pretende derrubá-lo.

Perjúrio

de outra pessoa, será vítima da má vontade, das ações safadas e maledicências de colegas; você o praticar, sofrerá muitas difamações e será mal falado por todos.

Perna(s)

bonitas, sensuais, sedutoras, haverá momentos de muita alegria, satisfação, amizades muito sólidas; mal formadas, com feridas, amputadas, feias, haverá dificuldades, empecilhos tão sérios quanto à feiura das mesmas, encrencas, dissabores, brigas, pendências judiciais, perdas financeiras e rupturas afetivas; com várias pernas, desgraças, doenças na família; sem pernas, enfrentará um sério problema e não terá ajuda nenhuma; dores nas pernas, sentirá problemas familiares, perda de conhecidos e amigos; pernas curtas, é necessário que se apresse para realizar os objetivos, lembre-se também de que a mentira tem pernas curtas, e é difícil enganar a todos por todo o tempo; perna de pau, muitos acham que você fala muito, mas não é capaz de realizar uma parte do que diz.

Pernilongo (ver mosquito)

ver um, será incomodado por um parente aborrecido; ser picado por um, na sua parentagem há muito ciúme e inveja, alguém procurará causar-lhe prejuízo.

Pérola(s)

comprar, futuro incerto, mudanças em seu roteiro de vida; vender, você fará alguns negócios muito ruins e desastrosos; ver, tristeza e vontade de adquirir coisas, mas faltam os meios; perder, sentirá uma melhoria de vida muito forte; receber de presente, vai enfrentar dissabores e desgostos muito acentuados; dar de presente, fará sofrer a pessoa amada, pois você é insensível; fazer um colar, sentirá o peso da solidão, do aborrecimento, da amargura; pescar, pobreza e falta de recursos para uma vida melhor.

Perseguição

perseguir alguém, você tomou uma decisão errada, está agora sofrendo as perdas financeiras provenientes disso, projetos frustados; caso, durante a perseguição, conseguir pegar o perseguido, suas preocupações serão menores, ainda que perca algo no setor financeiro; ser perseguido, os adversários buscam uma conciliação para resolver um negócio, mas tenha muito cuidado, pois são espertos e podem passar-lhe a perna.

Persiana(s)

abertas, receberá visitas muito agradáveis, bons negócios e muita felicidade na família; fechadas, terá um longo período de solidão e dissabores, obrigações familiares, ruptura afetiva e problemas de relacionamento com colegas e alguns amigos.

Peru

ver, festas na família com todos reunidos, paz, serenidade, amizades e muito afeto; comprar um, sorte nos negócios, bem-estar financeiro; vender, perdas nos negócios e decadência financeira; ouvir grugulejar, você fez confidências a uma pessoa tola e sofre, agora, as conseqüências dessa estupidez; comer, sorte no trabalho, muitas amizades e ganhos financeiros substanciais.

Peruca

insatisfação pessoal, desejo de mudar a imagem, ser mais belo do que se sente; receber uma de presente, você anda muito preocupado com o que os outros acham de você; cair-lhe em uma festa, seu medo das pessoas é muito grande.

Pêsames

receber, vida longa e muita saúde para você e para toda a família; você dar, está muito ligado à família e teme perder alguém; ver pessoas dando, cuide de sua saúde, descanse mais .

Pescar

você é muito convincente e conquista todas as pessoas; peixes pequenos, manterá alguns namoricos inocentes; peixes grandes, fará uma grande conquista, tão importante que lhe mudará os rumos da vida; ver pescar, será traído por bons amigos; com rede, você e um amigo serão logrados e prejudicados; com anzol, será muito logrado, pois sua ingenuidade é alarmante.

Pesquisar

ver alguém a, sua vontade de aprender sempre mais deve ser alimentada por um estudo profundo, você deve voltar ao estudo e a uma capacitação total; estar a pesquisar, a curiosidade por conhecimento é muito salutar e deve ser satisfeita; ver muitas pessoas pesquisando, sofrerá muita concorrência no trabalho.

Pêssego(s)

ver ou colher maduros e bem coloridos, suas relações afetivas estão ótimas, o coração nada em felicidade, tudo está às mil maravilhas; amargos ou verdes, decepções amorosas, logros, encrencas e dissabores; comer com vontade, sensualidade, desejos incontidos por alguém; ver no pé, receberá notícias da pessoa que procura há tanto tempo; caídos no chão, suas paixões descontroladas podem provocar-lhe dissabores e um problema muito sério na família.

Peste

conseqüências que afetarão pessoas ligadas a você, em suas atividades terá prejuízos financeiros e dissabores; ser vítima, problemas na família, aborrecimentos no trabalho; ver muitas pessoas atacadas, perdas financeiras, diminuição de negócios, descalabro financeiro; um familiar atacado, morte de parente e luto entre os amigos; combater a peste, você precisa ser mais enérgico com sua atuação.

Pétala(s)

sentimentos suaves, delicados, pensamentos afetivos ternos, grande sensibilidade, carinho; admirá-la(s), um incidente involuntário, provocado por um amigo indiscreto, afastou-o de velha e grande amizade, faça forças para voltar; pegar na mão, seus sentimentos estão confusos, mas logo tudo será normal.

Peteca

disputa, garra, rivalidade; jogar, deve ser mais enérgico e disposto para levar avante o projeto; ver jogando, você demora muito para tomar as decisões, seja mais positivo e rápido; perder o jogo, quando não se é o melhor, a saída é aliar-se com quem é bom, seja esperto.

Petisco

comer, sua fome é grande, mas lembre-se da dieta e não estrague tudo por causa da gula; fazer para amigos, deve ser mais gentil com as pessoas, você não é o único, nem o melhor do mundo; ir a um de amigo, o relacionamento com as pessoas é fundamental para um bom desempenho no trabalho.

Petróleo

ver jorrando, sorte nos negócios, recebimento de uma herança; sujar as mãos nele, você deve empenhar-se com todas as forças para que o seu projeto seja aprovado e instalado na empresa; você encontrar, a sorte é muita, mas não abuse, pois tudo muda.

Pia

muitas dificuldades para a realização de um sonho, dificuldades financeiras, apertos com cheque em banco, preocupações com a lisura de um negócio entre parentes.

Piada

ouvir uma engraçada, todos apreciam seu bom humor; sem engraçada, não exagere nas histórias que narra de sua família; contar uma, nem tudo deve ser partilhado com os amigos, mesmo que queira mostrar vantagens sobre os demais colegas.

Piano

ver um, muitas felicidades em sua vida social; ouvir tocar, haverá um casamento na família, pode até ser o seu; você tocar, suas habilidades logo serão provadas, superará algumas dificuldades financeiras; alguém tocando, traições, mas será correspondido em um novo amor.

Pião

sua indecisão no trabalho pode custar-lhe perdas e prejuízos; você fazer rodar, muitas vezes, você se torna aborrecido, quando quer detalhes e não enxerga a realidade dos fatos.

Picada

dificuldades no relacionamento com amigos novos e superiores; andar numa, você enfrentará muitos obstáculos com a família, e no trabalho haverá alguém desejando perturbar-lhe os planos; perder-se numa, de qualquer maneira deve atualizar-se, a fim de enfrentar a concorrência.

Pica-pau

trabalho constante, metódico; ver um, muita sorte no trabalho e em loterias; pegar um, azar, pendengas judiciais, processos; matar um, azar, desgraças, problemas sérios com a lei.

Picareta

ver uma, seu trabalho exige mais dedicação e empenho; usar uma, seus dotes naturais são bons, mas deve usá-los todos para realizar os sonhos que há tanto tempo acalenta.

Picolé

prazer rápido, satisfação momentânea; chupar um, prazeres momentâneos, alegrias com amigos e familiares; comprar, conseguirá superar algumas dificuldades e harmonizar o ambiente de trabalho.

Pigmeu

azar, problemas com a saúde e dificuldades na família; ver um, terá pequenas notícias ruins de parentes e amigos; conversar com, o rendimento escolar dos filhos deixa muito a desejar, é melhor você empenhar-se mais com eles e dar-lhes uma força.

Pijama

descanso, repouso, aposentadoria, doença; ver um, sua aposentadoria está próxima, alguém na família ficará doente; vestir um, doenças na família e com você sobretudo; comprar um, você precisa de um bom repouso, um longo descanso, bastante lazer.

Pimenta

suas atividades são frenéticas em demasia; colocar na comida, declarações de amor, seduções; plantar, você está muito apaixonado e teme declarar todo esse amor; sentir a boca queimar, sua paixão está ficando incontrolável, sua sensualidade está em todos os poros da pele.

Pinheiro

tranqüilidade, majestade, harmonia; ver um, muita paz, harmonia no lar; plantar, o seu futuro e o dos seus filhos está firme e seguro, pois a educação na família é fundamental; derrubar um, cadeia, terá problemas com justiça e vizinhos.

Pintor

ser um, dificuldades, obstáculos para realizar projetos; encontrar um, melhoria de saúde na família e melhor desempenho no trabalho; contratar um, dificuldades com colega no trabalho e com vizinhos.

Pintura

ver uma, bom sinal para seus projetos, e desejos se realizarão logo; fazer uma, desenvolva suas habilidades artísticas e verá como compensa, espiritualmente, dedicar-se ao lado artístico; comprar uma, sua vaidade é muito visível, controle-se e seja mais modesto.

Piolho(s)

desprazeres, insatisfações, dissabores; ter, você vive uma situação difícil, quase num beco sem saída; ver, você tem medo que o usem para palhaço do grupo; procurar, você mesmo se joga nos problemas e obstáculos; matar, enfim, conseguirá calar os que querem prejudicá-lo; na orelha, terá muitas dúvidas e indecisões, mas é bom enfrentar tudo e prosseguir; comer, terá problemas em várias frentes, até na própria saúde, sobretudo dores de estômago.

Pipoca

prazer momentâneo, satisfação rápida; fazer, sua convivência com a família lhe traz muitas alegrias; comer, sua saúde e de sua família está muito boa e assim continuará; comprar, sua alegria será uma marca de sua pessoa, todos os reconhecerão por isso.

Piquenique

lazer, harmonia, tranqüilidade; ir a um, haverá muita harmonia na família e no seu trabalho; ser convidado para um, um amigo importante vai dar-lhe uma ajuda muito valiosa para um emprego novo.

Pirâmide

construir uma, você está se colocando objetivos que ultrapassam suas forças; entrar numa, descobrirá segredos profundos da família; ver uma, quer imitar quem já venceu na vida, mas pouco faz para chegar até lá; ver uma própria, azar, desgraças, vai faltar sucesso em sua vida.

Piscina

cheia de água e muitas pessoas, muita satisfação pelo desempenho de suas atividades; vazia, decepções, frustrações, enganos; nadar em, boa saúde, disposição física e vontade de progresso; cheia de água , mas nenhuma pessoa, com muito esforço conseguirá realizar todos os projetos; nadar com a pessoa amada, haverá um casamento, o seu ou de alguém de sua família.

Pista

dificuldades de resolver problemas pessoais e familiares; estar em uma, terá de lutar muito e persistir, pois os resultados demorarão muito; perder uma, perderá uma boa oportunidade de ser promovido, justamente por não estar atento ao que acontece na empresa.

Pistola

no coldre, a sua coragem já o abandonou; descarregada, são muito poucas as possibilidades de conseguir os objetivos propostos; de brinquedo, as ameaças que lhe fazem são meras fantasias; ter em mãos, quer ser visto e impor-se; disparar, a sua decisão lhe trará desprazer, embora tenha êxito; disparar involuntariamente, você é muito instintivo.

Pistolão

conseguir um, seus métodos para obter as coisas nem sempre são de todo sérios; arrumar para um amigo, você é adepto do dito "é dando que se recebe".

Pitanga

ver maduras, alegria, paz na família; comer com muito sumo, sua sensualidade é forte, surgirá uma grande paixão em sua vida; colher, receberá a ajuda de amigos muito próximos.

Pivete

ver, perigo no trabalho, na saúde sofrerá dores generalizadas; ser um, você deve mudar seu modo de ver a vida e ser mais objetivo; encontrar-se com um, poderá sofrer assaltos e roubos; ser assaltado por um, deverá enfrentar muitas oposições no trabalho.

Pizza

ver, seu apetite é forte e muito desenvolvido, sua sorte é grande em todos os empreendimentos; fazer, suas habilidades profissionais o ajudam a resolver muitos problemas; comer, sua saúde e a da família andam muito bem, mas nunca esqueça a dieta que lhe impôs o médico; comer em rodízio, às vezes, você é exagerado em tudo o que faz, controle os instintos.

Planar

equilíbrio, situação de harmonia; no ar, você é muito fantasioso e busca sempre uma solução para todos os problemas.

Planeta

ver um, sentirá mudanças profundas em sua vida, mudanças em todos os sentidos, sua maneira de viver terá toda uma outra maneira de ser.

Planície

ver uma, sua vida continuará muito tranqüila e segura; caminhar numa, harmonia, tranqüilidade, paz na família; muito extensa, seus desejos são muito maiores que as condições de saciá-los.

Planta(s)

bem verde(s) e bonita(s), muita sorte e facilidade em resolver os problemas da vida; seca(s), prejuízo em negócios e doenças na família; no seu quintal, finalmente, terá um longo lazer com férias gostosas e satisfatórias; derrubar uma(s), perderá pontos em sua carreira e sofrerá encrencas com vizinhos; plantar, vida longa e saudável com muitas satisfações.

Plástico

ver, terá problemas leves com a família, sobretudo com irmãos e filhos; comprar, sua carreira sofrerá uma mudança muito grande; cortar, deve cortar alguns vícios que lhe estragam a saúde.

Plebe

ver, azar, perdas financeiras, acidentes com o carro em rua muito esburacada; estar no meio de, enfrentará dificuldades de relacionamento com companheiros de trabalho; ser agredido por ela, sua tranqüilidade lhe tem granjeado muitos amigos.

Pneu

furar um, fará uma viagem muito acidentada, sobretudo devido à forte chuva; perder um, há uma armadilha contra você em seu trabalho; estourar um, um vizinho invejoso quer prejudicá-lo.

Pobre

ser um, obterá muita riqueza material e, sobretudo, espiritual; ver um, terá ajuda de amigos, e seu chefe lhe pagará um bom curso de atualização; conversar com um, seja generoso, pois cada um tem sua vez, ninguém sabe como corre nossa vida.

Poça

ver uma na rua, enfrentará vários empecilhos em suas atividades; pisar dentro, cairá na cilada dos adversários; ver a Lua na água da poça, terá notícias agradáveis de um amigo distante.

Poço

abrir um e encontrar água, saúde e riqueza; com água pura, momentos favoráveis e harmoniosos; com água suja, uma situação aparentemente fácil, mas cheia de armadilhas; com água envenenada, será traído por quem menos espera; seco, você é azarado; cavar um, recobrará suas forças e imporá seu ritmo; cair num, está atravessando uma situação perigosa; limpar um, sofrerá um insulto e uma ofensa; ter um em casa, sorte e muito sucesso no trabalho; jogar alguém nele, está correndo um perigo muito grande.

Pódio

ver um, você anseia por glórias, mas deve fazer um grande esforço se quiser chegar lá; estar num, sua fantasia é grande, contudo as dificuldades são muito intensas; ver um amigo lá, você não precisa ter inveja de quem quer seja, possui muitas qualidades para ser admirado por todos.

Poedeira

ver uma, fertilidade na família, muitos filhos e familiares; possuir uma, será convidado para ser padrinho de um sobrinho; comprar uma, sua riqueza aumentará muito mais do que pensa.

Poeira

confusão mental, transtornos em sua agenda de trabalho; nas roupas, tristeza, saudade, lembranças tristes do passado; ser atingido por, vive uma situação perigosa; em sua casa, terá problemas de incompreensão familiar e desentendimento com a sogra; ficar coberto de, o trabalho o levou a sentir-se culpado, a sofrer remorsos.

Poesia

escrever, a literatura é uma grande fonte do desenvolvimento intelectual e faz bem a todos, leia e escreva; ler uma, precisa estudar mais e atualizar-se para ser competitivo no trabalho.

Polca

ver dançando, você precisa de uma festa, de um lazer, de umas férias para repousar; você dançar, o trabalho o absorve por demais e esquece que a vida é cheia de alegrias; dançar com alguém que ama, haverá logo um casamento e muitas festas.

Pólen

por vezes é negligente, isso pode custar-lhe despesas financeiras leves, mas se não se cuidar tudo isso poderá somar uma grande quantia, há muita hipocrisia ao seu redor.

Polenta

vida simples e prazerosa com muita saúde; comer, boa saúde e harmonia na família; cozinhar, coerência e tranqüilidade; mexer, você tem muita habilidade para consertar as coisas e obter os objetivos previstos em seus planejamentos.

Polícia

segurança, tranqüilidade, ordem; ver, reatará a amizade com um parente distante; conversar com, terá apoio de toda a vizinhança para um projeto que beneficiará a todos na rua; telefonar chamando, os amigos vão ajudá-lo e poderá firmar-se nos negócios; visitar um quartel, terá uma boa aceitação num trabalho proposto em seu emprego; ser parado pela polícia, está na hora de respeitar a lei.

Poligamia

instabilidade, variação de projetos; estar na, você tem muitos desejos instáveis, mas acaba sendo traído por sua inconstância; ver várias pessoas na, seus desejos de satisfação sexual são muito fortes.

Política

decepções, logros, safadezas, enganos e pouquíssimas alegrias; estar na, terá problemas com impostos e se sentirá roubado pela administração; ver amigos na, terá de pagar muito mais impostos.

Pólvora

queimando, conseguirá terminar os projetos; explodir, resolverá um velho problema que já o atormenta há muito; comprar, é ilegal, terá problemas com os agentes da lei.

Pomar

ver um, abundância, fertilidade, harmonia e alegrias; estar num, muita tranqüilidade, felicidades e harmonia na família; formar um, os seu projetos familiares logo estarão prontos e ajustados.

Pomba(o)

união feliz, alegrias familiares; nascimento próximo, paz, suas atividades alcançarão muita prosperidade, receberá notícias de parentes e amigos distantes.

Ponche

tomar, saúde, alegria e felicidades na família e na parentagem; preparar, terá de resolver um problema muito sério de relacionamento humano em sua empresa; a pessoa amada lhe traz um copo de, sua relação se tornará sempre mais íntima e sensual; tomar e não gostar, sofrerá dissabores no amor.

Ponte

atravessar uma, conseguirá resolver muitos dos seus problemas; ver uma, otimismo, sucesso e boas perspectivas de acertar o passo; construir uma, você não desanima nunca, é persistente; cair de uma, você avaliou de modo errado o que devia fazer; passar uma, deve recomeçar tudo de novo; ver uma longa, vencerá grandes dificuldades; pontezinha, pequenos problemas momentâneos; queimado, uma velha amizade se romperá; uma levadiça, procure ser mais humano com o seu próximo, pois todos são gente.

Ponteiro(s)

do relógio, inconstância, intranqüilidade, repetição rotineira de fatos; vê-los andando, precisa remodelar sua maneira de trabalho, pois a rotina mata.

Ponto

ver um, você é muito detalhista e gosta de que tudo esteja na mais completa ordem, alguns até riem de você por causa disso; escrever um, você demorará até concluir o projeto, pois enfrentará muitas dificuldades de toda ordem no seu trabalho.

Pôquer

ver, azar em rifas e jogos, bem como em um trabalho a ser iniciado; jogar, perderá dinheiro por descuido e devido a juros muito altos nos bancos.

Porão

ver, no seu âmago há uma lembrança muito desagradável que não o deixa em paz, precisa conversar com alguém experiente; estar num, procure estudar os seus antepassados e verá a árvore genealógica; ser jogado num, terá problemas com a justiça e sofrerá um longo processo, terá muitos incômodos até vencer.

Porco

riqueza, fartura, saúde resistente a tudo; ver muitos no chiqueiro, você se compraz em admirar a riqueza, a abundância; comer carne de, prosperidade, fartura; matar, momentos muito favoráveis, satisfação; alimentar, você é um bom profissional e sabe ser competente; selvagem, terá de se esforçar muito e enfrentará muitos problemas para amealhar alguma riqueza; guarda de porcos, sofrerá humilhações e maus tratos dos amigos e parentes.

Porquinho-da-índia

carinho, suavidade; ver um, muita sorte nas atividades familiares e com a parentagem; comprar um, muitas alegrias com a filharada na escola estudando muito.

Porta

fechada, fracasso, derrotas, perdas; aberta, sucesso, bons negócios; fechar uma, você está se isolando por vontade própria; arrombar uma, você é muito impetuoso, nervoso e pouco compreensivo; arrombar uma aberta, não deve correr riscos inúteis; sair pela de serviço, deve esconder algo de alguém, cuidado com os segredos; bater a porta na cara de alguém, término de uma amizade, rivalidades, encrencas; estar atrás de uma porta, saberá muitos segredos, terá informações preciosas; estar fora de uma porta, você se sente excluído; olhar pela fechadura de uma porta, você é imprevidente e curioso em demasia, isso poderá prejudicá-lo.

Porta-jóias

ver um fechado, sua riqueza está diminuindo muito rapidamente; um aberto e vazio, enfrentará dificuldades financeiras logo; um aberto cheio, com ajuda de amigos recuperará seus negócios.

Porteira

ver uma aberta, você tem ampla liberdade para realizar suas tarefas; fechada, alguns amigos não mais confiam em você; porteira velha, você deve renovar-se e capacitar-se para novas atividades.

Porto

entrar num, bom sinal, sorte e fartura; sair de um, enfrenta riscos, e sua situação é perigosa; ver um, pode descansar, pois tudo está se acertando; terá uma longa viagem logo; com muitos navios, há uma herança e a ajuda de um amigo.

Poste

ver um, há um grande perigo para sua família, doenças e desgraças; bater em um com carro, enfrentará grandes obstáculos em seu trabalho.

Posto-de-gasolina

ver um, sofrerá acidente com o carro; ir a um a pé, você está desorientado nas atividades; estar num, terá de dar explicações aos amigos quanto às calúnias que lhe fizeram; ser dono de, muita riqueza e fartura, terá muitos amigos e vida mansa.

Poupança

ter uma pequena, dificuldades financeiras, falta de dinheiro; uma grande, riqueza, fartura, bons negócios; não possuir nada, pobreza, miséria, muitas dificuldades e obstáculos para o trabalho.

Povoado

habitado, são muitas as suas amizades e relações; deserto, você é uma pessoa solitária e amarga; onde nasceu, a saudade de outros tempos o mata; voltar para lá, a sua família gosta de se reunir; desconhecido, toda mudança o deixa preocupado e nervoso; perdido ao longe, são poucas as possibilidades de obter contatos úteis e proveitosos.

Praça

deserta, você tem necessidade da ajuda de alguém no trabalho; cheia de pessoas, o momento é seu, não se deixe assustar por nada; de um povoado, encontrará um sócio para os negócios; de cidade, deve respeitar as regras, as leis; trabalhar na praça, você é muito indiscreto, não consegue guardar segredos; linda e bem arrumada, fará bons negócios e desenvolverá boas atividades; do mercado, precisa de dinheiro, pois as dificuldades financeiras são cada vez maiores.

Praia

ver, felicidade, descanso, sossego; estar em uma, alegrias, felicidades com a família; suja, doenças e problemas com a parentagem; cheia de pedras, o desenvolvimento de suas atividades será dificultado por numerosas contrariedades.

Prata

riqueza, sorte, prosperidade nos negócios; ver, muita sorte; receber moedas de prata, terá muita sorte em rifas e loterias e no trabalho irá muito bem; contar moedas de prata, muita sorte, prosperidade.

Prato(s)

cheio(s), os seus desejos se realizarão e terá muito sucesso; vazio(s), insatisfações, frustrações, desespero; quebrar, briga com o cônjuge; lavar, pequenos contratempos e dissabores na família; comprar, receberá contas inesperadas para pagar.

Prédio

alto, seus sonhos são muito altos, mas você tem capacidade para muito mais; baixo, não se acanhe, vá em frente, pois você é o melhor; em construção, o seu projeto deve prosseguir até o fim; em demolição, na sua família há um problema sério, e você vai precisar de todos reunidos para resolvê-lo.

Pregar

ouvir alguém a pregar, você precisa rever sua vida espiritual, leia, medite e reze; você pregar, será bom ler alguns livros sobre espiritualidade e ver como as pessoas são importantes.

Prego(s)

simboliza(m) os laços afetivos, a ligação com a família; plantar, conquistará novas amizades; arrancar, romperá a amizade com um amigo; ver, você se sente bem por ser popular entre os amigos; de ferro, cuide de sua reputação e evite fofoqueiros.

Prêmio

receber um, há pessoas que reconhecem seu trabalho, mas alguns invejosos fazem de tudo para desmerecê-lo; dar um, você pode ser sempre gentil com os outros, mesmo que esteja de mau-humor.

Premonição

ver alguém com, você precisa desenvolver suas faculdades mentais, seus poderes espirituais; você fazer, nada acontece por acaso, saiba ver a verdade e conseguirá bons resultados com as pessoas.

Presente

receber, amigos falsos, fofocas a seu respeito, traições; dar, perdas financeiras, incômodo com parentes próximos; comprar, haverá reconciliação com um velho amigo e compadre; ver muitos pacotes de presente, alguém quer conquistar simpatias com presentes, não seja bajulador.

Presépio

ver um, nostalgia de outros tempos, necessidade de recompor o lado religioso que a sua mãe pôs em seu coração; construir um, você quer tapar o sol com peneira, pois, ao mesmo tempo que sente necessidade de religião, pouco faz para chegar até ela.

Preservativo

ver, você tem medo de deixar filhos por aí, é bom temer doenças; comprar, sua preocupação é grande, mas deve ser maior; distribuir, eduque os filhos para a vida e não terá grandes preocupações.

Presidente

ver o da República, você acha que ele é culpado de tudo, mas deve cuidar melhor de suas atividades; ser o próprio, é uma grande fantasia, além do que pode ser cassado; ser o da empresa, sua responsabilidade é de grande monta, mas não se compara com a dele.

Prestação

ter muitas, sua situação financeira está precária; fazer outras, perderá dinheiro e bens; não ter nenhuma, melhorará sua posição no emprego e receberá um bom aumento.

Presunto

comer, perdas econômicas; comprar, você se dá a certos luxos, sabe escolher bem o alimento e os amigos com quem compartilha idéias.

Previdência

ler sobre sua aposentadoria, você deve trabalhar muito e por muitos anos; ver a fila dos segurados, a doença o agarrará, e terá problemas sérios; entrar em um prédio da, seus negócios estão mal e poderão piorar se não segurar as rédeas com firmeza.

Primavera

estação das flores, renascimento de todas as plantas, muita alegria, satisfação pessoal, esperanças; estar na, início de novos projetos, novas perspectivas.

Príncipe/princesa

ver, novas amizades, sinceridade e alegria; ser, infelicidade, infidelidade, traição, pobreza; cumprimentar um(a), a vaidade é grande, terá muitas oportunidades de progresso; conviver com um(a), perda de status social, perdas financeiras e encrencas com a pessoa amada.

Prisão

ver, prenúncio de perigos, riscos de pobreza, sofrimentos que lhe afetarão as relações pessoais, muitas de suas ações (provocadas por adversários) irão contradizer todas as atividades previstas em local de trabalho; encontrar-se em, você está muito desconcertado quanto ao que fazer, abandono afetivo, problemas de saúde, angústia, inquietações, seus adversários acham ótimo vê-lo caindo; fugir de uma, de qualquer maneira conseguirá libertar-se dos problemas e dar a volta por cima; ver um parente lá, alguém da parentagem vai viajar para muito longe.

Processo

judicial, ser alvo de um indica que você ainda vê a justiça como um bicho papão, algo perigoso; ser intimado para responder a um, terá muita sorte em seu empreendimento profissional; você mover contra alguém, conseguirá vários amigos novos.

Procissão

ver uma, sorte no jogo, boas notícias da família; estar numa, os amigos o convidarão para encontros de muita alegria; ver familiares em uma, muita paz e tranqüilidade na família.

Professor

ver, alguém vai ajudá-lo; primário, você precisa de experiências e treinamento; de música, fala-se muito e pouco se faz; de matemática, problemas financeiros, perdas de dinheiro; ser um, resolverá o problema que o perturba; de língua portuguesa, vida tranqüila, pouco dinheiro e dificuldades no trato com pessoas menos informadas.

Profeta

ver um, haverá novidades em sua família e no seu trabalho; ouvir um, você deve ser coerente com aquilo que diz e com aquilo que faz; ser um, está na hora de enxergar o que acontece ao seu redor e quais as necessidades por que passam alguns amigos e parentes.

Prostituta

relacionamentos na pior, negócios duvidosos, contrabandos, perdas; ver uma, relacionamentos superficiais e breves; andar com uma, você não recebe contrapartida do seu amor, você é mero objeto; conversar com, seu sucesso é muito inconstante, ambíguo, mutante.

Provocação

receber uma, você não confia nas pessoas, por isso desconfia de todos e trabalha sempre com muita insegurança; fazer uma, não pode fazer o que lhe fazem, procure ignorar os adversários e viver tranqüilamente com seu trabalho.

Psiquiatra

falar com um, você é muito confuso, e sua cabeça é uma tempestade total; ser um, você se ilude dizendo que entende a todos, você quer carregar as dores do mundo e aparecer com isso.

Psicólogo

ver um, muitos colegas acham que você é esquisito, até maluco e fanático por trabalho; conversar com um, é importante colocar ordem no trabalho e nas idéias, consertando a memória; ser um, você não conseguirá consertar o mundo, os seres humanos são voláteis e mudam sempre.

Publicidade

ver, enganos, ilusões, fantasias; fazer, você vive se elogiando, todos têm de ver como você é ótimo, excelente, o melhor de todos os seres.

Pudim

prazer, satisfação, bem-estar; comer, nada como algo doce para descansar a boca e aliviar o estômago; fazer, você sabe cuidar muito bem de você mesmo; oferecer, não precisa bajular as pessoas.

Puma

sutileza, habilidade, astúcia; ver um, enfrentará adversários muito astutos e ardilosos, eles querem a sua cabeça; enfrentar um no mato, não precisa ser tão valente, seja mais calmo com as pessoas.

Punhal

inimizades, lutas, maledicências, traições, rancores, ciúmes; usar, você superará seus adversários, mas terá de enfrentar dissabores, perdas e aborrecimentos com reflexos sobre seus negócios.

Purê

ver, sua vida está muito confusa e atrapalhada; comer, você se preocupa em demasia com o que dizem os outros e não com o que as pessoas devem fazer, realizar.

Purgatório

limpeza, faxina, recuperação, azar, problemas emocionais; ver, terá problemas nos negócios e nas atividades familiares, perderá amizades; estar no, suportará sofrimentos devido a problemas familiares e isolamento dos amigos, sentirá muito a falta de um apoio efetivo e afetivo.

Pus

ver, lucros, falta de pagamento de impostos, desonestidades; sair de você, há lago de errado com sua maneira de ser, está na hora de concentrar-se e rever toda a vida que está levando.

Puxa-saco

bajulações, traições; ver um, alguém quer o seu lugar, cuidado, responda através da sua competência; ser um, você pode ser agradável, amigo, cavalheiro, mas não se rebaixe.

Q

Quadrado

ver um, você deve dizer o que quer e assim verá os resultados esperados; desenhar um, as suas idéias são muito claras; traçar no micro, o projeto pode ser executado logo.

Quadril

ferido, medo, você tem muitos temores; dolorido, muitas fraquezas, fugas, incertezas; receber um golpe no, terá muito desgosto e incômodos; colocar alguém no, segurança, tranqüilidade, certeza do que fará; grande, um casamento muito feliz e muitos filhos fortes e saudáveis; doenças nos ossos do, dificuldades financeiras, doenças nos filhos e problemas de locomoção.

Quadrilha

enfrentar uma, perdas financeiras, falta de dinheiro, encrencas na família, rixas com vizinhos; ser membro de uma, sua auto-estima é pouca, mas nem tanto, reconheça suas qualidades e valorize-se tanto quanto você merece; dançar uma quadrilha, muita alegria, felicidades, amigos muito camaradas; ver a dança de uma, seu relacionamento com as pessoas melhorará.

Quadro

presentear, está num momento muito difícil para você e sua família; ver, você gosta muito de alguém que nada sabe dessa atração; comprar um, sente ânsias, inquietações, momentos difíceis; ver um monte deles, sentirá algumas satisfações breves; de paisagens, lembra sempre com muita alegria antigos momentos de felicidade; com fotos antigas, muitas lembranças, alegrias e encontros com velhos companheiros; pendurar um, você perceberá que há alguém que, realmente, é amigo; retirar um, um amigo vai ajudá-lo, mas você não sabe se mostrar reconhecido; negro, está na hora de abrir livros e estudar muito.

Quadrúpede

ver um, sua maneira de tratar as pessoas é muito ríspida e demonstra que é mais arrogante do que a realidade; ser escoiceado por um, trate bem as pessoas, seja polido e não será maltratado.

Quaresma

necessidades, privações, dificuldades financeiras, é bom cortar gastos e eliminar todos os supérfluos; estar na, momentos de reflexão, retomada de caminhos e ajuste de rumos.

Quaresmeira

florida, terá muitas alegrias, momentos de felicidade intensa; uma alameda, sua vida vai mudar para melhor, e sentirá como é gostoso viver em paz na família.

Quartel

ver um, sua guerra com os adversários está terminando, e um acordo será vantajoso para todos; entrar num, os negócios se acertarão em todas as frentes; sair de um, sorte nos jogos e rifas.

Quarto

é símbolo de nossos sentimentos, alegrias íntimas, sossego; agradável, sua vaidade é costumeira e irritante; de dormir, os esposos vivem um intenso amor e as delícias do paraíso; sujo, você está intranqüilo e desconfiado de todos e do mundo; organizado, você é racional, organizado e sério; em badernada, há um terremoto em sua vida, reponha as coisas no lugar.

Quati

ver um, será livre para direcionar os projetos que tanto preza; prender um, perderá uma grande oportunidade de trabalho; matar um, você cometeu um crime contra a ecologia e agora não sabe como evitar um bom e competente processo.

Quebra-cabeça

dificuldades, embaraços, enigmas; ver um, enfrentará problemas de solução muito difícil; mexer com um, seus problemas serão resolvidos com a ajuda de um grande amigo.

Quebrar

um objeto, azar, acontecimentos desagradáveis, encrencas, incômodos, separações na família; quebrar uma janela de vidro, os vizinhos querem muito saber o que acontece com você e sua família para alimentar a fofoca; quebrar um punhal, os adversários vão cantar vitória e rir-se de você.

Queda

desequilíbrio; ver-se caindo, trabalhos inúteis, perdas de serviços, sentimento de culpa; sofrer uma queda no trabalho, terá prejuízos financeiros e perda de produção; queda de uma escada, é bom olhar quando se está subindo, pois a descida é rápida; de uma bicicleta, problemas de relacionamento com amigos e parentes, perdas em um negócio importante.

Queijo

desafogo financeiro e tranqüilidade em sua família, seus recursos serão próprios para uma existência serena e duradoura, as dificuldades serão apenas uma página do passado; de gosto ruim, azar no jogo e perda de pessoas queridas; cortar e distribuir, muitas amizades e felicidade na família e no círculo de amigos.

Queimada

ver na mata, seus negócios vão mal, pois é muito descuidado e se preocupa mais com sua aparência; perto de sua casa, sofrerá problemas na família e lhe acontecerá um desastre terrível.

Quentão

ver, está com muitos desejos de festa, mas o trabalho o domina em tudo; tomar, cuide melhor do seu estômago e veja bem o que a gula o faz engolir; fazer, os amigos adoram suas festas.

Queimar

ver algo se queimando, sorte e satisfação nos negócios; lenha, está passando por uma situação econômica muito boa; ver a própria casa se queimando, deverá recomeçar tudo e obterá muita prosperidade; uma árvore, será coberto de luto; roupas suas, será atacado por doenças; a comida ao cozinhar, terá mais segurança e tranqüilidade; ver lenha queimando em fogão-a-lenha, vida familiar muito feliz, sossego, tranqüilidade, paz; ver uma cidade se queimando, não precisa temer tanto o fim do mundo, a vida é muito preciosa.

Quermesse

alegria, descontração, bem-estar; ir a uma, terá encontros muito proveitosos com amigos fiéis; ver uma, sorte no jogo, nas rifas e loterias; ser festeiro de, será promovido e ajudado por um amigo muito importante em sua comunidade.

Quero-quero

ver, alegria, boas notícias, satisfação, felicidade; ouvir, é bom ser pontual, mas não em demasia, nem o trabalho é o único fim da nossa vida; matar um, será processado por suposto crime, ou por delito de trânsito; prender, deve entender que todos têm direitos e você não pode limitar as pessoas.

Querosene

ver, enfrentará dificuldades no trabalho e no relacionamento com familiares; comprar, a sua vida enfrentará muitas dificuldades.

Querubim

ver um, você não é nenhum santo, mas um pouco de espiritualidade não lhe fará mal; conversar com um, há muitas pessoas que gostariam de conversar com você, mas temem seu mau-humor.

Questionar

você ser questionado, seus segredos estão bem fundos, mas podem vir à tona; você questionar, não encontrará nos outros o que procura dentro de si.

Quibe

ver, muita sorte nos negócios e nas rifas; comer, você aprecia os prazeres da mesa e busca todas as satisfações possíveis; fazer, melhore seus dotes de cozinheiro e faça mais do que fala.

Quilo

ver um, faça economia, poupe gastos; pesar algo um quilo, fará uma viagem curta e com muito pouco dinheiro; fazer compras somente na base do quilo, sentirá uma grande melhoria financeira.

Química

mudanças, transformações; ver produtos de, você deve procurar se atualizar em todos os ramos de seus negócios; aluno em aula de Química, precisa estudar mais e preparar-se, realmente, para enfrentar as experiência de trabalho com competência.

Quindim

fazer, você quer conquistar amigos pela boca, isso é bajulação, e gosto se vai logo; comer, sua saúde enfrentará alguns dissabores e incômodos; comprar, tenha cuidado com a dieta e evite as gordurinhas.

Quinquilharia

comprar, perdas financeiras, desavenças com a pessoa amada; vender, será logrado por um falso amigo; estragar, não seja tão ciumento com seus objetos.

Quintal

limpo, ordenado, muita sorte no trabalho, fartura, abundância, bom dinheiro; sujo ou cheio de capim, miséria, necessidades materiais e espirituais; com muitas verduras, melhorias no emprego e a família muito unida; cheio de animais, doenças, desavenças e dificuldades com a vizinhança.

Quiosque

ver um, notícias de parentes e amigos distantes; entrar num, você deve ler mais e estar informado para ajudar os filhos em sua tarefa escolar; sair de um, será convidado a participar de uma associação em seu bairro; possuir um, você é uma pessoa calma e muito coerente.

Quisto

problemas de saúde, dificuldades de relacionamento social; ter um, enfrentará dificuldades com parentes metidos; extrair um, sentirá uma grande melhoria em suas atividades profissionais.

Quitanda

ver, você precisa variar a dieta, pois cada tipo de comida tem seus valores; entrar numa, controle seus impulsos de comprar, limite-se ao necessário e estará economizando; sair de uma, bom futuro e controle da situação financeira; ser proprietário de uma, sua capacidade é muito grande, mas deve mostrar o quanto sabe, a fim de impor suas habilidades.

Quitinete

aperto, praticidade; ver uma, você acha que a sua casa grande dá muito trabalho; entrar numa, seja mais prático e econômico; sair de uma, organize o trabalho e administre com parcimônia.

Quorum

segurança, democracia; ter, seja democrático, mas não permita desrespeito e malandragens; não obter, seja mais esperto e organize o trabalho para que todos dêem sua parte.

Quota

ter muitas numa empresa, você deve sugerir ao chefe, nunca queira impor; ter poucas, contribua de maneira positiva na soluções dos problemas dos colegas.

R

Rã

ver, desconfiança, há algo errado no riso de certos colegas; comer, é um bom prato, mas você é dotado de uma teimosia total, mais teimoso que você não há; ouvir o coaxar de rãs, saudades do campo, da velha vida na natureza; saltando em você, intrigas, infidelidades, traições; dentro de casa, visitas indesejáveis.

Rabada

ver uma pronta, você tem prazer com pratos simples e exóticos; comer, sua saúde está ótima, e sua disposição total; preparar para a família, a família vive uma paz, um sossego e felicidade, que é de dar inveja a todos; comer muita rabada, todo exagero é prejudicial, seja comedido.

Rabanete

preocupações de pouca importância, contudo o irritam e lhe perturbam o trabalho; ver, negócios lucrativos; comer, encrencas na família, na parentagem e com um vizinho invejoso; pôr em vinagre, sua vida está meio azeda, pois os problemas estão em toda parte, vá se benzer; colher, você se defrontará com novos amores e com um muito duradouro e intenso.

Rabicho

você ter um, certas excentricidades são bonitas na puberdade, mas depois todos acham que isso é coisa de maluco, tenha cuidado com os filhos; ver num amigo, muitos detestam suas atitudes rudes e um tanto tendentes ao racismo.

Rabo

de cavalo, terá sucesso e muita ajuda de amigos fiéis; você ter um, você precisa fazer mais esforços, pois pode obter muito mais do que apresenta; de um animal, você inveja os que lhe parecem mais ágeis e libertos, mas quem vê cara não vê coração; de palha, há muitas aparências enganosas, e a realidade é bem cruel; rabo de foguete, enfrentará uma encrenca muito grande com parentes, inclusive com a sogra.

Rábula

engodos, safadezas, superstições, enganos; conversar com um, terá muito azar em seu trabalho e problemas sérios com a parentagem.

Racista

ver um, problemas judiciais e um longo processo; conversar com um, azar nos negócios, problemas de relacionamento com amigos e parentes; ser amigo de um, problemas sérios com pessoas da família e vizinhos.

Rádio

ver um, você é uma pessoa muito conhecida na sociedade, embora nem todos falem bem de você; comprar um, problemas de comunicação em casa; ligar, alguém lhe contará histórias fantásticas, mas mentirosas, e lhe fará fofocas sobre amigos seus.

Rainha

ver, terá uma grande surpresa com uma pessoa de seu círculo de amizades; ser uma, problemas financeiros, pois as aparências só enganam a si mesmo; cumprimentar uma, um amigo importante vai deixá-lo e não ajudará de maneira nenhuma.

Raio

de sol, receberá uma ajuda muito oportuna; de luz, boas iniciativas farão muito bem a você; de uma roda de bicicleta, conseguirá um colaborador muito útil; ver um da atmosfera, brigas, confusões, separação do casal; caindo em sua casa, haverá uma mudança muito grande no trabalho e até de residência; ver um sobre você, fuga de mulher, ruindade de mulher, problemas domésticos muito aborrecidos.

Raiva

as más intenções e as safadezas dos que os circundam provocarão um clima tão tenso que sairá prejudicado de todo ato, decisões incorretas ameaçam prejudicá-lo, piorando mais a sua atividade, terá sentimentos de vingança vindo de elementos imprestáveis.

Raiz

arrancar, o seu passado vem sempre a você, apesar de lutar contra ele; procurar, você está buscando a sua origem e deve armar uma árvore genealógica; comer, a sua família tem uma estrutura muito sólida e seus ensinamentos o manterão firme sempre; cozer, haverá muitas discussões na família; quebrar as raízes, você luta contra as tradições da família; plantar raízes, as possibilidades de sucesso são muitas.

Rali

ver um, você gosta de aventuras e paisagens exóticas; participar de um, a sua fantasia é muito grande, mas não deve perder o rumo das suas atividades.

Ramagem

ver, há muita esperança de sucesso no trabalho que está realizando, mas deve olhar um pouco para tantos a seu redor que vivem de muito pouco.

Ramalhete

ver um, sinceridade no amor e franqueza em suas atividades; receber um de cravos, muita sorte no amor, mas não com quem lhe mandou as flores; de rosas vermelhas, amor intenso e casamento; oferecer um, o seu amor é intenso e eterno enquanto dure; murcho ou com pétalas caindo, doenças e problemas na família, dissabores entre os membros familiares.

Rampa

ver uma, enfrentará muitas dificuldades para vencer as barreiras no seu emprego; descer uma, sofrerá um grande desgaste no trabalho e perderá amigos por causa de sua teimosia.

Rancho

ver um de madeira, pequenas encrencas na família; viver em um velho, ganhará muito dinheiro em atividades paralelas à profissão; derrubar um, muita sorte em rifas e receberá uma boa herança; ver um incendiado, problemas com parentes e com o bem-estar na família; ver os restos de um, haverá uma grande mudança em sua vida.

Rapaz

ver um, saúde e vida longa; ver um sozinho, sua vida está solitária, os amigos o evitam; conversar com um, modifique seus planos e atualize-os.

Raposa

astúcia, agilidade, esperteza refinada; ver uma, será enganado e se arrependerá logo; matar uma, bom sinal e terá muita sorte; no galinheiro, sofrerá perdas econômicas; ser mordido por uma, perderá muito dinheiro num negócio em que será enganado; criar uma em casa, sofrerá decepções muito grandes com parentes e amigos.

Rapto

ver um, um grande amor, um casamento, relações afetivas intensas; ser objeto de rapto, casamento, ou uma ligação afetiva estável; raptar alguém, enfrentará problemas judiciais e será acusado injustamente.

Raquete

ver uma, você pode gostar de esporte, mas precisa fazer um bom exercício físico; ter uma, os adversários se aproveitam de sua ingenuidade e o maltratam; comprar uma, enfrentará muitas resistências na família e na parentagem contra um projeto novo.

Rascunho

ver um, você é muito organizado, até demais, e quer sempre fazer um esboço; ter um, reveja seus projetos e refaça-os de acordo com suas possibilidades.

Rato

o dinheiro que deu emprestado não lhe será mais restituído; em casa, a sua sorte está caindo; caçar , será traído por vários amigos que lhe causarão um grande prejuízo.

Ravióli

ver, muita saúde e amizade com os parentes; comer, não exagere em nada do que faz, poupe a saúde e o seu bem-estar; preparar, a sua dieta deve ser observada à risca.

Rebanho

ver um, muitos amigos seus só sabem aplaudir e têm medo de mostrar-lhe algumas situações perigosas em que você se mete; ter um, abundância, fartura, muitos ganhos financeiros; de ovelhas, muita paz e harmonia no lar; de cabritas, muitas aventuras amorosas e muito azar nos negócios.

Rebelião

de presos, a sua rua sentirá o peso de várias rixas e encrencas; de soldados, sofrerá assaltos em sua casa, pois a segurança não pode ser descurada em momento algum; de pessoas desconhecidas, terá problemas com o comportamento de filhos e familiares.

Reboque

ver um, alguém quer levar você debaixo da asa dele, reaja e proclame sua independência; ter um, no relacionamento com os amigos não bajule, mas também não seja servil.

Recado

receber um, em breve chegarão notícias de amigos que virão visitá-lo; ver alguém recebendo, as pessoas ao seu redor ignoram as dificuldades que vive, inclusive as financeiras; dar um, poucas pessoas entendem suas atitudes.

Receita

ler uma, seus dons de culinária devem de ser desenvolvidos, pois lhe falta a prática; receber uma, todas as pessoas que o conhecem, confiam em você por sua retidão de caráter; fazer a comida de uma, quando você quer, consegue realizar os planos e os desejos com esmero.

Recepcionista

ver uma, boas notícias, novidades promissoras, muitas alegrias; conversar com uma, reatamento de um velho amor, prolongado com uma paixão intensa; telefonar a uma, os velhos amores não morrem jamais, uma paixão está se reacendendo.

Recessão

ver uma, ganhará muito dinheiro no novo emprego; estar numa, enfrentará dificuldades financeiras, mas superará tudo e terá um final feliz.

Recheio

ver um em ave, sua saúde reclama alguns cuidados; em um bolo, domine a gula, para não prejudicar a saúde.

Recibo

ver um, o dinheiro esperado não virá; assinar um, perdas financeiras e débitos em banco; rasgar um, sorte, ganhos financeiros muito bons.

Recinto

estar num, não se sente livre para agir; ver um, você nota perfeitamente que há limites que não superará; pular por cima, alguns empecilhos serão vencidos logo; para crianças, você está protegendo e ajudando uma pessoa fraca.

Recipiente

de acordo com o conteúdo, quantidade e finalidade a que está destinado, será possível ler a mensagem; um cheio, sorte, abundância, um futuro feliz; vazio, azar, doenças, dissabores; quebrado, tristeza, angústias, separações afetivas, rompimento de velhas amizades, falecimentos, desgraças e muito mal-estar; cheio de vinho, vida longa, boa saúde e muitas amizades com alegres cantos; dourado, receberá a ajuda de um grande amigo e tudo ficará melhor, verá, assim, que a vida não é feita só de tristezas .

Recompensa

ver alguém dando uma, os fiéis sempre serão ajudados, continue o trabalho com toda a competência de que é capaz; você dar, seja amigo dos seus colabores e saiba ouvir-lhes as mágoas; você receber, enfrente as adversidades, continue firme e superará todos os obstáculos.

Recorde

ver um, seus desejos são muito grandes, mas sua atuação é excelente; ver o seu, não se preocupe com o que dizem, mas com o que consegue realizar.

Recreio

ver um de alunos, a lembrança dos bons tempos de aluno nunca o largam; estar num, a sua nostalgia é muito grande, mas deve encarar o futuro com fé e tocar para frente.

Recruta

ver um, o seu trabalho deve ser recomeçado para obter os resultados esperados; você ser um, sua experiência lhe dirá como proceder nas emergências, devido aos obstáculos criados pelos adversários.

Redação

ver uma, quem quiser deve treinar todos os dias e com insistência, você deve melhorar a sua; fazer uma, você deve comunicar-se com uma pessoa que muito o aprecia, use de uma carta, ou de um telefone; ler uma do filho, ou de um sobrinho, você deve dar mais atenção a eles.

Rede

de pescar, viagens, novidades no trabalho e na vida amorosa; cheia de peixes, prosperidade nos negócios, melhora em sua situação financeira; vazia, azar, fracasso, perdas financeiras; de dormir, conseguirá longas férias para um repouso total; para caçar borboletas, novidades agradáveis, alegrias rápidas, um encontro amoroso com intensos prazeres, mas rápidos.

Rédea

enfrentará muitos obstáculos para impor os seus projetos; ver, controlará uma situação; puxar, você terá uma pessoa sob suas ordens; segurar com as mãos, você controla tudo, mas não tenha mão de ferro; largar, você deixa muita liberdade aos subordinados; arrebentar, os adversários triunfaram, pois você não soube conduzir o negócio.

Redoma

ver alguém sob uma, você tem muito medo e timidez prejudicando o seu trabalho; você estar sob uma, ressente-se da falta das asas da mamãe, está na hora de desmamar.

Reembolso

que você faz, as encrencas chegaram ao fim, terminam assim as preocupações quanto a um tema muito delicado; receber um que lhe é destinado, após longos tempos de rancores, surgirá a reconciliação entre velhos amigos; para o trabalho, use das regras e dos direitos que lhe assistem para proteger sua posição social e seu posto no trabalho.

Refeição

gula, prazer, doenças; ver uma, você deve comer mais verduras e variar os tipos de comida; almoço, é importante comer nas horas certas e seguir um regime para não perder a saúde; desjejum, todo começo é muito bom, é importante que haja persistência; jantar com amigos, muitas alegrias e satisfação pessoal.

Refém

ver um, perigo de assaltos em sua vizinhança; você ser um, muita liberdade e satisfação de vida, convivência agradável com familiares.

Reformatório

ver um cheio de pivetes, sua família pede mais atenção e afeto; estar num, ainda sente culpas dos tempos em que molequeava pelas ruas e fazia safadezas; pôr alguém nele, não é esse o tipo de cura para uma pessoa, pois a educação é que as transforma.

Refresco

ver, sua sede é sempre muito grande, há um problema com sua saúde; tomar um, tranqüilidade, harmonia na família, paz e sossego; preparar um, será cada vez mais bem aceito pelos amigos e familiares.

Regar

plantas, perda de dinheiro, problemas com trabalhos inacabados; jardim, novas atividades financeiras e ganhos de muito dinheiro; vasos, seu amor pela natureza lhe traz muita paz de espírito e tranqüilidade.

Regato

ver um de águas límpidas, uma viagem de lazer com muitas festas e sossego; sujo, problemas de saúde e entraves no exercício de sua profissão; tomar água nele, sua saúde está muito boa e seu relacionamento com a família ótimo; lavar os pés na água fria do regato, cuidado com a gripe, sua propensão a resfriados é muito grande e deve de cuidar-se mais.

Regra

ver uma escrita, você se esquece com facilidade das leis, até das normas que institui; você escrever uma, dê o exemplo no respeito às leis e mostre aos seus que se todos as observassem, não haveria tantos problemas.

Régua

ver uma, precisa medir melhor o alcance de suas atribuições e normas de trabalho; ter uma, nem tudo pode ser feito sob medida, e para tudo há limites.

Rei

obtenção de poder, mando, potência; ser um, sonhos de glória, vaidade, desejo de aparecer; ver um, uma pessoa importante pode dar-lhe uma boa ajuda; falar com um, alguém vai dar-lhe ajuda e indicações para postos importantes; combater um, não adianta procurar , inutilmente, vencer um adversário muito forte.

Relação

ver uma de compras, você é muito metódico, detalhista, persistente; fazer uma, os seus auxiliares acham que você é muito casquinha, teimoso e preso a ninharias; afetiva, seus afetos serão duradouros e intensos, colhendo muita alegria; sexual, seus desejos estão muito reprimidos.

Relâmpago

ver um, as perspectivas para melhoria de sua atividade são promissoras; ser iluminado por um, há uma grande paixão em seu caminho, e não conseguirá resistir; ver muitos, você tem muitos amigos e todos estão dispostos a ajudá-lo.

Relevo

ver um acidentado, terá de enfrentar problemas na escola de seus filhos; ver um todo plano, haverá muita harmonia e sossego em sua família; um de baixo-relevo, suas incertezas e indecisões podem provocar-lhe prejuízos.

Religião

há um grande desejo em seu íntimo de modificar a vida atual; você aspira a melhores níveis de vida moral e a uma prática religiosa condizente com as exigências de seu espírito.

Relíquia

ver uma, seu amor pelos objetos dos antepassados é muito importante e deve levá-lo a cuidados com a história da família, inclusive com a árvore genealógica.

Relógio

parado, crise permanente; funcionando, você pode melhorar e acertar suas atividades; que se estraga, pequenos problemas com a família e com o trabalho; dar-lhe corda, terá negócios importantes; encontrar um, precisão, pontualidade, decisão; comprar um, está ansioso para concluir um negócio muito importante; perder um, perderá boas ocasiões para obter bons ganhos, afinal, cavalo encilhado só aparece uma vez na vida; com pêndulo, você valoriza por demais o seu tempo.

Relva

ver uma bem verde, esperanças de novas atividades e progresso em seu trabalho; plantar, refaça os projetos para conseguir os objetivos traçados; seca, dissabores, perdas financeiras.

Remar

com bons remos, seus esforços darão bons resultados, e você obterá o que tanto almeja, seu empreendimento terá de ser submetido a longas discussões para ser aprovado de todo; com remos estragados, enfrentará obrigações e obstáculos, cujos efeitos ruins, será difícil impedir, isso lhe provocará prejuízos.

Remédio

você está procurando uma solução importante para seus problemas; comprar, não está convencido daquilo que faz; pegar, você não confia nem acredita nos outros; prescrito, você ouve todos os conselhos que lhe são dados.

Remendo

conserto, busca de tapar o sol com a peneira, acerto de erros; ter na roupa, sorte no jogo, nas rifas; muitos remendos, dissabores, encrencas na família, perda de emprego; ver alguém rico com remendos na roupa, ganhos financeiros, sorte no jogo; colocar remendos em sua roupa, você quer ser diferente dos outros por uma questão de vaidade.

Repolho

ver, notícias desencontradas sobre parentes distantes; comer, muita saúde e cura de uma doença forte; comprar, perda de um projeto muito importante em seu emprego; plantar, sucesso nas atividades profissionais e filhos muito estudiosos.

Repórter

ver um, notícias auspiciosas sobre sua situação financeira; conversar com um, visitas inesperadas de parentes distantes; ser um, muito sucesso no trabalho e ganhos financeiros extras.

Repouso

será uma ocasião muito boa para refazer suas forças, desfrutar um bom lazer e preparar-se para reencetar o trabalho; ficar em total repouso, saúde muito boa e sossego na família.

Réptil

ver um, há alguns falsos amigos que querem prejudicá-lo; pegar um, será preciso usar de muita cautela para evitar as ciladas de colegas de trabalho que querem liquidá-lo; ser atacado por um, sofrerá perdas financeiras e ouvirá muitas fofocas a seu respeito.

Requeijão

ver, problemas de saúde, anemia e outros males; comer, receberá ajuda de um amigo e resolverá seus problemas financeiros.

Resgate

pagar um, seu medo é muito grande e antigo, procure superá-lo na raiz; de um familiar, perdas financeiras, prejuízos em vários negócios; de um amigo, todos querem ajudá-lo, demonstre boa vontade.

Residência

ver a própria, sua tranqüilidade é total, muita harmonia; ver a de um amigo, seu círculo de amizades só tende a crescer, pois você sabe ser amável, camarada.

Restauração

de uma casa velha, você está muito apegado ao seu passado, cultiva com fervor as tradições da família; de um castelo, sua nobreza deve ser de espírito e do coração; de uma igreja, um pouco de espiritualidade dará equilíbrio a suas emoções e sentimentos.

Restaurante

amizades reforçadas, idéias novas sem conseguir, infelizmente, obter os fins desejados, erros de avaliação, decepções e dissabores.

Retiro

no meio da mata, você é amante da natureza e deve lutar para preservar a ecologia; com muitas pessoas, a amizade é importante, mas é salutar as pessoas se reunirem para a oração e reflexões sobre o quanto o ser humano é importante.

Réu

mau sinal, crimes, castigos, justiça férrea; ver um, azar nos negócios, trapaças, enganos de amigos; falar com um, companheiros têm o máximo prazer de fazer fofocas a seu respeito; ser um, enfrentará acusações de falsos amigos e de políticos que querem destruí-lo; ser do júri para julgar um, será reconhecido como pessoa de caráter e de idoneidade.

Revolução

muitas mudanças; ver uma, muitas coisas estão mudando ao seu redor; programar uma, você quer realizar mudanças muito radicais; fazer uma, você sabe com absoluta certeza o que quer.

Revólver

ter um, seu modo de vida é muito nocivo à saúde e à educação dos filhos; usar um, problemas com a justiça e rixas com a vizinhança.

Rezar

ver alguém rezando, sua vida familiar está muito harmônica, ao mesmo tempo é um convite a um momento de espiritualidade; você rezar, a comunicação com Deus dará estabilidade a suas emoções.

Rico

ver-se rico, você obteve o máximo de suas possibilidades, tudo que esperava de sua vida já lhe está sendo dado, terá muito sorte, desde que evite os riscos desnecessários; ver ricos, não precisa invejar ninguém, pois é pessoa muito abençoada.

Rifa

ver uma, sua sorte está de férias, não adianta insistir que nada ganhará; comprar uma, você deve de reorganizar o seu trabalho, não adianta fazer reuniões e falar muito; ganhar uma, o azar tomou conta de sua vida, enfrentará problemas inclusive com familiares.

Rim

dor nos, os problemas de saúde podem transformar-se em uma doença séria; perder um, ganhos financeiros e muito apoio de amigos.

Rinoceronte

ver um, decisões apressadas, oriundas da impulsividade, provocando estragos em você; um que o persegue, o seu adversário é mais forte e rápido; um que pasta calmo, você tem um inimigo em potencial; examinar um no zôo, possíveis conflitos e conseqüências desastrosas.

Rio

impulsividade, alternância de situações, calmaria; ver um, encontrará dificuldades no dia-a-dia; navegar num, os negócios estarão muito bem; tomar banho num, sorte e abundância; afogar-se em um, baterá de frente com uma grande dificuldade; com águas limpas, finalmente, poderá fazer a viagem desejada; com águas sujas, doenças, não viaje, problemas sentimentais; atravessá-lo com barco, com uma ajuda, conseguirá superar todos os obstáculos; atravessá-lo a nado, graças ao seu empenho, à sua coragem e persistência, vencerá todos os obstáculos e dificuldades.

Rir

estar rindo, problemas, dificuldades, contrariedades e lágrimas; alguém rindo de você, tristeza, pequenas doenças, um familiar melhorará de saúde, mas pouco.

Risoto

ver, seu bom gosto por comida faz com que procure o melhor e exagere na dieta; preparar, os amigos lhe elogiam sempre os dotes culinários, melhoria nas atividades profissionais; comer um, realizará os projetos traçados e terá melhor convivência com os colegas de trabalho.

Rito

ver um sendo realizado, o conhecimento e cultura da pessoa incluem, também, domínio de etiquetas e uso de rituais; você praticar um, para tudo há um modo de fazer, seja solícito e amável, apesar de ser muito rigoroso e exigente com os colaboradores.

Rival

encontrar um, fatos lamentáveis lhe trarão encrencas sérias em suas relações afetivas, surgirão fofocas e ataques perniciosos que criarão uma situação horrível e de desprezo contra você; reconciliar-se com rival do outro sexo, reatamento de antigo amor, casamento e longa vida afetiva; lutar e ser ferido por um, traição e infidelidade de pessoas muito próximas suas.

Rixa

participar de uma, está metido em contradições muito perigosas; ver uma, embora a situação seja difícil, não pode perder o controle dela; provocar uma, terá muitos dissabores por causa de sua conhecida indecisão, de suas hesitações.

Roça

ver uma, falta-lhe, muitas vezes, uma iniciativa mais firme para executar os projetos; fazer uma, é plantando que se colhe, seja firme na condução dos trabalhos como programado; plantar em uma, a sua liderança deve ser sentida por todos, sem exceções.

Rochedo

sinal de bons tempos e fatos alegres, mudanças muito agradáveis e promissoras, alegria íntima, felicidade, gosto de viver, tranqüilidade completa.

Roda

que gira, a sua vida mudará e muito rapidamente; de carro, as mudanças são possíveis e virão; ver uma parada, nada mudará, nada melhorará; roda para estepe, você é previdente e não perde nunca a coragem; substituir uma, você sabe como reagir aos imprevistos que lhe oferece a vida; rodas quebradas, momentos de reflexão profunda, de êxtase; perder as rodas do carro, sinal de azar grande, perda da força e do apoio dos amigos; roda-d'água, sua vida anda devagar, mas é feliz e possui uma tranqüilidade invejável.

Rodízio

nada na vida é estático, tudo muda e continuamente, nada se repete; estar num, haverá mudanças muito grandes e rápidas em sua vida; ver um, amigos estão a propor-lhe uma mudança lucrativa, deixe a teimosia de lado e participe com eles.

Rodoviária

estar numa, terá desprazer em uma viagem de carro; ver uma, fará uma longa viagem de ônibus; sentado em uma, a situação dos seus negócios está ruim, deve acordar e lutar por uma melhoria.

Rojão

ver, seus negócios estão caindo, deve rever todos os planos e pegar com mão firme; soltar um, terá alegrias muito grandes em sua família; ouvir muitos, os adversários fazem muito barulho, mas você só precisa continuar o trabalho, e eles ficarão sem ação, até porque o provérbio árabe diz: "as caravanas passam e os cães ladram..."

Rola

ver um casal, símbolo do amor conjugal, da harmonia, seu matrimônio está muito bem e com muita paz , harmonia e bem-estar; dar comida a, ponha a mão no bolso e seja generoso com os que lhe solicitam uma ajuda, sobretudo entre a parentagem.

Roleta

tentará grandes projetos, muito audazes, que serão um fracasso, sem que isso seja culpa de sua atuação, a decepção será grande; jogar numa, perda de dinheiro; ganhar na, azar em negócios.

Romã

suas relações amorosas trarão suspeitas e fofocas, será falado por seu desejo de todos saberem que é um grande amante; ver uma planta carregada, muitas surpresas agradáveis no amor e na amizade; colher uma, conquistará uma amizade que poderá transformar-se num amor intenso e duradouro; comer grão por grão, sua vida é de muitos altos e baixos, muita inconstância.

Romance

escrever um, seus ganhos financeiros serão pequenos; ler, você se identifica com a personagem principal, pois gosta de fugir da realidade crua e presente; com páginas em branco, você sabe muito bem que cultiva muitas ilusões; comprar um, possui um grande desejo de aventuras.

Romaria

ver uma grande, seus ideais religiosos estão sufocados no materialismo, acorde e comece a despertar a religiosidade; estar numa, a base religiosa é o sustentáculo da família, orar e ler livros de boa espiritualidade são atos importantes para a vida do ser humano.

Ronco

ouvir um, enfrentará problemas graves que lhe afetarão a existência, ameaças de perigo próximo; ver a pessoa amada com, há uma rusga muita antiga que estraga a perfeição desse amor.

Rosário

doença na família, perda de um parente distante; usar um, aumento de sua espiritualidade; presentear um, aumento da família e muitas amizades sinceras; receber de presente, um amigo lhe contará um grande segredo que irá revolucionar sua vida.

Rosas

símbolo do sentimento puro, nobre, da ternura, do amor, da alegria cordial, da vida íntima, dos aromas inebriantes; botões de rosa, surgirá um novo e maravilhoso amor; colher para presentear, casamento, bodas, muitas festas familiares e alegria; atirar ao chão com os espinhos, encrencas amorosas, abandono afetivo, solidão e tristeza; rosas murchas, decepção, dissabor, desgosto, arrependimentos, separação; rosas vermelhas, amor, paixão; amarelas, ciúmes, invejas, desprezo; rosadas, amor, ternura, afeto; desfolhar uma, gravidez, nascimentos; comer, saúde muito boa, convivência maravilhosa; sentir o perfume de, você vive momentos mágicos, como na terra faz-de-conta.

Rosto

ver, bom sinal, vida longa e tranqüila; ver o próprio, você está conhecendo a si mesmo e de modo completo; feio, pessimismo, azar, mal-estar, desastres; belo, um período de êxito e alegrias; machucado, uma doença está chegando e se instalando; tranqüilo, sabedoria de julgamento e avaliação de todo e qualquer fato; severo, existe um ódio indomável contra alguns desafetos, controle-se; gordo, fale sempre com energia e tenha a liberdade de dizer tudo o que for preciso.

Roubo

preocupações, incertezas, inconvenientes, será traído por bons amigos e parentes, perdas morais e financeiras, prejuízos; você o praticar, perigos, processos e denúncias contra você; roubo de comida, carestia, necessidade, pobreza, atraso na vida; de banco, muitos lucros e ganhos nas atividades profissionais; sofrer um, conseguirá impor os projetos de reestruturação do ambiente profissional.

Roupa(s)

ver roupas jogadas no chão, direção desfavorável nos negócios, perdas de dinheiro; nova(s), desafogo financeiro, paz no lar, alegria e tranqüilidade familiar; rasgada(s) ou suja(s), preocupações financeiras, prejuízos, perdas de dinheiro; suja(s) e fedida(s), discussões, brigas e encrencas; muito larga(s), desgosto, mau-humor; lavar, melhoria em suas relações familiares, diálogo, compreensão; trocar, sua situação mudará muito, obterá muitas vantagens no relacionamento e no ganho financeiro; estar com roupa(s) chamativa(s), será objeto de muita inveja; de várias cores, doenças e problemas no amor; ver as próprias se queimarem, perdas, maledicências, aborrecimentos, injúrias, encrencas e muita confusão.

Roupa branca (íntima)

arrumar essa, fofocas, falatórios; lavar, não adianta esconder sua sensualidade; colecionar, domine-se e controle suas tendências sensuais; pôr a secar, terminarão as preocupações, e terá uma recompensa financeira; ver no varal, abundância e muitas paixões não correspondidas.

Rouxinol

casamento; capturar, será muito feliz, mas uma pessoa sofrerá muito por sua causa; que gorjeia, serenidade na família; ver-lhe penas caírem, muita sorte no novo amor que está conquistando.

Rua

êxito nos empreendimentos, viagem inesperada, conseguirá resolver alguns problemas intrincados; larga, sucesso profissional e ótimo ambiente de trabalho; estreita, perigos, acidentes e pobreza; asfaltada, a vida está muito fácil e deliciosa; esburacada, dificuldades no trabalho, problemas de relacionamento com a família; escura, pensamentos negativos, fracassos nos negócios.

Rubi

fará aproximação de uma pessoa por quem se sente fascinado; comprar, as aparências enganam; perder, perderá um bom amigo e verá crescer o número dos adversários; ser presenteado, amor sincero.

Rubrica

ver uma, terá de resolver um problema muito complicado em seu trabalho; fazer uma, será constrangido a concordar com algo inaceitável; várias, há muitos contra você, tenha cuidado.

Ruga(s)

ver no rosto, dificuldades financeiras, preocupações com a família, obstáculos no desempenho da profissão; ver-se com rugas, suas preocupações são demasiadas, mas os amigos vão ajudá-lo.

Ruído

há um perigo a sua espreita e que o ameaça, provas difíceis, notícias desagradáveis, doenças; ruído leve e agradável, as dificuldades sumirão progressivamente.

Ruínas

fracasso, perdas, azar, prejuízo; ver, sorte, sucesso e ganhos financeiros; estar entre elas, obterá algumas vitórias, mas deve ter muita precaução para não ser traído logo agora; velhas ruínas de uma igreja, comece a ler mais e a estudar a história de sua família e do seu país, pois o conhecimento é o melhor e mais firme investimento que se possa fazer.

Rumba

ver dançar uma, sua sede de aventuras é insaciável, viaje logo; dançar uma, a boa música deixa a pessoa ébria, lute por sua felicidade.

Rumo

busca de direção de sua vida no todo, analise tudo o que lhe veio e poderá ter uma visão do conjunto de sua vida, só assim você acerta todos os descompassos que lhe atravancam os desejos, após uma ampla análise, poderá definir o rumo certo para encontrar a felicidade.

Rush

ver, muitas complicações no trabalho e na família, da qual os filhos não lhe atendem as expectativas; estar em, seja mais pontual e perceberá uma grande melhoria em suas atividades.

S

Sabão

logros que sofrerá; lavar-se com, bem que gostaria de apagar os erros cometidos no passado; ver a espuma, enfrentará uma situação e a resolverá com facilidade; que se desmancha, você sabe que está indo ao encontro de um perigo muito grande; comer, momentos muito difíceis e de grande necessidade; lavar roupas com, encrencas, discórdias e brigas na família; lavar-se com, separação e infidelidade.

Sabiá

ouvir cantar, amor, relações afetivas muito tranqüilas; voando, alegrias, felicidades na família; dar comida a ele, as suas amizades lhe trarão muito apoio e segurança; na gaiola, decepções e discórdias; pegar um, há um casamento próximo, talvez o seu, ou de um familiar seu; matar um, azar, perdas, fracasso, sofrimentos diversos de selvageria, desgraças.

Sábio

as necessidades da vida exigem que você estude e esteja sempre atualizado, a fim de que possa competir com todos os pretendentes; ver um, ganhos financeiros; conversar com um, a cultura é fundamental para todo e qualquer progresso.

Sabre

morte, tragédia; ver um, os seus inimigos não descansam e querem levar a rivalidade até às últimas conseqüências; usar um, sofrerá muitas perdas e morte em família.

Saca-rolhas

aberturas, liberdades, forças; ver um, conseguirá resolver o problema do filho com um professor ranzinza; usar, seja hábil para solucionar o problema em seu trabalho;

quebrar um na rolha do vinho, muita sorte em várias atividades.

Sacerdote

símbolo de religião, de fé, amor, rituais alegres, tristes, a nossa postura diante da própria consciência; ver um, há muito que pôr em ordem na sua vida, a começar pelo lado espiritual, até o profissional; um sacerdote triste, seu modo de vida fere a própria consciência; um alegre, você é uma pessoa ótima e atende aos deveres familiares; velho e de barba branca, a imagem de seu avô está muito forte na mente; um conhecido, você está sendo chamado a rezar, a apresentar-se a Deus e sentir-lhe os pedidos.

Saci

esperteza, fantasia safada; ver um, apesar de sua fantasia total, tenha cuidado com amigos de muitos risos e palavras bonitas, pois querem lográ-lo; conversar com um, há um perigo muito grande a espreitá-lo.

Saco

vazio, terá muitas decepções; cheio, você é otimista e terá muita ajuda de várias pessoas; furado, perdas financeiras e muita falta de dinheiro; segurar com as mãos, você é ciumento daquilo que possui; colocar algo no saco, você vai enganar uma pessoa; pôr as mãos dentro, será enganado por uma pessoa .

Sacola

de mão, é bom cuidar do que é seu , pois há muitos assaltantes; pendurada no ombro, será enganado por um grande amigo e sua mulher; de plástico, pobreza, falta de dinheiro; de couro, as aparências só enganam aos tolos e ingênuos.

Sacrilégio

notará que alguém quer prejudicar sua família com calúnias, maledicências, fofocas, corte essa amizade; cometer um, sentirá muito mau-humor na família e oposição aos seus projetos.

Sacristão

relações muito felizes com a família, casamento alegre; conversar com, haverá ganhos financeiros e visitas muito alegres que lhe darão muitas felicidades.

Safadeza

sofrer uma, terá muito sucesso nos negócios, os amigos lhe serão fiéis; fazer uma, embora seja contra seu caráter, deve ter muito cuidado com alguns novos amigos que querem aproveitar-se de você.

Safári

ver um, bons negócios, amizades alegres e felicidade na família; participar de um, corre perigo de acidente de carro numa carona que pegará.

Safena

receber pontes, sua saúde está muito firme, mas todo cuidado é pouco; ver um amigo recebendo, convite para um casamento de amigos, muitas festas e felicidades.

Sagüi

ver um, alegria e felicidade, principalmente na convivência com as crianças; prender um, prejuízo em um negócio de pequena importância; possuir um em casa, solto, você aprecia muito a liberdade e o respeito das pessoas, por isso o bem-estar no seu trabalho.

Saia

símbolo da feminilidade; curta para uma mulher, você é muito conservador; longa para uma mulher, timidez, insegurança, medos; ver uma, atração física por uma mulher; de seda, melhorias financeiras; colorida, notícias de pessoa ausente; muito curta, desejos sexuais reprimidos; com abertura lateral, os detalhes lhe despertam as atenções.

Sal

bons sinais, sorte; comer, suas pretensões são demasiadas e por isso acabam em decepções; ver, obterá ganhos fáceis e salutares; derramar, terá muito azar em todas as atividades; estar sem, insatisfação e desgostos; encher o saleiro, encrencas, rixas na família e na parentagem.

Salada

ver, ótima saúde, saúde de ferro; cultivar, obterá lucros pequenos; comer, será vítima de doenças e se incomodará bastante; lavar, você é muito desconfiado e não acredita em ninguém; com muito sal, problemas de saúde e muitas dores; com muito vinagre, você prefere uma vida tumultuada.

Sala-de-estar

da família, você se sente à vontade com a família; sozinho na, a solidão o deixa aborrecido, o entristece; cheia de pessoas, tenha cautela com reuniões de alto consumo de comida e bebida, pois, facilmente, pode derrapar e fazer péssima figura.

Salame

ver um, você age sempre impulsivamente; fatiar, com suas atitudes acabará afetando alguém e fazendo a pessoa sofrer; comer, obterá grandes satisfações pessoais e familiares.

Salário

ver o próprio, sua situação atual o preocupa, mas deve começar a fazer economia forçada; ver o de outrem, não se desespere com a situação, para tudo há uma solução.

Saliva

decepção com os amigos, fracassos na camaradagem do clube, enganos, humilhações; cuspir, você é muito sensível e tem nojo de tudo.

Salmão

sinal de riqueza adquirida com muito trabalho; é melhor estar só que mal acompanhado, sobretudo por amigos fúteis e falsos; fresco, incômodos, aborrecimentos com amigos; comer, enfrentará invejas e contrariedades; salgado, terá sorte no amor, mas tudo muito passageiro como a sede.

Salmonela

ser infectado por, você é muito cuidadoso no que come, desconfia de tudo, sempre está olhando com desconfiança, às vezes é bom acreditar; ver um amigo infectado por, haverá problemas de saúde na família.

Salmos

ver, a sua profissão é muito bonita, mas lhe traz pouco rendimento financeiro; ler, está na hora de impregnar o seu espírito com ideais nobres, momentos de oração, voltados para Deus.

Salsa

ver, futilidades, ninharias, pequenas coisas; comer, você tem gostos muito estranhos.

Salsicha

ver, surpresas no trabalho e nas atividades profissionais; comer no cachorro-quente, traições, infidelidades, momentos de tristeza e decepções; servir, receberá notícias de parentes.

Saltimbanco

suas relações com as pessoas estão fora do que deseja; enfrentará perfídias e tramóias, críticas duras aos seus atos e conduta, pessoas safadas abusarão de sua confiança.

Salvar

ser salvo, pagará muito caro por uma recompensa prometida; salvar-se, você é muito polivalente para perder-se, visto que possui muitos recursos.

Salva-vidas

ver um na praia, segurança, certeza dos planos; ver um no mar, ganhos financeiros, novidades próximas; ser salvo por um, os amigos vão salvá-lo das ondas financeiras que o derrubaram.

Samambaia

ver, novidades na família; plantar, você gosta de coisas belas e de dar charme aos ambientes; regar, terá muita sorte nos novos negócios; arrumar os vasos, o seu senso de ordem é forte.

Samba

dançar, você precisa parar um pouco o trabalho e divertir-se; ver outros sambando, você acha que o trabalho é tudo na vida, é escravo do trabalho; ver muitas pessoas sambando, busque um pouco de lazer e repouse, antes que estoure e fique acamado.

Sandália

ver, a simplicidade de vida é importante para viver; usar, há novos amores a lhe sorrirem; comprar, está na hora de mudar um pouco seu sistema de vida tão reclusiva e fechada.

Sanfona

ver, seu instinto musical lhe dá sempre momentos de música; tocar uma, precisa mais de paz, harmonia e música para viver tranqüilo.

Sangue

energia, símbolo da vida, vitalidade; ver escorrer de uma ferida, os seus problemas são interiores, e não adianta mudar de lugar, eles irão com você; não conseguir vê-lo, quando ferido não aceita que está sofrendo, por teimosia; estar sujo de sangue, você tem muito medo de ficar doente e não poder trabalhar; beber sangue, aos poucos terá uma nova vitalidade especial; cuspir sangue, terá de suportar muitas doenças fortes; ver na terra, lembranças dolorosas; doar, você quer ajudar a alguém que está em dificuldades; perder pelo nariz, enfrenta pequenos problemas; ver sangue em alguém, infidelidade, traições, separação; mãos sujas de sangue, cuidado, os adversários não dormem, há muitos querendo derrubá-lo.

Sanguessuga

ver, dificuldades de relacionamento com colegas de trabalho; ser picado, seus cuidados com a saúde são exagerados e demasiados.

Sanhaço

ver, novidades na família, muitas alegrias e felicidades; prender um, problemas com a polícia por desrespeito às leis; matar um, infelicidades e desgraças.

Santo

encontrar um, muitos benefícios para a sua vida, e sua conduta, sua sensatez, seu caráter, a inteireza dos pensamentos, tudo o conduz a uma vida de respeito e justiça para com as pessoas; venerar um de joelhos, sorte nas atividades profissionais; falar com um, a vida estará no rumo certo, quando Deus obtiver um canto em seu coração.

Sapatão

calçar um, você não precisa ter complexo de baixinho, pois tamanho não é documento; ver uma mulher assim, seu caráter é muito forte, deve aprender a respeitar as pessoas como gostam de ser.

Sapateiro

ver, todos têm dons, demonstre os seus de artesão especial; ser um, ganhos pequenos e muitas alegrias; dono do negócio, pouco dinheiro e falta de oportunidades para ganhar mais.

Sapato(s)

calçar, uma viagem curta e breve; velhos, problemas econômicos e dificuldades na família; novos, momentos de muito cansaço e desânimo; apertados, sofrerá muitas restrições, opressões e enfrentará obstáculos; de quando você era criança, você acha que está sobrecarregado e se sente muito cansado para novas responsabilidades; estragados, você deve ter a iniciativa; não possuir, padecerá uma grande pobreza e contrariedades; comprar, você possui muitos projetos e planos para o futuro; mandar engraxar, você se sente superior a todos; de mulher, sorte no amor e correspondência nas relações afetivas; azul, doenças, cansaços, aborrecimentos; pretos, pouca sorte em consórcios.

Sapo

ver um, um amigo seu é desleal, traidor, perdas de dinheiro, encrencas com pessoas de suas relações; ouvir o coaxar, separação, infidelidade, traições amorosas; matar um, vencerá as dificuldades e mostrará aos caluniadores que está certo e sabe o que diz e o que faz.

Saracura

que canta de manhã, além de chover logo, você deve começar o trabalho antes de todos; ver uma, sorte no trabalho e boa vizinhança; atropelar uma, terá problemas com multas no trânsito.

Sarampo

ver alguém com, sua saúde está muito bem, mas na família alguém está precisando de ir ao médico; ver em você, você gosta de recordar os tempos em que era um bom moleque.

Sarcófago

terá um período de saudades e angústias, desejos fortes de uma vida feliz, estará sempre lamentando uma pessoa muito terna e que já faleceu, suas saudades são demasiado grandes.

Sarda

ver uma mulher com, há um velho amor despontando em sua vida; ter, não se preocupe com o que dizem de você, a inveja não mata ninguém, muito menos o ciúme.

Sardinha

pescar com rede, ganhos financeiros; comer enlatada, alegrias, satisfações, prazeres rápidos; comprar, a saúde da família pode piorar se não mudar o cardápio, dificuldades sim, mas não tantas.

Sargento

ver um, você não gosta de ordem metódica em sua vida, mas deve ter alguma para enfrentar os problemas que a vida lhe apresenta; conversar com um, alguém de sua família quer seguir a carreira militar; ser amigo de um, os verdadeiros amigos são sempre fiéis.

Sarna

estar com, contrariedades familiares, relacionamento afetivo perturbado, encrencas, disputas e muitos dissabores na família.

Satanás (ver diabo)

símbolo do mal, das maldades e safadezas; vê-lo, os inimigos querem destruir você a qualquer custo; ser visitado por ele, a sua espiritualidade anda em baixa.

Saudação

fazer a uma moça, o amor nem sempre é correspondido, sua paixão é repelida; a um vizinho, boas relações com todos e muitas amizades; a uma pessoa idosa, você sempre demonstra respeito e educação; a uma autoridade, não precisa bajular ninguém, você é muito competente; a um sacerdote, você é bem educado e sabe tratar dos problemas em seu trabalho.

Saudades

sentir, lembranças do passado que voltam até você com muita força; sentir de alguém falecido, a família ficará maior, haverá um casamento, chegarão parentes distantes para uma visita longa; de filhos distantes, você se sente solitário e gosta de ter todos sob sua asa; da infância, receberá muitos amigos dos velhos tempos.

Saudar

boas relações com os outros; saudar os familiares, reconciliação com amigos e colegas; saudar desconhecidos, você é muito tímido e espera demais para realizar certas ações; saudar um inimigo, um adversário fará as pazes com você e se tornarão grandes amigos.

Saúde

estar com boa saúde, enfrentará doenças, mal-estares, dissabores; caso esteja doente, a saúde vai demorar, mas a obterá; ver alguém cheio de saúde, alguém de sua família será atacado por uma doença séria inesperadamente.

Sauna

problemas de saúde persistentes e contínuos; ver uma cheia, está precisando de tomar iniciativas eficazes para o trabalho e para o lazer da família; ver uma vazia, sua solidão é muito grande, mas é interior, não adianta o barulho das festas, você precisa retirar o espírito de dentro de si.

Seca

ver uma, carestia, dificuldades financeiras; sofrer com uma, dias muito difíceis advirão e terá de usar de muita imaginação para passar pelas dificuldades; fugir de uma, muitos amigos o ajudarão na vida.

Seda

você é muito prático e se sente bem em qualquer local; comprar, o seu bem-estar é muito transitório; usar, exibicionismo não é o seu forte, mas as tentações são grandes; comprar fios de seda, terá muitos lucros e negócios maravilhosos; dar um vestido de seda à pessoa amada, muita sorte nos negócios e um período de amor muito longo e gratificante.

Sede

saciar a sede, um sinal muito bom de sorte; estar com muita, ânsias, problemas, dificuldades; ver água e não tomá-la, você deve tomar uma decisão firme sobre o que realmente quer; não conseguir beber, não consegue obter o que deseja; tomar água fresca, saúde muito boa e muita tranqüilidade na vida.

Sedução

ver uma, você tem desejos, mas teme revelá-los, haja medo!; você seduzir, uma pessoa lhe dedica um amor profundo, mas você é muito esquivo, tenha coragem.

Segredo

receberá segredos muito confidenciais, de muita importância, deverá manter tudo em absoluto segredo, sua confiança está à prova e será examinado por pessoas importantes.

Segregação

ver uma, trate bem todas as pessoas, não manifeste nenhuma preferência; você pratica, é um crime feio, sofrerá perseguição da parte de um elemento político, não se angustie, pois logo muda o partido dominante; ser acusado de, nada como provas concretas para mostrar a sua inocência.

Seguro

você assinando uma apólice, há um perigo próximo, e você está numa posição insegura, examine a consciência e verá o que o ameaça.

Seio(s)

para um homem ver, riqueza, abundância; grandes, boa saúde, prosperidade na família e filhos muito saudáveis; doente, possível doença; ver de uma mulher, haverá um casamento e muitas festas; murcho, viuvez ; só um no meio, dores, desgraças, problemas, mortes.

Sela

ver uma, haverá uma viagem rápida em sua vida; vender uma, poderá sofrer uma queda do cavalo; possuir uma, firmeza e segurança no que faz; comprar uma, encontrará uma pessoa com a qual terá muita amizade e um possível grande amor.

Selo(s)

comprar, investimento, riqueza, estudo, conhecimentos; colar em carta, terá comunicações com amigos e parentes; colecionar, notícias ótimas e visitas agradáveis de pessoas amigas; selecionar, você deve olhar como vão os trabalhos e dar preferência aos mais importantes.

Selvagem

instintos incontroláveis; ver um, será visitado por alguém que era o menos esperado; ser um, às vezes, você é por demais impulsivo, sem controle emocional; ver muitos, você mantém uma rixa antiga com os colegas de trabalho, está na hora de fumar o cachimbo da paz; falar com um selvagem, você se esforça muito para entender um indivíduo que você não entende.

Semáforo

ver um, terá dificuldades para provar sua inocência em uma delegacia; furar um sinal, você está torpedeado pelos colegas do trabalho; um sem funcionar, terá dificuldades em conseguir documentos nas repartições públicas; bater num, reprima seu ódio, controle-se quando conversar com os adversários.

Semente

espalhar pela terra, um trabalho promissor, lucros financeiros, bom andamento no trabalho; escolher sementes, um bom princípio para os projetos que está começando a realizar.

Seminário

ver um, desejo de uma vida mais religiosa, retirada; estar num, você é muito tímido, deve libertar-se um pouco disso tudo; visitar um, você resiste a muitas idéias espirituais, mas a sua consciência não lhe dá repouso.

Sem-terra

ver um grupo, você terá problemas em seu trabalho e entre a parentagem; um grupo a invadir terra de sua família, você é medroso, mas também não precisa ser tanto; você ser um deles, vai enfrentar um processo muito cansativo e longo.

Separação

solidariedade moral e afetiva de duração breve, mas lhe garantirá tempo para boas meditações, condições benéficas para mudar de vida e começar novos trabalhos; separação conjugal, gravidez, nascimento de filho, ou sobrinho; de cunhados, haverá outro casamento na família.

Sepultura

tristeza; ser colocado numa, bom sinal, sorte, vida longa e firme; estar lá, mas vivo, você foi punido injustamente; ver uma estragada, mau sinal, azar, desastres; ver alguém entrando numa, esperança de sarar e fortalecer-se bem.

Seqüestro

ver um, seu medo é inútil, pois todos o estimam e confiam em seu trabalho; ser o seqüestrado, seus anseios de liberdade são muito fortes, mas deve respeitar os outros em suas aspirações.

Sermão

ouvir atentamente e com convicção, surgirá um matrimônio na família; você fazer um, você gostaria de que todos reconhecessem suas qualidades de orador e, com isso, aparecer, mas precisa treinar bastante para chegar a converter as pessoas.

Serpente

enganos, logros, safadezas, perfídias; ver uma, você é bajulado por alguém; com várias cabeças, você é muito fantasioso, mas cuide-se, pois será objeto de enorme sedução; pisar uma, pisar os amigos pode ser muito perigoso; ser mordido, doenças, azares, desgraças; matar uma, bom sinal, vitória sobre os adversários; ficar enrolado por ela, os adversários ganharão essa batalha; criar uma, mesmo que você não admita, o seu filho tem um caráter de superpestinha.

Serra

sorte no jogo, definição de objetivos e superação de dificuldades; usar uma, perderá os laços com um grande amigo; ver outros com a serra, organize-se para saber executar as tarefas profissionais com toda a competência possível.

Serragem

dificuldades monetárias, empecilhos no trabalho, doenças leves; ver, enfrentará uma oposição muito grande de diversos adversários; recolher, aos poucos você conseguirá superar todas as dificuldades e mostrará aos adversários quem é que sabe agir; queimar, o amor familiar será eterno e muito forte.

Sessão

assistir a uma de cinema, você é muito fantasioso e sonha muito; de teatro, você cultiva gostos de artista e lhe faria bem treinar um pouco; espírita, você deve buscar mais elementos espirituais para sua mente, leia livros, reze e concentre-se no valor do ser humano.

Sexo

você mudar de, problemas para impor-se sobre os demais, pois é muito molenga; fazer com o cônjuge, muitas felicidades e, ao mesmo, tem de usar mais a vida; praticar, se solteiro(a), desejo de entrar num matrimônio e usufruir a doce vida de casado.

Shopping-center

ver um, você anseia muito por coisas modernas e esquece, por vezes, a História da Humanidade; estar num, ganhos substanciais de dinheiro; sair de um, muitas mudanças em sua vida; trabalhar num, terá um grande progresso na vida profissional.

Silêncio

bom sinal, momentos de tranqüilidade; ameaçador, você carrega consigo um complexo de culpa muito grande; quebrar o silêncio, você tem de tomar decisões, deve ser mais corajoso consigo mesmo; mandar que se faça silêncio, você é medroso, o medo lhe domina a alma.

Sino

ouvir e ver, receberá um convite muito importante; soando, difamações, calúnias, maledicências; tocando para defunto, antes de tomar uma decisão, é necessário estudar bem a situação; ver um sino sem badalo, sofrerá uma perda familiar; você puxar os sinos para tocar, no fundo você é um artista.

Sirene

ouvir, fique de sobreaviso, pois o perigo o ronda de todos os lados; de bombeiros, alguém está a fazer difamações contra você; de uma ambulância, a saúde de uma pessoa de sua família está periclitante e tende a piorar a cada dia que passa.

Siri

ver, sorte nos jogos de baralho, viagens e visitas; comer, problemas de saúde e dias muito tristes; cozinhar ou assar, os caluniadores não param de falar de você; comprar, problemas com a família, pois os adolescentes não querem estudar como você julga necessário.

Sobrinho(s)

sinal de melhoria dos vínculos afetivos familiares, melhorias financeiras; ver, terá boas notícias e conversas muito agradáveis com os parentes; passear com eles, momentos de rara felicidade no convívio familiar; vê-los em grande molecagem, você tem saudades dos tempos em que era adolescente e não soube brincar tudo a que tinha direito.

Sogro(s)

ver, na verdade você adora os sogros, mas faz de conta que é contra para irritar o cônjuge; conversar com eles, muitas alegrias na família e felicidades; brigar com eles, paz, ajuda financeira e apoio moral em suas dificuldades; almoçar com eles, muita sorte em jogo e bom desempenho profissional; telefonar aos, visitas de parentes e ajuda em dinheiro para desapertar o sufoco em que vive.

Sol

vê-lo, tudo bem, ótimo sinal de bem-estar; nascendo, está numa fase muito criativa e produtiva; descendo, você enfrenta alguns problemas sérios; eclipse solar, por vezes, você não consegue ver as safadezas que lhe armam certos falsos amigos; vê-lo brilhante, muita sorte no amor e intensas paixões; sentir que está quente, bons negócios e atividades frutuosas; escondido atrás das nuvens, há dificuldades, está se armando uma tempestade em sua vida; iluminando a sua casa , entrando pelo ambiente, muitas felicidades na família e alegrias intensas.

Soldado(s)

ver, você é confiável de todos, mas parece que está sempre cansado; ver um batalhão, terá incômodos a provocar-lhe a calma; marchando pelas ruas, os adversários não param antes de prejudicá-lo; na guerra, você é muito medroso e teme tudo o que é possível temer.

Sombra

tramóias dos adversários, invejas , intrigas, maldades, a sombra é o reino do mal, donde vêm todas as maldades e safadezas.

Sonhar

estar a sonhar, enfrentará dificuldades, terá incômodos com amigos que querem que faça como eles desejam; ver outros sonhando, você deve preocupar-se com o que é importante, deixando fora as ninharias.

Sopa

vive uma situação econômica estável, firme; tomar, você é modesto, comedido e muito recatado; de aveia, pobreza, necessidades financeiras e dificuldades espirituais; com vinho, doenças leves e contratempos com amigos e parentes; de nabos, fidelidade e amizade duradoura.

Sorriso

ver o cônjuge sorrindo, alegrias, felicidade, bem-estar; ver a sogra sorrindo, você terá sempre muitos amigos e boa saúde; ver-se sorrindo, não se julgue o maior, pois o raio derruba as árvores mais altas; ver muitas pessoas sorrindo, há muita felicidade em sua família.

Sorte

ver-se com, perderá amigos e dinheiro em um negócio tolo; ver um familiar com, na família riem de você, pois é o saco de pancadas de todos; ver um amigo com, todos o suportam, mas têm pena de você, pois quer fazer muitas coisas e pouco consegue, reaja e mostre sua competência.

Sorvete

tomar, sua vida é uma tranqüilidade única com a família; ver crianças tomando, que saudades dos tempos de outrora!; ver o cônjuge, você tem muito amor, mas no fundo gosta de cultivar uma pequena desconfiança.

Sótão

ver um, pobreza, dificuldades financeiras, carestia; cheio de objetos, a sua mente está confusa, desorientada; organizado e limpo, é racional, ordeiro; morar no, bom sinal, ganhará muito dinheiro; andar no, terá muitas lembranças de tempos antigos, tudo revertendo para o coração saudoso.

Sova

ver alguém recebendo, os adversários estão prontos para dar-lhe um bote; você recebendo uma, sente-se culpado de tudo que acontece, quereria que os filhos fossem de acordo com o seu modelo, mas eles têm outra concepção da vida; você na infância recebendo uma, sabe que as sovas lhe fizeram bem, mesmo que exageradas.

Strip-tease

ver um do sexo oposto, desejos sexuais reprimidos, muita fantasia e medo; o próprio, gostaria de ser mais liberado e entregar-se a exageros, mas o caráter severo de sua educação o reprime.

Submarino

viverá uma situação muito delicada, para não ter problemas com as atividades, deverá atenuar as inquietações, angústias, problemas financeiros, reuniões afetivas e familiares pouco favoráveis.

Subterrâneo

estar num, penúrias, contrariedades, incertezas, angústias; problema existencial de sua razão de viver; sair de, sentimento de liberdade, fuga de si mesmo; ser preso num, você não consegue se libertar de problemas nascidos na infância.

Suicídio

ver alguém cometendo, dificuldades financeiras, desespero emocional, complexo de perseguição; cometer o próprio, dificuldades de relacionamento, fuga da realidade, tristezas, desânimo, cansaço.

Sultão

ver um, ganhos financeiros, bom desempenho profissional; ser um, dificuldades de relacionamento com colegas de trabalho e com parentes; ser amigo de um, alguns amigos acham que você é pedante e um companheiro insuportável, corrosivo.

Surdo

ser, você percebe algo que gostaria de nunca ter ouvido; ver um, você procura excluir a todos de suas conversas; falar com um, poucos o entendem e muitas perguntas lhe são feitas devido à sua maneira confusa de se expressar; seu cônjuge ser, você , da fato, quer falar sozinho e não ouvir oposição.

Surdo-mudo

ser, desânimo, desilusões, incertezas, melancolia; ver um, os familiares perece que o entendem e o irritam muito; conversar com um, você quer o impossível em tempo impossível.

Surfe

ver alguém em, você bem que gostaria de fazer tudo aquilo, mas é muito medroso; você no surfe, precisa rever todas as atitudes que toma para resolver os problemas de seu trabalho, indo direto ao nó da questão; ver um amigo caindo no, não precisa ter inveja de ninguém, suas qualidades são muitas.

Suspensórios

nada é insolúvel, sempre há uma alternativa e uma solução para qualquer problema; você usar, você é uma pessoa medrosa, pois teme até perder as calças, ou é vaidade, você quer ser diferente e ser visto.

Susto

levar um, falatórios, intrigas, maledicências; dar um, terá dificuldades grandes, mas, aos poucos, conseguirá vencer todos os obstáculos; ver crianças dando susto em moças, recordações de velhas brincadeiras da infância.

Sutiã

ver, anseios por satisfações eróticas; você, homem, usar, deve haver algo errado com seus desejos; ver um homem usando, você não tem certeza quanto a algumas atividades, e os outros gostariam de poder ajudar dando idéias e palpites, mas você não admite nada.

T

Taba

ver uma, você gosta de História, mas deve estudá-la no contexto real de hoje; estar numa, temas exóticos sempre o fascinam e o levam a longos estudos.

Tabaco

comprar, faz despesas pequenas; fumá-lo, gosta de prazeres efêmeros, leves, breves; plantar, você tem sonhos irrealizáveis, impossíveis; rapé, colherá bons momentos para os negócios; esparramar por terra, por breve espaço de tempo, abandonará os amigos; cheirar, satisfação momentânea; cultivar, aumento de bens e ganhos financeiros.

Tabefe

impulsividade, descontrole emocional; dar um, você usa dos outros para descarregar as tensões; receber um, algo o ferirá muito e o deixará desolado; dar vários, você conseguirá ofender um amigo por diversas vezes.

Tabelião

ver um, casamento, festas, bodas; ser um, perda de emprego, prejuízos financeiros; ir ao cartório de um, deve fazer escritura de sua propriedade; tomar cafezinho com um, problemas legais por causa de terras.

Taberna

terá uma temporada de fatos agitados e problemáticos; alguns estratagemas o ajudarão a diminuir os problemas, melhores perspectivas para o futuro; surgirão amizades que poderão ajudá-lo.

Tablóide

ver um, bem que você gostaria de dizer tudo o que sente a adversário seu, mas o medo o segura; ler um, alguém vai soltar muitas fofocas sobre você; ser dono de um, a verdade dói mais quando dita cara a cara, escrita perde bastante.

Tabuleiro

é o campo de batalha de nossa vida, a estratégia é posicionar tudo para evitar um xeque-mate imprevisto; ver um, enfrentará dificuldades de toda ordem, mas deverá saber dirigir as atividades e conseguirá obter uma vitória; de xadrez, você deve de ser mais organizado e preparado para as lutas da vida; de doces, terá sucesso na profissão, mas precisa de muita organização.

Taça

símbolo da feminilidade; ver uma, um presente carinhoso e de muito afeto; de cristal, haverá fraturas de ossos na família; de ouro, terá muita sorte no amor e nos ganhos financeiros; receber uma de ouro de presente, conhecerá momentos de muita glória; quebrar uma de cristal, muita sorte nos negócios e felicidade.

Tacho

ver no fogo, carestia, penúria, dificuldades financeiras; cheio, convite para uma grande festa; vazio, terá dificuldades financeiras, e os amigos o abandonarão.

Tainha

ver uma, pouca sorte em negócios; muitas, intrigas e fofocas a seu respeito, é bom reagir para desfazer tudo isso, que pode prejudicá-lo; comer, problemas de saúde e necessidade de ir ao médico.

Talco

saúde fraca, dirá, sem pensar, palavras severas contra pessoas do seu círculo.

Talharim

ver, intrigas e fofocas de invejosas e maledicentes; comer, problemas de saúde na família e dificuldades no trabalho profissional.

Talheres

de ouro, está conquistando muita estima de todos; de prata, gosta de luxo, mas não o consegue, pois é mole e muito bonzinho consigo mesmo; de aço, segurança econômica, bons ganhos financeiros; de madeira, você é muito tradicionalista e disso não larga mão; usar, você é conhecedor da etiqueta e tem vergonha de comer com outras pessoas; usar erradamente, você teme que os seus defeitos sejam descobertos e conhecidos.

Talismã

consolo moral, ajuda e proteção; um relacionamento íntimo lhe amenizará momentos muito difíceis que a vida lhe reserva no futuro.

Tamanco

usar, felicidades, tranqüilidade, equilíbrio emocional; roto, amor infeliz, intrigas, encrencas com amigos; comprar, firmeza nos negócios e sucesso nas atividades profissionais; consertar, dificuldades financeiras, penúrias; cheio de lama, apesar das contrariedades de alguns, resolverá um velho problema que sempre aborreceu a todos no trabalho.

Tamanduá

ver um, alguns amigos não gostam de que você seja franco; encontrar um, alguém fala mal de você e quer destruí-lo; prender um, processos judiciais e dificuldades com parentes.

Tambor

mau sinal, presságio ruim; ouvir, ataques safados de conhecidos; bater, sucesso efêmero; ouvir vários, você não suporta certos barulhos e se irrita muito; ver alguém tocando, cautela com os adversários.

Tanajura

ver uma, novos amores, encontros afetivos muito fortes; matar, infelicidade, rompimento de um amor mais antigo; ver muitas, ganhos financeiros e abundância.

Tanga

ver alguém com, você se preocupa muito com a roupa e quer ser mais elegante do que é; você de tanga, o que interessa não é a roupa, mas o interior de cada pessoa.

Tangará

ver um, muita sorte no amor, fãs o assediarão, mas não fique bobo, pois tudo passa; ver a dança deles, há um casamento em seu caminho, com muitas festas e paixões intensas.

Tangerina

chupar, entrará em um período de muito sucesso e ganhos financeiros; colher, futuro tranqüilo, sossego no amor; podre a cair, problemas de dinheiro, perdas financeiras, insucesso no amor, fim de uma longa amizade; atirar uma num amigo, você precisa de mais segurança no seu trabalho.

Tango

dançar um, sua sensualidade é espontânea e expansiva; ver alguém dançando um, seus afetos, seus relacionamentos amorosos são muito breves e passageiros.

Tanque

de guerra, gosto por aventuras e por brigas; de lavar roupa, muito namoro, casamento, felicidades; do carro, segurança, viagens longas e comodidades; de combustíveis no posto, problemas com finanças e embaraços na vida amorosa.

Tapete

possuir um, tem tudo o que deseja, mas a ambição é maior que o mundo; fazer um, você trabalha para a sua família; estar em cima de um, procura entender como quer e o que deseja entender, já que tudo vai bem; voador, sucessos breves, afinal, que maravilha seria ter um para dar asas à fantasia.

Tapioca

ver uma, ouvirá muitas intrigas e fofocas contra você, sofrerá algumas encrencas de todo gênero e muitos colegas vão aproveitar o momento para crucificá-lo; fazer uma, terá rixas e brigas com colegas de trabalho e na vizinhança.

Taquara

ver, momentos de muito prazer na família; cortar, receberá presentes de amigos e uma ajuda substancial de parentes poderosos; plantar, receberá uma herança muito boa.

Tarifa

preços, terá de pagar multas elevadas e será intimado a comparecer aos órgão arrecadadores por sonegação, impostos, multas e problemas com o trânsito.

Tartaruga

pegar na mão, por sua causa uma ótima pessoa deverá interromper a carreira brilhante que estava fazendo; vê-la andando, o seu progresso é lento, demorado, mas muito seguro; ver no meio do caminho, vai ter de segurar uma decisão muito importante; comer sua carne, gosto por manjares exóticos, você quer realizar-se de qualquer maneira; nadando, viajará logo e terá muitas surpresas.

Tatu

ver um correr, desastres, prejuízos, perigos; caçar, problemas com a lei, perda de dinheiro; comer, doenças e dores estomacais; ver no buraco, você quer esconder alguns fatos do passado, mas alguém vai contá-los para fazer pouco de você.

Táxi

ver, negócios embrulhados, incertezas, dificuldades de administração; andar num, perdas financeiras e disputas com parentes quanto a uma herança; ser dono de um, bons ganhos financeiros, bons negócios e muito progresso no trabalho.

Teatro

cheio, insegurança, medos, incertezas; vazio, aos poucos entenderá uma situação; muito cheio, você é muito curioso e esperto; assistir a um espetáculo, as suas ambições serão satisfeitas; muito grande, grandes satisfações, muitas regalias; em chamas, enfrentará dificuldades no amor; ser ator no, você ainda fará muitas aventuras e terá grandes oportunidades de mostrar sua vaidade.

Teclado

ver um, será convidado para um concerto famoso; tocar num, seus dons musicais podem ser desenvolvidos, e você poderá mostrar todas as suas habilidades.

Teco-teco

ver um, pobreza, azares nos negócios; andar num, perigo de acidentes e doenças na família; comprar um, você gosta do perigo, sofrerá um acidente de carro; vender um, ganhos financeiros e lucros.

Teia

ver uma, perigo para os filhos e familiares; estar numa, você está embaraçado com o que fazer e hesita entre tomar uma atitude positiva, ou deixar como está.

Teleférico

ver um, ganhos financeiros, solução de um velho problema; andar num, muita tranqüilidade, sossego, uma viagem agradável, progresso na carreira profissional; ser dono de um, ganho de muito dinheiro, grande riqueza e abundância.

Telefone

ver um, notícias imprevistas, visitas, muitas alegrias; falar ao, receberá boas notícias e terá surpresas agradáveis dos parentes; defeituoso, problemas de comunicação, intrigas familiares.

Telegrama

notícias próximas, cuja solução exigirá uma atitude imediata e definitiva; mandar um, os amigos exigem sua presença em uma festa; receber um, será promovido e terá bons ganhos financeiros.

Telenovela

assistir a uma, ilusões, fantasias e muitas irrealidades; ser artista de uma, sua imaginação não conhece limites, você gosta de aparecer e confia nas suas habilidades para ser sempre o melhor.

Telepatia

ver alguém com o dom, você gostaria de saber o que pensa a pessoa amada, pois o seu ciúme é demasiadamente grande; você possuir o dom, os seus segredos podem ser revelados por um amigo infiel e terá muitos problemas com os amigos e colegas.

Telhado

de telhas novas, muita sorte nos negócios; andar no, mentiras, falsidades e traições; de folhas brancas, seu emprego está por um fio, há muito risco em sua carreira; telhas quebradas, penúria, pobreza e dificuldades financeiras; de vidro, cuide de sua fama, pois há muitos querendo atirar pedras.

Tempero

ver, seu gosto é refinado, mas você é muito exigente em termos de comida; colocar na comida, você precisa treinar sua capacidade culinária para mostrar os dotes em um jantar para amigos; muito, problemas com o estômago.

Tempestade

os inimigos estão tramando contra você e buscando derrubá-lo; traições e infidelidades de amigos e familiares; ser alvo de uma, enfrentará muitas adversidades no trabalho; de neve, é fantasia pura o jeito como você imagina a vida; de areias no deserto, há muitos problemas e doenças em sua vida.

Templo

ver, lembranças da infância, momentos de alegria com um grupo de velhos amigos; entrar num, aos poucos, você estará sendo levado a uma espiritualidade que fará muito bem para o seu espírito; rezar num, a família lhe dará muito afeto, e você sentirá o valor de uma boa família.

Temporão

ver uma criança, muita sorte, idéias novas e progresso em suas atividades profissionais; ter um, muita sorte no trabalho e bons negócios.

Tenda

estar numa, ajuda de amigos e parentes, alegria na família; armar uma, fará um piquenique com a família, e haverá muita alegria; aberta, os amigos confiam em você e lhe dão todo apoio; desmontada, haverá problemas na família com os filhos.

Tênis

jogar, você gostaria de ser atleta, mas não do esforço físico; ver um jogo, deve ter cuidado com alguns colegas, pois não concordam com você; andar calçado com, você é muito liberal em alguns assuntos, mas em outros é por demais conservador.

Terço

ter um nas mãos, você precisa rezar e atender aos apelos da família para rezar junto; receber de presente, os amigos vão fazer-lhe uma grande surpresa e , possivelmente, derramará muitas lágrimas.

Terra

ver, segurança, firmeza; trabalhar na, terá um trabalho duro, mas os resultados demorarão a chegar; beijar a terra, sofrerá desilusões amorosas, recusas de afetos; ficar coberto de terra, você está em uma situação muito feia, mas conseguirá salvar-se e vencer os desafios.

Terraço

obterá melhores caminhos para solucionar seus problemas, novos projetos que indicarão uma etapa decisiva na mudança das atuais diretrizes; olhar de um, deverá prestar atenção ao que preparam os companheiros de trabalho, pois podem querer prejudicá-lo.

Terremoto

mudança repentina de projetos, mudanças bruscas; estar sendo atingido, vive uma situação muito difícil; vê-lo, novidades no campo sentimental e no trabalho; junto com água e vento, os seus planos todos serão arrasados e deverá recomeçar do zero.

Terreno

comprar um, os seus projetos são de longa distância; não cultivado, você está muito confuso; fértil, uma boa esposa, delicada e muitos filhos; muito pequeno, perdas financeiras; cheio de pedras, muitos problemas na família.

Tesoura

cortar com, separação do casal, muitas calúnias e intrigas; pequena, autoritarismo, poder, mando; grande, lucros, ganhos nos negócios; cortar-se com, acidentes domésticos; cortar pano com, falatórios, intrigas, encrencas; cortar unhas com, você é mesquinho e avarento.

Tesouro

esconder, você perderá um objeto que havia separado; encontrar um, suas esperanças serão vãs e terá decepções; enterrar um, você guarda alguns segredos perigosos e que poderão cavar-lhe a ruína.

Testamento

escrever um, mau sinal, pois alguém poderá morrer inesperadamente; rasgar um, se não for o seu, terá problemas muito sérios com a justiça, processos e até ameaça de cadeia; ler um, você está ansioso por colocar as mãos em uma herança preciosa, e a demora já lhe está provocando nervosismo.

Teste

ver alguém fazendo, você não precisa ter tanto medo; você fazer, hoje percebe que não valeu a pena tanta cola, pois já percebeu que pouco aprendeu e obteve um "belo" diploma.

Testemunha

ser, casamento, começo de grandes amizades; ver alguém sendo, seus amigos o acham muito reservado e triste; ser intimado pela justiça como testemunha, cuidado, alguém quer enganá-lo.

Testículos

vê-los, a sua sexualidade é muito mal vivida; mulher com os, você amontoou responsabilidades demasiadas para si mesmo; quer tirar os mesmos, você terá de enfrentar situações muito cansativas e terá desgostos imensos; apalpar, sua insegurança pessoal é assombrosa.

Tia

ver uma, doenças, desavenças, intrigas familiares; mais velha, nascerá logo outro sobrinho.

Tição

ver um grande, você precisa esclarecer alguns fatos que lhe atravessaram toda a vida e dos quais carrega uma culpa; carregar um, procure um bom amigo que o ajudará a vencer as dificuldades.

Tico-tico

ver um, seu trabalho será benéfico e lhe trará bons resultados; alimentar um, você deve confiar mais nos amigos; ver um alimentando um chopim, ajude o parente necessitado sem ofender-lhe a honra.

Tié

ver um, muita alegria em sua família, felicidade com os filhos; pegar um, mau gosto seu quando conta certas piadas; alimentar um, muitos gostariam de que fosse paciente quando explica alguns problemas.

Tifo

pequenas doenças; estar com, você sabe que está um pouco doente, mas é muito teimoso.

Tigre

alguns adversários atentos anseiam por criar empecilhos para suas atividades, espírito vingativo, maldades, ganância exacerbada; prender um, você terá sucesso em suas atividades e conseguirá superar todos os problemas que se lhe atravessaram no caminho; ver um num caminhão de circo, haverá uma mudança de residência e um parente viajará para bem longe.

Tijolo

ver um, enfrentará oposições entre colegas de trabalho quanto aos seus projetos; fabricar, seus projetos são muito consistentes e seguros; quebrar, perderá dinheiro e amigos por causa de uma encrenca na empresa onde trabalha.

Timão

você tem idéias claras e definidas; segurar com suas mãos, você confia somente em si mesmo, não admite compartilhar nada; outro o segura, você acha que está errada a decisão dos outros.

Tinta

no tinteiro, reconciliação, apaziguamento, pacificação; derramar, surpresas tristes, encrencas com a pessoa amada; colorida, mudanças alegres e muita felicidade na família.

Tio(s)

ver um, azar com atividades comerciais, perigos; falar com um, encrencas, brigas e problemas na família; trabalhar com um, muitos gostam de explorá-lo quanto a trabalho e horário.

Tipóia

estar com uma, você precisa conseguir a ajuda de amigos para superar as dificuldades; ver um familiar com uma, haverá um pequeno acidente na família e encrencas com parentes.

Tirano

ser um, você possui um caráter fraco, é um medroso; matar um, depois de muita luta, conquistará uma independência real; ver um, você tem um adversário inescrupuloso, velhaco e safado.

Tiririca

ver, problemas com amigos por ciúmes e invejas; colher com as mãos, acidentes no trânsito; arrancar, conseguirá vencer pequenos problemas no trabalho.

Tiro

disparar, terá melhorias financeiras, melhoria no desempenho profissional e começará novas atividades em outro local; dar um num ladrão, você é muito medroso, mas, cuidado, a justiça é severa; no ar, você faz cara feia, mas não assusta ninguém; receber um tiro, perderá uma oportunidade muito importante em sua carreira profissional, você e sua família sofrerão uma onda de doenças.

Titica

ver, você possui o complexo da limpeza e vê sujeira em tudo; pisar em, olhe para onde vai, pois muitos acham que está perdendo o rumo; ver alguém sujo dela, não confie tanto em bajuladores, pois querem caluniá-lo e tirar-lhe a posição.

Toalha

limpa, sinceridade no amor; suja, dificuldades, obstáculos; de rosto, tranqüilidade, amizade e boa convivência; de banho, sossego, encontros com amigos; de mesa, fartura, abundância e ganhos; de banquete, muitas festas e bons ganhos de dinheiro.

Tobogã

ver um, no fundo você gosta de aventuras, de emoções mais fortes; deslizar num, suas emoções são rápidas, mas muito intensas.

Toca

segurança familiar; estar numa, por causa de sua insegurança, pode deixar de fazer muitas coisas; de animal, uma pessoa quer prejudicá-lo; fechar uma, superará os adversários.

Tombo

ver o de alguém, terá dificuldades em convencer colegas de trabalho quanto às novas idéias; o próprio, alguém está tramando contra você e vai dar-lhe uma rasteira fulminante.

Torneira

ver uma, poderá faltar-lhe água nas horas de maior necessidade; ver as de sua casa, enfrentará falta de vários objetos, carestia e dificuldades financeiras.

Tornozelo

ver o de uma mulher muito bela e bem vestida, encontros, reuniões, oportunidades de novas amizades; ver o da pessoa amada, você está muito apaixonado; mostrar o próprio, para você tudo vale a fim de aparecer e ser aplaudido.

Torre

sucesso, glória, muita felicidade; alta, conquistará posições altas se souber subir; estar numa, começa a sua escalada, mas lembre-se de que os que estiverem descendo, logo poderão estar subindo, as dificuldades e os perigos começaram por isolá-lo de todos e fazê-lo fugir de tudo, falta-lhe um pouco de coragem; uma que cai, você perderá as condições de defender-se.

Torrente

ver uma, cuidado com os adversários, com os projetos apresentados por eles e com o que dizem; você estar numa, deverá ter muitos problemas e dificuldades em todas as frentes; ver uma grande, poderá ser vítima de enxurradas e alguns vendavais.

Torta

ver uma, você bem que gosta de algo doce e saboroso; comer, cuidado com sua dieta e com o regime sempre adiado; ver muitas, não pode deixar-se levar pela gula, pelo excesso.

Tosse

ter, a maneira de falar, de expor as idéias, é pouco clara e perde pontos por falta da eficácia na comunicação; ouvir outros tossirem, encrencas, disputas e rixas na família, no trabalho muita inveja.

Toucinho

fresco e bom, ganhos de dinheiro, êxito nas atividades, alegria e bem-estar; salgado, complicações com amigos e parentes; comer, satisfações nos negócios, mas pequenos problemas de saúde; assar, brigas, encrencas, discórdias; fatiar, haverá doenças na família; defumando, muitos amigos fiéis.

Touro

símbolo de pessoas poderosas e influentes que podem decidir, seus superiores podem influenciar muito em suas decisões, e por elas poderá obter substanciais ganhos financeiros; ver um, perigo próximo, deve proteger-se bem contra o mesmo; um furioso a persegui-lo, sentirá que o relacionamento com superiores está se corroendo, enfrentará dificuldades e poderá perder o cargo; caçá-lo, fazê-lo berrar, matá-lo, estará sem preocupações por certo tempo; enfrentar um em uma tourada, você é valente, mas os adversários são muito espertos; em farra-do-boi, os adversários usam de qualquer meio para desbancá-lo.

Trabalhar

felicidade, satisfação; sozinho, certa dose de egoísmo, busca de isolamento; em grupo, preferência por um trabalho em equipe, necessidade de companhia; com tranqüilidade, sossego, equilíbrio, bem-estar; com rapidez, você sofre muitas tensões, é muito irritadiço; a terra, obterá bons lucros se tiver sorte, poderá sofrer perdas se não observar como andam as intenções dos adversários; em escritório, pequenos ganhos e pouca progressão na vida profissional; como vendedor, sua vida terá muitos altos e baixos e interrupções de atividades constantes.

Tradição

busca do passado, ligações com ascendentes; ver a dos outros, você sempre busca conhecer as pessoas, mas pouco consegue, pois é muito tímido; ver a de sua família, há muitos elos que o ligam ao passado e o deixam unido a pessoas amigas.

Trança(s)

ver duas, você é muito romântico e se apaixona facilmente, surgirá uma grande paixão; você ter, se mulher, gosta de sentir-se admirada pelos homens; se homem, escolha outra maneira de aparecer e ser visto por todos; cortar, não adianta, você está profundamente ligado(a) ao passado.

Transportar

você leva uma pessoa, você gostaria de ser notado por uma pessoa e não sabe como; ser transportado por alguém, você é muito hesitante e só faz o que lhe sugerem os amigos, é uma maria-vai-com-as-outras, está na hora de mudar e ser mais decisivo; ver outros transportando, você inveja os que têm poder, mas hesita muito e perde as oportunidades; ver um caminhão-baú a transportar, fará uma mudança de residência para muito longe.

Travesseiro

ver um, você precisa descansar mais, refazer as forças e restaurar o longo desgaste; estar no seu, você gosta de dormir, mas abra os olhos, pois os adversários não dormem, estão sempre alerta, esperando a sua vez de dar o bote; ver muitos, descansar é bom, mas não fique buscando somente comodidades.

Trem

momentos de satisfação, sossego, sorte; estar num, haverá mudanças em sua vida; pegar um, segurança, rapidez, comodidade; perder a hora do trem, você anda deprimido, desanimado, fatigado; que sai dos trilhos, vai encontrar empecilhos para executar os projetos; entrar num e sair apressadamente, você tem uma vontade muito forte, determinação e força de ânimo que o levarão a superar todas as dificuldades.

Trenó

ver um, sente-se atraído pelas aventuras exóticas e por terras distantes; estar num, nem tudo o que parecer ser fácil e gostoso é assim na realidade, enfrentará problemas bem mais sérios do que imagina.

Tribo

ver uma de índios, você fala muito de respeito a minorias, mas peca até contra as minorias familiares; ser um da tribo, você bem que gostaria de ficar na rede e pescar, achando que a vida é muito mansa, mas não é esta a realidade.

Tribunal

estar num, comprará uma casa que sempre desejou; ser intimado a um, deverá ser esperto e nada dizer aos adversários para não se aproveitarem de você; ver um, os seus amigos advogados querem levá-lo a começar um processo, mas tenha cuidado, pois o dinheiro é curto.

Trigo

bons presságios, realizará os projetos, terá bons ganhos financeiros, obtendo segurança e tranqüilidade, muitas alegrias familiares e encontros dos parentes; muito trigo no paiol, morte inesperada e desgraças familiares; maduro e destruído no campo por intempérie, problemas financeiros, desgraças e certa miséria familiar, devido à perda do emprego; colher espigas bem maduras, muita felicidade com a família e um amor intenso, bem-estar com toda a parentela.

Trincheira

ver uma vazia, perda de amigos, mortes; cheia, haverá represálias contra você por uma decisão severa; você estar numa sozinho, poderá ser abandonado pela pessoa amada; estar numa com mais pessoas, somente a união faz a força.

Tripulação

ver a de um avião, fará uma viagem muito curta; de um navio, perderá a oportunidade de ir a um cruzeiro por medo de água; estar numa, você deve de trabalhar mais em equipe.

Troféu

ofertar um, você reconhece que uma pessoa é muito competente; receber, você se acha o melhor de todos, inclusive de todos os adversários; colocar um na estante, parece que vive de glórias do passado e está meio parado.

Trombeta

ouvir, deve chegar cedo ao trabalho, terá notícias agradáveis; você tocar, você vai enganar a um parente; segurar com a mão, não adianta nada, se não souber usá-la; ouvir as do Apocalipse, você ainda não morreu, mas tenha mais fé e terá bem menos medo.

Tronco

solidez, firmeza, bons alicerces; de árvore, os seus negócios estão bem, suas atividades profissionais vão muito bem; abraçar e apoiar-se, terá uma carreira firme e longa, mas esteja sempre atualizado, pois mesmo os troncos são corroídos.

Trova

ouvir uma, seu gosto poético é interessante, mas duvidoso; fazer trovas, é um exercício muito bom ler, ler sempre, inclusive o manterá atualizado.

Trovão

ouvir, receberá notícias inesperadas, surpresas de parentes e saberá coisas desagradáveis que lhe preparam os adversários; com raio, corre perigo, pois alguém espera a oportunidade para batê-lo.

Truco

ver um jogo, você gosta de barulho e diversão; jogar, a sua sorte muda muito depressa; ganhar , no amor a sorte está meio fraca, perderá alguém muito fascinante; perder, encontrará um velho amor.

Truta

ver uma viva, muita sorte; morta, terá prejuízos e problemas; pescar, os negócios lhe serão propícios, se aproveitar o momento; ver muitas nadando, sentirá muitas horas de paz e tranqüilidade; comer, você espera notícias favoráveis e boas, mas terá, ao contrário, uma decepção muito forte.

Tubarão

ver um, enfrentará dificuldades com adversários no trabalho, perigo de acidentes na família; pescar um, poderá dobrar os adversários, sendo hábil no colocar a situação do momento.

Tucano

ver, alegria, satisfação na família; ver um devorando filhotes de aves, azar, os adversários obterão uma vitória importante contra você; matar, muito azar com os filhos e problemas na escola deles.

Tulipa

terá aventuras amorosas fáceis e breves; cultivar, você conhecerá pessoas importantes e muito interessantes; colher, receberá um presente muito agradável; ver um canteiro cheio, momentos muito felizes e encontros auspiciosos.

Túnel

ver um, as dificuldades serão muitas e terá de correr para superá-las; entrar num, terá de enfrentar empecilhos em todas as frentes; não conseguir sair de um, peça auxílio de pessoas experientes para sair da enrascada em que se meteu; ver muita luz no final, morrerá uma pessoa muito querida.

Túmulo

novo, muita saúde na família; de um ente querido, vida longa para ele; abrir um, surpresas na história de ascendentes; lavar e enfeitar um, enfrentará muita doença na família; de pedra, obstáculos e dificuldades; de grama bem verde, alegrias e felicidades.

Turbante

usar um, você quer se esconder de amigos a quem deve muito; ver alguém usando, será convidado a um baile de máscaras, mas terá vergonha de ir.

Turfe

ver, perda de dinheiro; jogar e perder, sorte nos negócios e no estudo dos familiares; jogar e ganhar, azar em alguns negócios.

Turista

você é muito curioso, mas deve ser mais orientado para obter bons resultados; ser um, terá horas muito agradáveis com pessoas desconhecidas e futuros amigos; ver um, bem que você gostaria de liberar-se de tantos compromissos e voar pelo mundo, mas suas raízes são muito fundas.

Tutor

sente que a liberdade lhe é restrita, sofre de inibição; ser um, você é muito autoritário, gosta de decidir tudo sozinho; de criança, você teria tendências ao libidinismo, cuidado com a luxúria, pois acarretará problemas sérios para sua conduta profissional.

Tzar

ver um, você lê muito e a fantasia lhe é fértil em demasia; você ser um, anseios por ser diferente e fazer aventuras romanescas, certa luxúria e gosto pelo excêntrico.

U

Úbere

grande, abundância, fartura; cheio de leite, ganhos financeiros bons e muita saúde, prosperidade; você tirar leite, sabendo caprichar, obterá boas vantagens em seus negócios; pequenos, ganhos diminutos e vantagens reduzidas nas atividades.

Uirapuru

ouvir cantar, sorte no amor, muitas felicidades com a pessoa amada; recolher penas, fará uma grande amizade e um grande amor, uma paixão intensa; matar um, muito azar e perdas de dinheiro com problemas na família.

Uísque

ver, domine seus instintos para com o álcool, beber socialmente é de vez em quando; encher o copo, cuidado que do prazer ao vício a distância é muito curta.

Úlcera

estar com uma, empecilhos, dificuldades na família e doenças; ver alguém com, todo cuidado com a comida é pouco, não tenha grandes prazeres com a comida, para não ter grandes dores depois.

Ultrajar

ser ultrajado, tenha cuidado com o que diz, para não ser mal interpretado; você se pôr a, nem todos acham que você é uma pessoa interessante.

Umbigo

ver o próprio, haverá um aumento na família, muitas alegrias; ver o de uma mulher, surgirá um amor que poderá terminar em casamento; achar que o seu umbigo é centro do mundo, é muito perigoso e poderá acabar muito mal, até sem o mundo.

Ungüento

agradável e perfumado, mantém relações muito boas nos negócios e nas atividades profissionais; para massagem, terá uma relação amorosa muito intensa.

Unha(s)

belas, boa saúde, bem-estar e certa vaidade pessoal; feias, alguém o odeia e o detesta, querendo vê-lo pelas costas; curtas, momentos de muita fraqueza, fragilidade; longas, você é previdente, cuidadoso em suas atividades e com a família; cortá-las, você pagará uma dívida antiga e reatará uma velha amizade; perdê-las, enfrentará problemas com a família; dos pés e feias, você é muito vaidoso, e todos notam isso.

Uniforme

usar, bom desempenho de atividades, segurança; escolar, preocupações com filhos e familiares que estão na escola e não são tão estudiosos; alguém com apenas uma parte do uniforme, perda do emprego, perdas financeiras; coloridos, alegrias e festas; branco, doença na família e hospitalização; você de uniforme branco, sua saúde é muito boa.

Universidade

ver uma, não se sente preparado para enfrentar uma situação especial; estar numa, você sabe que para competir é preciso muito preparo; abandonar uma, você se sente inseguro e não confia em ninguém; ver-se entrando numa, você deve voltar aos estudos e fazer deles uma constante em sua vida.

Universo

ver, serenidade de espírito e tranqüilidade, descanso, sossego, precisa refletir sobre a vida e analisar todos os fatos que está vivendo; voar pelo, sua vontade de aprender e saber é muito grande.

Urina

ver, haverá traições e infidelidades na família; na cama, sentirá prejuízos sérios; no mato, vontade de andar pela natureza; num riacho, falta de senso de ecologia e higiene.

Urna

eleitoral, surpresas, vantagens nas atividades profissionais; fechada, surpresas com familiares; vazia, seus segredos já foram revelados por um desafeto maldoso; mortuária, você viverá muitos anos felizes.

Urso

ver um, cuidado com os adversários, parece que estão dormindo, mas espreitam o momento para atacá-lo; ser atacado por um, enfrentará dificuldades, sobretudo, na família, por causa da sogra; matar um, vitórias pequenas sobre os adversários, mas terá de responder a um processo de um grande desafeto; tirar a pele de um, chegou a sua vez de contar os segredos de um adversário.

Urtiga

ver um pé de, alguns parentes querem perturbar-lhe o sossego; esfregar-se nela, haverá problemas com os filhos e parentes próximos; comer, é uma dieta muito saudável, com melhorias de saúde.

Urubu

voando, intrigas, encrencas, maledicências dos adversários; no telhado, luto e notícias desagradáveis, é bom verificar o que há em torno de sua casa; um bando a voar, vai enfrentar momentos de muitos desgostos e desprazer; prender um, será mal falado por sua arrogância.

Urutu

ver uma, muitos perigos rondam a sua casa e seu trabalho; ser picado por, alguém na família contrairá uma doença muito grave e correrá perigo de vida; pegar uma e mandar aos bombeiros, sorte no trabalho e muitas felicidades na família.

Uva

riqueza, fartura, abundância; preta, sentimento de culpa, medo do futuro; branca, tranqüilidade, inocência, sossego; azeda, gozações gerais dos colegas o deixam mal; comer, boa saúde e vida longa; seca, desprazer no amor, rancores de amigos; colher, riqueza, sorte no amor, aventuras amorosas intensas; jogar fora, muitas amarguras, tristezas; amassá-la com os pés, fecundidade, vida gostosa, muitos filhos e grande felicidade; vermelha, contradições, perdas de amores e desconfianças dos amigos.

V

Vaca

ganhos certos, abundância, prosperidade, alegria afetiva; ver no pasto, fartura, abundância; tirar o leite de, os seus ganhos serão constantes e seguros; criar várias, os seus bens aumentarão sempre; pastando, a vida será muito tranqüila e serena, cheia de alegrias; magra, você ganha pouco, e está difícil obter melhorias; gorda, bons ganhos, abundância, fartura, vida folgada; na estrebaria, seus bens são muito seguros.

Vacina

prevenção, ausência de doenças, boa saúde; receber uma, reorganização geral dos negócios, convalescença dos doentes; você aplicar vacinas, os seus amigos são fiéis e sinceros; vacina para todos, haverá uma grande festa; em animais, conseguirá ganhar muito e com facilidade.

Vagabundo

ver-se assim, está procurando um bode expiatório para os desastres que provocou nos negócios; recomponha seu futuro em novas bases, estará em conflito com os parentes, falta de dinheiro e muitas dificuldades de toda ordem na família.

Vaga-lume

ver um, muita sorte, obterá um novo emprego; segurar com a mão, deve olhar melhor o que vai ao redor, antes que seja tarde; matar um, nenhuma besteira conserta outra.

Vagão

carregado de animais, bom sinal, sorte; com pessoas, a sua família sentirá algumas mudanças muito fortes; com mercadorias, você receberá mais riquezas; sobre trilhos desativados, os seus projetos vão acabar em nada.

Vagem

disputas, muita saúde, encrencas na família.

Vaia

receber uma, você tem muito medo de grupos de pessoas; sua timidez é demasiada; dar uma, a vingança não resolve o interior da pessoa, ao contrário, piora.

Vale

estreito, as dificuldades existem para serem superadas; verde, é o sonho de todos, a esperança da vida tranqüila, melhorias financeiras; cheio de pedras, enfrentará muitas dificuldades até superar os entraves que lhe colocam os adversários.

Vampiro

você sente nojo de pessoas falsas; ver um, você é muito ingênuo, crédulo, a tal ponto que todos se aproveitam disso; ser atacado por um, perderá dinheiro; que lhe chupa o sangue; aos poucos, você descobrirá que uma pessoa que se faz muito amiga, é traiçoeira e perigosa.

Vapor

ver, tranqüilidade, sossego, ar puro, tempo agradável; de uma indústria, dificuldades de respiração; de um brejo, receberá notícias tristes sobre parentes.

Vara

ver uma, enfrentará dificuldades na educação dos filhos; usar uma, não se faz mais isso, usa-se apenas o chinelo, mas você devia exigir mais respeito e não ser um boca-mole.

Varanda

notícias boas e inesperadas; bom relacionamento social, descobertas de segredos importantes na família, visão boa de sua carreira profissional.

Varejeira

ver uma, dificuldades no relacionamento com colegas de trabalho; ser picado por uma, um amigo que lhe é muito caro deixará uma grande dívida para você pagar.

Varíola

estar com, sorte, ganhos financeiros, ver alguém com, reconciliação, novas amizades, muita alegria com amigos; uma pessoa da família com, haverá muita alegria com a chegada de um familiar que estava distante; estar com marcas no rosto, brigas, separação, encrencas com a sogra.

Varrer

mudança de estado civil; mulher varrendo, gravidez, alegria com o esposo; solteira varrendo, amor novo, possível casamento; viúva, traição; separada, infidelidade do amor atual; homem, está na hora de ser útil em casa, superará uma dificuldade muito séria no trabalho.

Vaso

ver um, na família está tudo muito bem; grande, você pretende demais; pequeno, insatisfações e desgostos; noturno, há muitas lembranças de sua infância; de cristal, sua instabilidade pode ser-lhe muito prejudicial; de ouro, encontrará a pessoa sempre desejada.

Vassoura

mudanças de estado civil; muito sucesso com o sexo oposto; busca de ordem e limpeza em todos os aspectos, em casa ou no trabalho.

Vela

enfermidade na família, traição, infidelidade; acender uma, será difícil encontrar uma solução para a embrulhada em que se meteu; apagar uma, perda de amigos e prejuízos para suas atividades; de barco, abrir uma, alguns amigos vão dar-lhe forças para realizar seus intentos; levantar as velas, você tem muita força e superará todos os obstáculos.

Velho(a)

é sempre sinal de boas notícias; que ri, felicidade, longa vida, muita saúde; em casa, época muito propícia para suas atividades; tornar-se, você está amadurecendo, adquirindo experiência, colhendo os frutos bons de um longo período de aprendizagem.

Velório

ver um, sua vida é uma rocha, cheia de saúde; ver o próprio, terá vida muito longa e plena de saúde; de sua sogra, esta terá vida saudável e, com certeza, irá ao seu velório; o de um amigo, haverá problemas de saúde na sua família.

Vender

está enfrentando um período de crise; vender bugigangas, prejuízos, pequenas perdas de dinheiro; nas casas, lucros pequenos; coisas contrabandeadas, ganhos razoáveis; jóias, ganhos elevados e lucros bons.

Veneno

tomar, vida longa, mas sofrerá as maledicências de falsos amigos; dar a alguém, para vencer os outros só há um caminho, a competência.

Ventre

saudável, saúde e força; inchado, provável doença, problemas familiares; ferido, problemas na família e encrencas com vizinhos.

Verdade

dizer, você vai revelar um segredo; esconder, você carrega um peso muito grande na consciência.

Verme(s)

vê-lo(s), doenças, desavenças na família; matar, haverá uma convalescença longa na família; ver um corpo roído por, sua vaidade é mal vista, ninguém mais o suporta, seja mais humilde.

Vestido

modesto, o seu espírito está muito sereno; usar, o futuro está incerto, e as mudanças atuais pouco ajudam; elegante, muita sorte e crescimento profissional; velho, você tem um complexo de inferioridade total; trocar, mudará de emprego e viajará muito tempo; rasgado, aborrecimentos e problemas com os amigos; vermelho, momentos de satisfação, muita consideração de todos.

Véu

branco, casamento, festas, alegria; preto, luto, mau sinal, desgraças; de freira, haverá uma vocação religiosa; enfeitado, futilidades, momentos extravagantes; rasgar, rompimento de um amor, turbulências familiares.

Viaduto

passar por um, é necessário escolher o modo de agir, a fim de vencer os obstáculos que a vida apresenta; jogar-se de um, corre perigo, pois há os que querem seu prejuízo; muito comprido, terá empecilhos grandes para superar, tenha firmeza; passar sob um, apesar dos problemas, conseguirá vencer todas as dificuldades previstas.

Viagem

experiência, conhecimento; longa, não é fácil conseguir tudo que se queira; rápida, prazeres e pequenas experiências; programar uma, você deseja muito trocar de ambiente e de vida; de núpcias, começa uma nova vida, cheia de sonhos; viagem de negócios, obterá muitas satisfações nos negócios; voltar de uma, terá notícias interessantes e muitas surpresas.

Viatura

de polícia, enfrentará problemas com vizinhos barulhentos e incivilizados; de bombeiros, sofrerá doenças na família; de hospital, haverá pequenas doenças na família.

Vidro

honestidade, transparência, sinceridade; cortar, não queira forçar os fatos; objetos de vidro, bom sinal de ganhos; quebrar, azar, problemas financeiros; transparente, você conhece muito bem a sua situação; opaco, alguém está pretendendo a sua ruína.

Viga

forte, a sua vida está muito bem, e o emprego está firme; curta, logo enfrentará problemas com crianças; cheia de cupim, a sua vida está roída pelos maledicentes.

Vigia

ver um, cuide mais de suas atividades antes que seja tarde; você ser um, há alguns problemas do passado que não lhe dão trégua.

Vinagre

ciúme; derramar, você faz juízo de um amigo seu; branco, decadência e ruínas de negócios; vermelho, você insultou a um colega; colocar na comida, a vida também tem um tempero próprio.

Vinho

vermelho, aborrecimento total; branco, felicidade; doce, bajulações, falsidades; velho, o sabor da vida se aprende vivendo, terá muitas surpresas no tocante a quanto o estimam os amigos.

Violão

tocar, muitos amores novos, uma vida feliz e cheia de satisfações; ouvir de longe, infidelidade, traições de amigos; tocar em conjunto de amigos, o bom trabalho é feito sempre em equipe; comprar um, sorte nos negócios; receber de presente, sorte no jogo; receber de presente do(a) namorado(a), intrigas, rompimento de um amor; tocar em cerimônias religiosas, você é muito prestativo, um pouco tímido.

Violeta

tristeza, pequenas alegrias, humildade; ganhar um vaso, seus amigos lhe dão muita importância; você presentear, receberá convite para uma festa na parentagem.

Virgem

ser, você teme uma situação nova, treme em saber que enfrentará novos obstáculos; casar com uma, bom sinal, muita sorte em atividades intelectuais.

Visão

ter uma, seus prazeres serão breves e simples; de pessoa desaparecida, siga, ao menos uma vez, os conselhos dos amigos fiéis; ter várias, você tem muita coisa presa no passado e deve renovar a vida.

Visita(s)

receber, alegria, novidades, vida tranqüila na família; de parentes, alegrias e felicidades; de pessoas estranhas, terá notícias esquisitas de parentes distantes; você fazer, é bom cercar-se de bons amigos.

Viúvo(a)

ser, momentos muito difíceis, necessidade de afeto, carinho e compreensão; que está se casando de novo, período muito bom e favorável a novos negócios; com os filhos, você alimenta medos por causa de sua família; casar-se com uma viúva, ganhos imediatos, muitas vantagens.

Vizinho

ver um, há uma pequena rixa entre vocês, converse e faça as pazes; falar com um, nada melhor que a boa vizinhança.

Voar

você quer ter um sucesso muito rápido; com asas, é muito independente; sem asas, você corre perigo de várias maneiras; com os pássaros, você é muito egoísta e dá vez a ninguém; voar angustiado, você teme a liberdade; com alegria, você pode fazer aquilo que sempre desejou, agora está pronto.

Vodca

ver, abstenha-se de álcool, pois lhe prejudica a saúde; beber pouco, com moderação você superará as dificuldades com os amigos; beber muito, o alcoolismo é uma doença, cure-se.

Vômito

ver alguém, terá prejuízos, perdas financeiras; você a vomitar, perdas, pouca saúde, problemas com a família; criança com vômito, sua preocupação com os filhos é demasiada.

Votar

você votar, deve escolher melhor os amigos e evitará muitos problemas; ser votado, sua vontade de aparecer é grande, mas não precisa exagerar.

Voz

alta, insegurança, vontade de ser visto; baixa, você é indiferente a tudo o que lhe sucede; doce, adulações e seduções temerárias; estridente, você anda meio nervoso e deve repousar; de veludo, a pessoa amada quer ser mais bajulada, acha você indiferente.

Vulcão

apagado, procure controlar o seu instinto, a sua impulsividade, o seu fogo; em erupção, você agiu sem pensar, liberou os instintos, agora pagará por todas as conseqüências; soltando fumaça, a sua situação é calma na aparência, mas na realidade há muito fogo e perigo.

Vulto

ver um, vai ter surpresas imprevisíveis com a chegada de um estranho a sua casa; você ser um, muitos o acham esquisito e assustador.

X

Xadrez

jogo, viagem inesperada, lucros nos negócios, mas terá de superar muitas dificuldades; ver alguém jogando, organize-se para enfrentar as dificuldades que lhe advirão com os novos projetos; demorar muito a ganhar um jogo, será rejeitado por um amor muito longo e cansativo; estar no xadrez (cadeia), aprecie sua liberdade com todo o prazer do mundo, mas não discrimine as pessoas.

Xampu

ver um, você gosta de cuidar dos cabelos porque sua vaidade é grande; usar, não exagere na higiene, seja mais racional.

Xangô

ver, cuide-se com os adversários que querem fulminá-lo; conversar com ele, a expressão divina acontece de muitas maneiras, e os avisos são sempre muito sérios.

Xarope

tomar, há um amor em seu coração, saltitante, mas não recebe nenhuma correspondência; oferecer a alguém um copo, haverá encrencas na família e uma separação amorosa muito dolorosa.

Xaxim

ver um no mato, suas tendências a floricultor são boas, mas é difícil conseguir obras de arte sem dominar a arte da floricultura, seja um colecionador modesto.

Xícara

ver, sua polidez será um elo de boas ligações sociais; quebrar, encrencas, intrigas, rompimento de um velho amor; de porcelana fina, é bom ser exigente com as coisas; ser presenteado com, muitas felicidades e longa vida.

Xiita

ver um, não seja intransigente, a ponto de ofender os amigos; você ser um, não adianta apegar-se a lembranças do passado, deve viver mais e melhor o presente.

Xisto

ver, terá muitos ganhos financeiros; encontrar uma mina, sua riqueza é o estudo, não se iluda.

Z

Zangão

ver um, sinal de preguiça, de pessoas que vão aproveitar-se de você e depois lhe darão um chute.

Zebra

triunfo sobre os adversários, êxito no amor, sorte em negócios; ver uma, as amizades femininas podem comprometê-lo e aumentar o ciúme da amada; no zôo, intrigas e restrições a sua liberdade de trabalho; comendo folhas no alto, seus desejos de sucesso se cumprirão, mas a longo prazo; ferida, é preciso ter muito cuidado com certos amigos que se dizem sinceros.

Zebu

ver, muitos anseios eróticos, desejos sexuais; comer de sua carne, terá novidades na família; ser perseguido por um no pasto, não se cutuca onça com vara curta, terá problemas com mulheres que se dizem apaixonadas por você.

Zero

terá sérias dificuldades financeiras, terá de fazer muitos esforços persistentes para recuperar-se; receber um como nota, você ainda guarda lembranças tristes dos tempos de escola; escrever zero, perdas financeiras e dificuldades com o relacionamento familiar.

Zíper

emperrado, você sente dificuldades para a solução de problemas que tem com amigos e parentes; aberto em público, no fundo, você gostaria de se abrir e mostrar-se, mas tem muito medo.

Zôo

sua determinação vencerá todos os empecilhos na atividade profissional; estar num, problemas financeiros e transtornos na atividade profissional.

Zorra

estar numa parada, você é medroso(a) e todos se aproveitam para lográ-lo(a); estar numa correndo morro abaixo, quando perde o medo, enfrenta tudo e a todos, sobrepondo-se a qualquer obstáculo.

Zurro

ouvir, mesmo que certos riam de você, não lhes dê importância, seja firme e complete seus projetos.

Índice

Nas Melhores Livrarias

Daniel Godri

Conquistar e Manter Clientes

Práticas diárias que todos conhecem, mas só os bem-sucedidos utilizam.

Muitos são os que se utilizam do Marketing somente em grandes projetos e trabalhos específicos, como se ele não pudesse fazer parte do nosso dia-a-dia.

Conquistar e Manter Clientes mostra que o segredo dos bem-sucedidos está no uso do Marketing Diário.

Relembre e pratique estas verdades e entre, você também, para o seleto clube dos bem-sucedidos.

Marketing de Ação

"O modo mais fácil de conhecer e praticar marketing".

Através de casos reais e questões do nosso dia a dia, o autor apresenta um verdadeiro manual de estudos dos principais problemas mercadológicos. Um livro claro, objetivo e direto, possibilitando ao leitor uma fácil identificação e aplicação prática na sua organização.

Sou Alguém Muito Especial

"Um manual prático para aprimorar ao máximo a auto-estima e nos conduzir ao nosso melhor estado de excelência.

Relembre as verdades simples e universais que todos conhecem, mas só os verdadeiros donos da excelência utilizam.

Esta obra é um presente para alguém muito, muito especial..."

VOCÊ!

METRÓPOLE
Indústria Gráfica Ltda.
Fone/Fax: (51) 3318-6355
e-mail: mig@mig.com.br
www.mig.com.br